中國大學人文啟思錄 第八卷 上冊

歐陽康　主編

序 一

文化素質教育要解決好
「以什麼樣的文化來育人」的問題
楊叔子

　　時隔多年，作為文化素質教育的一項重要成果，影響巨大的《中國大學人文啟思錄》又接著出版了，而且一次就推出了四卷，值得熱烈祝賀！

　　文化素質教育涉及高等教育的兩個根本，即「育人」和「文化」。對高等教育而言，一方面，牢記「育人」這個根本，就是不忘教育的初心；另一方面，牢記「文化」這個根本，就是不忘教育的內涵。本質上講，教育就是「文化育人」，就是「以文化人」。而文化素質教育就是要解決好「以什麼樣的文化來育人」的問題。

　　黨的十九大明確指出，「中國特色社會主義進入了新時代」。如何服務於新時代的「總目標、總任務、總體布局、戰略布局」，創新發展具有中國特色社會主義新時代內涵的文化素質教育，是我們要承擔的一項重要歷史使命。

　　這裡有必要重溫黨的十九大報告有關文化和教育的重要論述。

　　關於文化，黨的十九大報告指出：「文化是一個國家、一個民族

的靈魂。文化興國運興，文化強民族強。沒有高度的文化自信，沒有文化的繁榮興盛，就沒有中華民族偉大復興。」「文化自信是一個國家、一個民族發展中更基本、更深沉、更持久的力量。」文化自信成為「新時代堅持和發展中國特色社會主義的基本方略」的重要組成部分。

關於教育，黨的十九大提出：「建設教育強國是中華民族偉大復興的基礎工程，必須把教育事業放在優先位置」，「要全面貫徹黨的教育方針，落實立德樹人根本任務，發展素質教育，推進教育公平，培養德智體美全面發展的社會主義建設者和接班人」。

可以說，文化很重要，教育很重要，素質教育很重要，而文化素質教育則將文化、教育、素質教育連接成整體。因此，文化素質教育同樣也很重要。過去二十多年的文化素質教育實踐已充分證明了這一點。

在中國特色社會主義進入了新時代的今天，文化素質教育工作首先要以習近平新時代中國特色社會主義思想為指導，重新認識新時代文化的內涵。新時代的文化，核心是社會主義核心價值觀，這是新時代文化的核心和根本；要創造性轉化、創新性發展中華優秀傳統文化，繼承革命文化，發展社會主義先進文化。其次，要發展文化素質教育，創造出既符合新時代文化建設要求又體現素質教育精神的有效途徑和方法。

文化在發展，教育在發展，因此，「以什麼樣的文化來育人」是一個常說常新的命題。在這個意義上，文化素質教育將會「經久不衰」。華中科技大學提出「讓文化素質教育的旗幟更加鮮豔」，我十分贊成這個口號，也希望華中科技大學在這方面有新的建樹、新的成就。我衷心地祝願，文化素質教育將迎來新的發展高潮。

序 二

新時代大學生
文化素質教育及其實踐導向[1]

歐陽康

　　自一九九五年算起，我國高校的大學生文化素質教育已經開展了二十多年，取得了非常豐碩的成果。《國家中長期教育改革和發展規劃綱要（2010-2020）》將「以提高品質為核心，全面實施素質教育」作為中國教育改革和發展的重要方略，既指出了高等教育的發展方向，也對文化素質教育做出了宏觀的戰略定位。習近平總書記在黨的十九大報告中明確指出，「建設教育強國是中華民族偉大復興的基礎工程，必須把教育事業放在優先位置，深化教育改革，加快教育現代化，辦好人民滿意的教育。要全面貫徹黨的教育方針，落實立德樹人根本任務，發展素質教育，推進教育公平，培養德智體美全面發展的社會主義建設者和接班人。」這為更好地開展文化素質教育指出了明確的方向。由此，在新時代拓展和深化大學生文化素質教育，應強化

1　本文原載《教育研究》2012年第2期，現征得作者同意做了部分修改，是為序。

其實踐導向。一方面將文化素質教育融入大學生的學習和生活實踐，轉化為他們的生存活動和生命體驗，提高他們的文化品位；另一方面積極引導大學生主動投入當代中國的社會主義現代化實踐和文化建設，在服務社會和報效祖國的過程中展示人生價值，在傳承和創新中華文化的過程中提升思想境界。我們應當從這樣的高度明確新時代大學生文化素質教育的功能定位和目標體系，探討更加科學的價值取向和實施途徑，促進當代大學生更加全面健康地發展。

一、明確文化素質教育的功能定位

改革開放以來我國高等教育取得了巨大的成就，尤其是通過大學擴招和合校，不僅讓更多的適齡青年能夠走進大學，也讓大學在教書育人、科學研究、社會服務和文化傳承創新方面獲得全面發展的強勁動力與必要空間，讓大學有可能回歸大學本性，塑造大學精神，取得了革命性的跨越式發展。但是來自多方面的對於教育，尤其是高等教育的不太滿意，最少表明我們教育者，包括教育管理者的初衷與社會各界對我們的要求與期盼之間還存在著相當大的差距，仍然值得我們深思。

在當前大學對於教育的擔憂中，一個非常突出的方面便是大學生文化素養甚至基本素養的缺失。這當然並不只是大學的問題，而是涉及整個教育體系宏觀定位和內部協調分工的問題。有人甚至這樣描述過我們在人才培養方面從整個高中、初中、小學甚至幼稚園的教育錯位問題：幼稚園急著教小學的課，小學急著教初中的課，初中急著教高中的課，高中急著教大學的課，而到了大學卻發現還有一些基本的教育缺失，於是不得不去補在幼稚園就應當教的東西，要教大學生們

做人行事、接人待物，教他們以基本的禮貌用語和行為規範，要對大學生進行基礎性的人性、人格、人品培養。這就是人的基本素養與基本品格教育。文化素質教育正是在這種意義上顯得格外重要和緊迫，要求努力提高校園文化建設水準，引導高校凝練和培育大學精神；鼓勵師生員工，特別是青年學生參與基層文化建設和群眾文化活動。從本文討論的話題來看，就是要對文化素質教育做一個恰當的功能定位。這裡有三個層面的問題。

第一個層面，文化素質教育在高等教育體系中的定位。文化素質教育應納入全面素質教育的視野來加以考察。全面素質教育包含著非常豐富的內容，文化素質教育只是全面素質教育體系的一個內在組成部分。一九九四年起，時任華中理工大學校長的楊叔子院士和一批有識之士開始宣導文化素質教育。當時有很明確的針對性，就是由於高考文理分科所帶來的理工科學生的知識結構局限和培養方面所存在的問題。由此以來，我國高校文化素質教育經歷了從「三注」（注重素質教育，注視創新能力培養，注意個性發展）和「三個提高」（提高大學生的文化素質，提高大學教師的文化素養，提高大學的文化品位與格調）到「三個結合」（文化素質教育與提高教師素養相結合，與思想政治教育相結合，與科學教育相結合）的過程。當前，文化素質教育面對諸多挑戰，需要我們的積極謀劃與創新。《國家中長期教育改革和發展規劃綱要（2010-2020）》將全面實施素質教育作為中國教育改革發展的基本方向和重要內容，既指出了高等教育的發展方向，也對文化素質教育做出了宏觀的戰略定位。我們應當在這樣的雙重意義和二維高度上來思考文化素質教育。

第二個層面，文化素質教育課程在高校課程體系中的定位。課程

是教育教學的基本形式。文化素質教育只有納入規範化的課程教育體系才有可靠的載體，才能得到具體的實現。多年來，我國高校普遍開設了文化素質教育課，有的學校還推出了一批精品課程，對拓展大學生的學術視野和知識體系、提高大學生的文化素養發揮了積極的作用。但現在看來，要把文化素質課真正開好還有很多的工作要做。一是拓展文化素質教育課程的覆蓋面，將更多的學科內容開設為素質教育的課程；二是擴展文化素質教育課程的內涵，使之具有更加豐富的內容；三是提升文化素質教育課程的品質，使之具有更大的影響力和魅力；四是增加文化素質教育課程的數量，使更多的大學生能夠有機會選修該類課程，受到文化的薰陶與洗禮；五是把文化素質的精神與價值灌注到各種專業課程之中，使之都能提升文化品格，發揮文化素質教育的功能，等等。

第三個層面，文化素質教育在大學生成人成才中的地位。人的全面發展是一個過程，在人的發展的不同時期有不同的具體內容和要求。實踐性文化素質教育在大學生全面素質培養中發揮著非常重要的作用，其最根本的功能在於幫助大學生更早更好地走進社會和參與社會實踐，促進大學生在實踐中增強其文化自覺和文化認同，提升其文化品格，促進其全面發展。

二、構建文化素質教育的目標體系

我國的大學生文化素質教育自實施以來已經取得了一定的成效，在新的歷史時期，文化素質教育何去何從則需要一個明確的目標體系。對於我國高等教育，黨中央提出兩個核心問題——辦什麼樣的大學和怎樣辦好大學，培養什麼樣的人和怎樣培育好人。按照這樣的思

路，這裡我們要問的問題就是，搞什麼樣的文化素質教育，怎樣更好地開展文化素質教育。或者我們也可以把問題轉化為文化素質教育的核心目標何在，如何實現它的核心目標，這就是在多元價值背景下如何更好地履行「立德樹人」的神聖使命。由此，構建文化素質教育的目標體系應著眼於以下幾個方面。

第一，儘快從涉及文化素質教育的一些概念爭論中超脫出來。近年來，圍繞文化素質教育的概念界定和內涵存在著一些爭論，需要我們加以正視。從教育部的官方文件來看，使用的是文化素質教育概念，並將其看作素質教育的內在組成部分。我國絕大部分高校也都是使用的這個概念，在文化素質教育的旗幟下開展相應的活動。近年來也有學校把類似的活動叫作「通識教育」，與國外所說的「General Education」相比照；有的則叫作「博雅教育」或「自由教育」，來源於國外一些高校的「Liberal Education」或「Liberal Arts Education」；國外還有高校將其稱為全人教育，即英文的「Whole Person Education」。有的高校既講文化素質教育，又講通識教育，也用博雅教育，想把多方面的內容都容納進去。也有的學者不贊成諸多提法並存，認為它們是與文化素質教育有區別甚至對立的，主張用文化素質教育來加以統一或統攝。筆者認為，這種爭論，一方面反映了素質教育尤其文化素質教育可能具有的豐富內涵和多樣形態性，另一方面也表明人們力圖從不同的側面來開展活動，強化其不同的側面。從總體來看，這些概念方面的討論如果能夠形成共識，對於澄清問題無疑是有好處的，但如果一時無法達成共識也不要緊，因為關鍵和重要的問題不在於名目，而在於實質，在於我們的總體教育理念和實施方略。不管以什麼名目來展開，只要有利於大學精神的塑造，有利於大學生

的自由全面健康發展，有利於培養更多更好的優秀人才，就應當允許和鼓勵。

第二，文化素質指導委員會和相關單位應當拓展自己的工作邊界。就拓展文化素質教育的工作邊界而言，過去我們關心得比較多的是人文知識的拓展，希望能夠開設更多的選修課，後來發展到了大學生綜合能力培養，設計了多種形式的活動，現在又提升到了高端素養的培育和養成，這就需要更加豐富多樣的載體和手段。就文化素質教育深化和發展的方向而言，則需要更加廣闊的視野、更加創新的思路、更加開拓的精神，著眼於文化的傳承與創新。我們主張強化大學生文化素質教育的實踐導向，這裡的實踐包含大學生本身的學習生活實踐和中國社會的生產與發展實踐。我們一方面應當努力將文化素質教育融入大學生的學習生活實踐，轉化為他們的生存活動和生命體驗，增強大學生校園生命活動的實踐特性和文化內涵；另一方面應當積極引導大學生主動投身於當代中國的社會主義現代化實踐，在服務社會和報效人民的過程中展示人生價值、提升思想境界。這就給文化素質教育提出了很高的要求，也提供了更大的活動與發展空間。如果我國各高校的文化素質教育基地和相關機構都能把工作邊界再拓展一點，工作思路再細緻一點，活動內容再豐富一點，那麼我們的大學生文化素質教育就會在整體上有更大的拓展，拓展的目標就是促進大學生的全面的高素質的培養。

第三，關注文化素質教育的三種內涵或者三個層面。文化素質教育包含著三個基本的層面：一是知識層面；二是能力層面；三是境界層面。我們過去對前兩個層面更為關注，也做了很多很好的工作。在知識層面，我們強調人文與科學並重，要求理工科學生加強人文知識

和修養，人文社科的學生要加強科學精神教育，實際上所有的學生都應該既有科學素養又有人文素養。現實情況是學理工科的學生不一定都有很好的科學素養，而學人文的也不一定必然有很好的人文素養，我們需要一種整體性的教育。在能力層面，我們強調感性與理性能力、動腦與動手能力、批判與建構能力、服務與創新能力等的統一。今天我們更看重的是第三個層面：境界層面。當代大學生缺失的是思想境界，而境界提升實際上是一件很難的事情。馮友蘭先生認為人生有四種境界，即自然境界、功利境界、道德境界和天地境界，人的境界提升是一個從自然到功利到道德到天地的過程。馬克思的墓誌銘上寫的是「哲學家們只是用不同的方式解釋世界，而問題在於改變世界」。向哪個方向去改變？自然是向最理想的方向，而理想則在人的心中，這個理想的生成需要在人的全部生命體驗中去感悟。

從當前大學生的實際情況來看，我們一方面要強調提升境界，另一方面要敢於和善於去面對消沉、面對墮落、面對沉淪。過去我們的文化素質教育往往關注人性和人心的高端方面，這是應當繼承、保持和發揚的。而同樣應當引起關注的，恰恰還有低端的東西。如果人生沒有一個高的境界，人生是沒有意義的，大學生活是沒有目標的，甚至會出現消沉與墮落。所以，我們不僅要問一問「鋼鐵是怎樣煉成的？」也還應該問一下「鋼鐵是怎樣鏽蝕的？」從人性的基礎性假說來看，西方文化是原罪說和性惡論，中國文化是性善說。不管是性善性惡，在現實社會中，不管由善變惡，還是由惡變善，關鍵在於自我意識和自我規範，才有可能在行動中獲得自由。

大學生們追求自由，但對自由也有很多的誤解。例如，不少人把自由簡單地理解為隨心所欲。其實真正的自由不僅僅是隨心所欲，首

先是在認識和超越限定。英國哲學家以賽亞‧伯林爵士把自由分為兩種：一種叫作積極自由，即自由地做想做的事情（Freedom to do what you want to do）；另一種叫作消極自由，即超越限定的自由（Freedom from the limitation）。

我們每一個人都生活在限定中，只有把握和消除了限定，才有可能做自己想做的事情，實現積極自由。每一個大學生都生活在受到各種限定的環境中，從他們進大學那一天起，就要遵守校規，要去學習，要去上課，要做作業，要做實驗，完成論文等。這些限定已經將他們壓得喘不過氣了，他們如何去實現自由，達到真正的自由？如果對於自由理解得不正確，他們所追求的自由就可能變成沒有前提的隨心所欲，成為一種放縱，成為一種無政府主義。

三、探討文化素質教育的有效途徑

文化素質教育目標的達成需要有科學有效的路徑支撐。多年來，我國高校在這方面已經形成了很多好的做法，應當繼續保持和發揚。但新時代文化素質教育面對全新的大學生群體，有更高的要求，要使其更加行之有效，還需要加強對教師和學生的情況做具體分析，尤其是從實踐導向的高度回答一些有關教育途徑的基礎性問題。這裡主要討論以下幾個問題。

第一，人的優秀素養，到底是「教」出來的，還是「養」出來的？這裡說的「教」是指來自外部的灌輸，這裡說的「養」就是自我的體驗。過去我們比較強調來自外部的環境影響和教育引導，現在越來越感到體驗的重要性。筆者作為哲學教師，特別重視人生的體驗與感悟。因為，真正的優秀很難說是教出來的，而往往是自己悟和養出

來的，是一種自我教育和自我塑造。最現實的情況是，我們用同樣一套教育體系、同樣一套課程、同樣的教學方法，去教不同的學生，達到的效果卻大不相同。大學四年結束之時，當年以相似的高分招收進校的大學生，在同樣的學校環境中卻迅速地發生分化，大多數人保持在一般狀態，而優秀的和落後的則向兩個極端迅速分化。同樣一個體系對於不同人的作用是非常不一樣的。而這裡最大的差距就在於學生對於學校的教育和環境的作用有非常不同的自我領悟與自我內化。開展大學生文化素質教育，從學校的角度看，就是提供一種氛圍和條件，而其作用，則要看不同學生對其的認同與追尋。

第二，學生如何才能由被教育者轉化為自我教育者？我們過去一直強調「全員育人」，但筆者認為更應注重「全員自育」。只有當每一個大學生都能夠自覺地進行自我教育的時候，我們的育人體系才可能發揮作用，否則再好的教育體系對同學們來說無非是一些外在性、強制性和框架性的東西，難以對他們的內在因素發揮實質性的積極作用。這正是實踐性文化素質教育體系的關鍵因素。華中科技大學的一七二名同學，以王艾甫先生無意中發現的沒有發出的八十四張陣亡通知書為線索，為太原解放戰爭中犧牲的湖北籍烈士尋找親屬，開展「烈士尋親」活動，在履行國家責任的過程中迅速成長，變得更加成熟。這項活動獲得國家有關部門的表彰。後來我們繼續開展紅色尋訪，為赤壁市羊樓洞野戰醫院的抗美援朝志願軍烈士尋找親友，尋訪改革開放三十年，尋訪新中國成立六十年，等等。這些活動把同學們引入到中國社會實踐的歷史與現實，促進了外部資訊向同學們內在心理和社會要素的轉換，引領了他們的思想進步，加速了他們的成長過程。這表明充分認識歷史的現代意義，發揮歷史事實的教育作用，促

進歷史意識的現代塑造，對於大學生的健康成長具有更為直接和重要的意義。

第三，教師如何才能由演員變成導演或教練？課程是文化素質教育的重要管道。給大學生上文化素質教育課，教師好像是個演員，在課堂上演講，學生是聽眾，二者之間往往存在著主動與被動的巨大反差。即便教師表演得再好，得到了同學們的好評，但如何實現課程內容的內化，把課堂的教育教學變成大學生所特有的實踐性活動，仍然是件值得探討的事情。因此，文化素質教育的作用應當是讓同學們成為演員或者運動員，教會他們自己去表演、去提高素養、去創造好的成績，而教師的角色應當由演員向導演和教練轉換。在文化素質教育的課堂或者活動中，教師不應當衝到第一線，而應當在第二線甚至第三線，讓學生衝到第一線去實踐、去學習、去探索，並從中獲得進步。

第四，學校的各種教育資源如何在素質教育的統攝下更好整合？各個學校都有很多資源，分散在學校的各個方面，由各種職能部門管理，如何將它們匯聚起來作為一個有機系統投入到大學生文化素質教育，將各方面的力量匯聚成為一種合力，從不同方面推動文化素質教育的發展，這是當前特別值得研究也需要努力去做的事情。很多學校在這方面做出了積極的探索。這裡的一個重要辦學理念在於，素質教育是當前中國高等教育的戰略性選擇，文化素質教育作為素質教育的突破口，不僅是文化素質教育基地的事情，也是全校的事情，學校的各個職能部門都應當把文化素質教育作為自己的工作來抓緊抓好，使學校各方面的力量形成合力，促進大學生全面發展。

四、確立新時期文化素質教育的價值取向

新時代文化素質教育的價值取向在一定程度上決定著文化素質教育本身的發展方向，只有確立了科學的價值取向，才能保證文化素質教育沿著正確的方向前進。我們強調新時代文化素質教育的實踐導向，就是要將文化素質教育融入大學生的學習與生活，轉化為他們的自覺實踐，同時要通過多種形式的文化素質教育活動，把大學生引導到火熱的中國社會發展與建設實踐，讓他們在社會實踐中發揮作用，實現價值，增長才幹。為此，新時期文化素質教育應當也有必要在以下方面做出努力。

第一，堅持全員育人與全員自育相結合。誰是高校教育教學的主體？對此，高等教育界一直存在爭論。有人主張教師是主體，也有人主張學生是主體，由此形成了教師主體論和學生主體論。在我們看來，教和學是一個過程的兩個基本方面，教師作為教育者，是教育教學的主體，教師對整個教育教學過程起著引領、把關的主導作用，教師的主體性對教育教學的品質有著極為重要的作用；學生作為受教育者，他們是客體，但並不完全是被動的，因為他們同時也是學習、研究、思考的主體，掌握著學習的進度和品質，決定著學習的效果和水準。一個優秀的教學過程是教師的主體性和學生的主體性都很好發揮並有機結合的過程。沒有教師主體性的發揮，則不可能按照預期的目標來培養人；沒有學生主體性的發揮，則再好的教師和教育體系也無法有效地發揮作用。這就是教和學的辯證法，也是教育和自我教育的辯證法。在文化素質教育中也要特別注意處理好這兩個主體之間的關係，讓教師和學生都能夠找到自己的定位。從學校管理的角度看，教師是主導的，優秀的教師應當能夠在有限的時間和空間裡最大限度地

調動學生的學習積極性，使他們向著更加積極主動和健康的方向全面發展，以提升大學生的基本素養，實現對於大學生全面自由發展的有效引領，從而使大學期間的人生為未來人生積累更多的經驗和財富，這就是我們說的全員育人指導下的全員自育。要達到這樣的要求，對於教師的素質無疑提出了更高的要求。甚至可以說，強化素質教育，也在一定意義上意味著對全體教師文化素質的一種重塑，要求每一個人都不斷提升自己的素質。從這樣的意義上可以說，大學教師的教師資格不是一蹴而就、一勞永逸地獲得的，而是需要不斷充實和提升，不斷考核和監督。

第二，堅持素質教育與專業教育相結合。在社會高度分工的條件下，一般來說，大學生最終要通過從事一定的專業工作或在一定的行業中服務於社會，所有的素質都要在專業性的工作中得到表現和應用，發揮出應有的作用。因此，素質不是脫離專業而存在的，文化素質教育是專業教育的補充。相應地，素質教育不可能脫離專業教育而孤立地存在，只能依託和貫穿於專業教育和專業學習之中。如果沒有了專業，再好的素質也難以發揮作用。文化素質教育應當貫穿於專業教育之中，使專業知識與素養的訓練變得更加扎實和豐富。這就要求專業教師具有更高的文化素養，使專業學習具有更加豐富的文化內涵，使專業訓練具有更高的文化品位。

第三，堅持「教練式的教」與「學生自主性的練」相結合。文化素質教育不應當僅僅傳授知識，更要求身體力行。因此，文化素質教育不能採取滿堂灌式的教，它應該是教練式地教，激發和引導學生自主性地練；不僅在課堂上練，也在實踐中練，讓師生在生產和生活實踐過程中實現良性和健康的互動，讓學生在練習中體會到進步、成就

與快樂。做一個好的教練對於教師提出了很高的要求，實踐性的教學也對學生不斷提高自我素養提出了要求，提供了空間和機會，有助於調動他們的學習積極性，激發他們的創造力。

第四，堅持規範式教育與個性化學習相結合。今天的中國高校總體上來說還是比較強調教育的整體性、規範性和統一性的，以便保證高等教育的基本品質，這是必要的。但如何在此前提下進一步加強多樣化和個性化的教育，為學生的個性化發展提供必要條件，則尤為需要探討。今天的中國高等教育由精英型走向了大眾型，但這僅僅是從招生比例來說的，並不能成為降低高等教育品質的口實。從高等教育在中國教育體系中的地位來看，它仍然承擔著培養高端人才的任務，並且仍然應當是精英教育，或者至少應當保持精英品格。精英教育的核心是個性化教育，讓每個受教育者能夠最大限度地發展自己的個性，文化素質教育也應當成為個性化教育的內在組成部分和重要途徑。

在新時代拓展和深化大學生文化素質教育，既是時代的要求，也是未來的呼喚，它涉及中華民族高端人才的整體素養，影響著中華民族的未來復興，同時，也是關係到中國高等教育未來發展前途命運的重大戰略問題。強化大學生文化素質教育的實踐導向，有助於把大學生的校園學習生活引導到社會實踐的廣闊天地，極大縮短校園與社會的心理和文化距離，使大學生個體能夠更早更好地服務於和融入群體和社會文化體系，增長才幹，提升境界，獲得更加全面和健康的發展。也正是在這個過程中，我國高等教育才能夠更好發揮其文化傳承創新功能，為中華文化建設和中華民族的偉大復興做出更加積極的貢獻。

目　錄

文化與思潮

後記　589

大學與教育

全球化時代對青年人的挑戰：
社會學家的看法

林　端　臺灣大學社會科學學院社會學系教授

　　很高興以一個社會學家的角度來與大家聊一下全球化的時代，青年人在這樣的時代應該如何迎接挑戰？在所謂的中華文化圈，包括內地、臺灣地區和香港地區的年輕人，其實有一些共性，即全球化對所有的青年人其實都是一個很大的挑戰。我講一個我自己的經歷：一九五八年我在臺北出生，在一個相對傳統的社區長大，那裡有個孔廟。為什麼我對儒家文化一直抱有著很大的信心？這與我從小在孔廟旁邊長大有關，因為我們那個小學要負責祭孔。祭祀要把所有的儀式都完成，但是因為地方比較小，所以我們就把「八佾舞」改為「六佾舞」，只有三十六個人跳舞。從小我就對中華文化有一些信心，因為臺灣地區基本上跟傳統文化沒有斷裂。大家都知道一八九五年甲午戰敗，臺灣地區被割讓給日本。日本對於臺灣地區的統治，其實是非常聰明的，他們認為不能把日本的制度和法律直接搬到臺灣地區，臺灣地區是他們的第一個殖民地，是他們南向東南亞的跳板。所以他們的統治政策分為兩個部分：第一，工業日本，農業臺灣；第二，就是所謂的「以臺治臺，以法治法，以漢治漢」。所以，在日本的統治下，臺灣地區的中國文化傳統沒有斷裂。一九四五年國民黨到臺灣地區以後，大體也延續著這樣的狀況。雖然臺灣地區比較開放和受全球化影響較大，但在二十世紀七、八〇年代，臺灣地區也有一個本土運動，

就是復興中華文化運動。所以臺灣地區基本上就是在這樣時代下的一個產物。

　　大學畢業以後我在一個報社當了四年的記者，感受很深。孫中山講，革命的基礎在於高深的學問。我認為自己才疏學淺，既不懂中國文化也不懂西方文化，所以覺得很慚愧。所以當時我就覺得應該去學習外語，「去西天取經」，不能去美國就去了歐洲。我在德國留學的時候專攻韋伯的社會學理論。但是整體來說我是為了中國文化而去學習西方文化。這裡並不是說西方文化比中國文化好，只是說，我覺得在鴉片戰爭以後，中國是分裂的，整個中華文化喪失了它的民族自信心，老是覺得是不是自己的文化有問題，老是覺得非要弄幾個洋概念才能證實自己的理論和想法。為什麼在當記者的那四年我的思想會有轉變，想要去學習西方？因為我發現中華文化需要跟世界文化接軌。當前世界，西方文化是強勢文化，而中華文化是一個弱勢文化。弱勢文化在一定程度上應該向強勢文化學習，但是學習的前提是要有一個文化本位、民族本位和國家本位的立場。那四年給了我很多的啟示，報社的工作其實是很繁忙的，但是它告訴我全球化的洪流是不可阻擋的，所以我們要一直往前進，而幾乎沒有靜下來沉思的可能性。

　　我再講一個小故事。傅斯年是國民政府遷臺之後臺大的第一任校長，而此前他是北大的校長。他在臺灣地區留下了兩個東西，一個是傅斯年墓園，一個就是鐘——傅鐘。傅鐘每次敲二十一響，為什麼？因為傅斯年認為，人每天有二十四個小時，除了要用二十一個小時來生活以外，起碼要有三個小時來沉思默想。換句話說，在資本主義洪流快速變化的社會中，每個人每天還是要留給自己一個時空、時間，讓自己有一個自省的時間，即曾子所講的「吾日三省吾身」。儒家也

講究「慎獨」，我們在孤獨的時候一定要非常謹慎。這樣才對得起天地君親師，對得起中華文化的傳統，否則每天就是隨波逐流地隨著一個快速的潮流在走，從而丟失了真實的自己。所以那四年的生活給了我一個血的教訓──我不知道自己生活的意義。所以後來我去了德國，待了十年。

我用十年的時間，慢慢思考西方文化和社會為什麼會有今天這樣的領導地位？在某種程度上，西方國家有值得學習的地方。我是從德國最基層的生活大眾中感受到的，我看到了他們很基層的文化基礎。為什麼德國的足球那麼強盛？就是因為德國的小孩在很小的時候就開始了解和踢足球，扎根在民間。另外一個就是德國的工人文化。其實德國還是有一點種族歧視的，他們老是覺得外國人低人一等。但是因為我們都是海德堡大學的博士，而工人基本都是只有小學的學歷，所以我們之間就有一個矛盾。就學歷來說，我們感覺比他們高一些，但是在種族上他們覺得比我們高一些，所以我們之間就會有一種微妙的平衡。在那種狀況下，我們通過和小孩子踢足球就可以深入德國人的家庭，與德國家庭互訪。但他們基本上都是工人階級，他們能講的內容也很有限。而我們學習的是一個相對比較尖端的文化，我們能解釋的也比較有限，所以我們和孩子的父母之間其實比較尷尬，這個經歷對於當時的我們來說非常痛苦。但正是這樣我們才深入了他們的家庭和文化。我們發現，其實西方的昌盛是有一定道理的。因為西方幾百年發展的歷史是有一個連接的，它既尊重自己原有的傳統，也具有很強的現代性。不管是資本主義現代性或者是宗教、法律的現代性，它們在西方的發展中其實都是很全面的。這種東西，在鴉片戰爭之後，在東亞的發展中，不是像西方一樣有幾百年的發展，而是從它內生文

化裡面去產生的一種所謂的社會變遷或社會轉型，即由傳統社會過渡到現代社會。所以韋伯講基督教適於資本主義精神。他說印度、中國為什麼沒有現代資本主義？而伊斯蘭世界、猶太教世界為什麼也沒有？對於此，他有一個很重要的論點就是，西方文化內生地產生資本主義的變革。而在這裡面，宗教充當了臨門一腳的角色。而中國，我們的儒教、道教，沒有辦法扮演這樣的角色。印度的印度教、佛教也沒有辦法扮演這樣的角色。而伊斯蘭教也做不到。韋伯五十六歲就去世了，他本來還想研究巴比倫文化，而且非西方的文化他都想要研究。其實韋伯是為了研究西方文化而來研究東方文化的，所以在他的論證中就認為，儒家文化也好，道家文化也好，或是印度教文化也好，佛教文化、伊斯蘭文化、猶太文化也好，它相對於西方文化來說是沒有辦法去內生地創造近代所謂的理性資本主義的。而近代理性資本主義在歐洲也不是故意這樣發展的，相反而言，它只是一個非預期性的結果，即「無心插柳柳成蔭」，就好像清教徒原本希望成為一個職業人，希望得到一個宗教上的拯救，但後來卻變成了一個世俗的經濟人。這本來是一個價值理性的動機，最後卻變成一個目的理性的結果。但是在中國，在印度，在伊斯蘭世界，在猶太教世界，連這種非預期性的結果都沒有。

所以，相對來說，韋伯就認為：在西方現代性的建構過程中，中國、印度、伊斯蘭世界和猶太教世界相對來說就落後一些。這是韋伯的一個整體論點。我的碩士論文和博士論文基本上就是批判韋伯這樣的一個論點的。因為我覺得他還是戴著西方的有色眼鏡來看待中國，所以他對儒教、道教和中國的法律、文化的理解其實是有限的，他主要是為了西方而研究中國。我跟韋伯正好倒過來，我是因為中國而研

究西方。其實全球化的溯源可以追溯到唐朝，阿拉伯國家的航海在唐朝時就已經到泉州、廣州等很多的地方了，那也算是一種全球化。更晚一點說鄭和下西洋、南洋，其實也算是一種全球化。但是阿拉伯人的全球化或者是中國人的全球化跟西方當代全球化有一個本質上的差異，即阿拉伯人是為了商業上的貿易，而鄭和下西洋是為了宣揚中華文化的德威。所以我們不是掠奪性的，而阿拉伯人基本上是商業性的。而後西方在全世界各地建立殖民地，尤其是十八、十九世紀之後，它其實是掠奪性的、占有性的。所以如果將西方全球化對別的地方與民族的侵略放在全球化的境地去考慮，就會發現兩個重要的因素：一個是西方政治的因素，其中充滿著各式各樣的國際關係，另一個非常重要的就是經濟的因素。經濟全球化是全球化非常重要的一部分，再來就是所謂的政治全球化，然後就是我比較關心的文化全球化，這個相對來說是比較靠後一點的。相對於前面兩者，文化全球化感覺上是相對不重要的。所以，近代對應的全球化的過程不同於阿拉伯人進入泉州，或者說鄭和下西洋那樣的全球化。也就是說，在幾百年前中國人就已經到非洲去了。更有人說，美洲是中國人發現的，而不是哥倫布發現的美洲新大陸。

西方的全球化夾帶著強大的經濟全球化跟政治全球化的力量，它占領了一個地方以後就開始將它進行轉化，開始用強勢的需要將它轉化成其所需要的樣子。很多殖民地基本上都是在「獨立」以後還擺脫不了西方文化的控制。像日本在臺灣殖民了五十年，後來離開了，我媽媽的日語還是很好。所以，即使他們的日本老師八、九十歲了，還常常回到臺灣地區開小學同學會。因此日本的殖民就會在臺灣地區留下很深的印象。更何況西方這樣強勢的文化，他們一定會在印尼、印

度、新加坡、馬來西亞，在中南半島都留下它的烙印。

所以我們為什麼要認真來看待近代的全球化？這與西方的帝國主義、殖民主義息息相關。它有一個很強大的經濟力量，還有很強大的政治力量，最後又有很強大的文化力量。所以全球化是包含著經濟、政治和文化三者的全球化。我們社會學通常用這三個分層來研究全球化的現象。全球化就相對的「在地化」。本來「在地化」的全球化被看成一個兩難的命題，因為全球化越強大，本土文化越會消失，但是通過我們在臺灣地區或香港地區實驗的經驗，我們發現，全球化和在地化有時候不是兩難的問題，他們並不是一個此消彼長的關係。有可能全球化越厲害，它的文化復興運動就會更強烈，它的本土文化就會更強。所以，在我所處的二十世紀七、八〇年代的臺灣地區，我還會去選擇去念四書五經，雖然我是學社會學的，但我還是會到歷史系去選歷史作為輔系，到哲學系去輔修牟宗三、錢穆、熊十力的哲學。因為當時我們覺得應該用中華文化來拯救中國。但是工作以後，才發現僅僅依靠中華文化來拯救中國是不行的，你還需要世界和西方的文化。這就說明，全球化、西方化、在地化和中華化並不是一個兩難的問題，我們不要把它惡意地對立起來。我們要作為一個堂堂正正的中國人和去理解西方的文化史是並行不悖的。在我們更了解西方之後，說不定會更加肯定中華文化。所以在這樣的狀況下，對青年的挑戰，第一個就是要拋棄那種民族和文化的自卑感。我們到西方問路取經，是沒有問題的，但是我們要在一個為了我們的文化而去學習的前提之下，所以不必覺得慚愧。包括現在華中科技大學有各個不同的學院，這樣的體系都是西方式的。很多地方都有向西方學習的面相。但是重要的是，臺灣地區有句俗話叫「樹頭站得穩，就不怕樹尾有颱風」，

意思就是我們必須要立住「本」，對中國本位、中國的主體性要有把握。對主體性把握以後去學習多少的西方文化都不會覺得害怕。所以我給大家的一個建議是，一定程度上我們應該理解西方文化，一定程度上應該參加全球化的世界，一定程度上不要故步自封，不要害怕學外語，不要害怕向西方文化學習。當然這要以中華文化的主體性和中國本位的基礎為前提。

現在是一個經濟的時代，在以經濟為基礎的全球化過程中，我給你們的第二點建議就是要「君子務本，本立而道生」。所以學自己的專業一定要比較專精，然後還要學一些技術，比如電腦，我們要對電腦的硬體、軟體有一定的技術能力。如果有一些外語能力也好，它基本上是生存鬥爭的一個基礎。所以我們要不斷地武裝自己，讓自己的能力與同時代的人可以相PK。舉個例子，對於同學們現在所面臨的工作挑戰我是非常同情的，這個不是虛話、假話。一九八五年我在大學畢業的時候，社會學系是一個不容易找到工作、不太賺錢的專業，但當時在臺灣地區是有三四個工作等著我們的。為什麼？因為當時每年的大學畢業生是有限的，我們只需要跟臺灣島上其他的包括專科的畢業生或者高中畢業生競爭。工作一年後就能將自己的能力提升百分之三十，有點像大陸現在的經濟發展，即跳躍式地發展。所以我們一定要武裝自己，硬體、軟體都要過硬，誰曉得哪天我們在哪裡工作呢？表面上到處都是機會，但其實到處都是陷阱。現在聽說內地大學生也有失業的情況。所以我給大家的建議就是在這樣的一個經濟全球化的時代，我們的能力除了本專業之外，還需要汲取其他的很多的知識。甚至有很多的學習的機會、考各種執照的機會都不要放棄。雖然這樣顯得比較功利，但是在某種程度上我們還是要確保自己生存的機

會。為了整體中華文化的發展，起碼我們自己要活下去。如果小我都不能自理，如何為大我做出貢獻呢？只有小我活下去才能為大我做某種程度的犧牲和貢獻。所以，我們除了要有本身所學的專業立住根本以外，還要懂電腦，懂軟體、硬體，除了英文要好以外，中文也要學得非常好。為什麼？因為現在電腦的語言是以英文為主，但是十年之後誰知道呢？要是變成了以中文為主呢？這是我給大家的建議。未來中華文化圈的交流必定是非常頻繁的。比如，大陸的學生要學會繁體字，臺灣地區的學生不能只學繁體字，同時對大陸很多話語和水準也要有足夠的了解，因為沒有人知道以後你們會被派去哪裡工作。我們常講，「學成文武藝，貨與帝王家」。但今天是一個比較自由開放的社會，今天的統治者可能就是你自己。現在外國人非常重視學習中文，他們把中文作為一個很重要的第二外國語。所以大家不必有文化自卑感，因為中文在崛起，中華文化在崛起。所以我們一定要有非常強的中文能力，才能在激烈的國際競爭環境中取得一定的地位。

最後一個建議就是，務必要學會打群架。中國文化之所以落後西方文化很重要的一個因素就是中國人就像一盤散沙。孫中山就講過，當時的「四萬萬人」就是一盤散沙，沒有集體意識，沒有團結在一起。馬克思講為什麼歐洲的農民起義沒有辦法成功？為什麼法國農民運動被拿破崙三世所利用？就在於這些農民不是一個團體，就像一袋馬鈴薯一樣，一旦把袋子戳破以後，掉出來的都是一個個獨立的馬鈴薯，他們沒有集體意識，他們沒有辦法團結起來對抗他們的敵對者。無論是孫中山講的一盤散沙還是馬克思說的一個個的馬鈴薯，都不是我們應該用來應對全球化的策略。在這裡，不僅是海峽兩岸，還包括全世界的中國人都應該團結起來。在座的同學很幸運地在一個很好的

大學求學，這是以後求生存的一個基礎。所以我們的打群架意識就是要維持我們的人際關係，要維持打群架的精神。因為無論用儒家的思想還是社會學的思想來說，我們每個人的人格都不是獨立存在的。相對來說，我們都是跟別人互動的產物。我常常舉思念的例子，就像一對戀人分手，想念會非常痛苦，就是因為我們生命當中非常重要的一部分被帶走了，所以人的自我，除了自我建構之外，還跟我們的朋友、家人是相互建構的。「他」已經成為我們生命的一部分，你中有我，我中有你。人是一個社會關係裡面的存在，孔子說「君君臣臣父父子子」，「君」是一個人所扮演的一個角色，「君」與「臣」是相對的，父親與兒子都扮演著各自的角色。他們的角色是互補的，是相輔相成的。角色是相互建構的，我們每個人的人格不是相互「遺世而獨立」的。舉個例子來講，大多數的同學都讀過《魯濱遜漂流記》。我在教社會學的時候要求同學去讀《魯濱遜漂流記》，大家一定覺得很奇怪，一個社會學的理論課為什麼要去看《魯濱遜漂流記》這本小說呢？但我們可以看到在《魯濱遜漂流記》中，它很重要的一個層面就是說：當魯濱遜單獨在荒島的時候，他的人格已經徹底喪失了。他除了每天在樹上畫一個刻度，知道這是西元哪一年之外，他的記憶已經開始逐漸模糊，他不知道自己能不能存活下去？他的生活就像行屍走肉一樣，他的生命是沒有意義的。為什麼他的生命沒有意義呢？因為他是單獨一個人在這個荒島上。有一天一個所謂的「星期五」，一個食人族的土人出現了，魯濱遜的整個人格就重新形成了，你們可能覺得很奇怪。我們給他一個社會學的解釋就在於：當這個食人族的土人「星期五」出現以後，魯濱遜文明人的人格就出現了。沒有野蠻人哪來的文明人？魯濱遜是一個講英語的英國人，所以他教「星期五」講

英語，不講英語的人就反襯出了講英語的人，所以魯濱遜文明人的身分又恢復了。然後他又把「星期五」當僕人，沒有僕人哪來主人？僕人的身分使得主人的身分恢復，所以這樣看來「星期五」就很重要了。他的出現使魯濱遜的人格、文明人、主人、英國人這麼多角色都恢復了。所以魯濱遜就開始活得非常快活，他有一個人可以指揮了。所以我經常勸同學們要打群架的理由就在這裡，沒有一個人靠他自己就能在全球化的世界裡面跟其他人競爭。我們一定要跟我們的同學、朋友、家人，甚至來自世界不同的地方的中國人有一種合作關係，彼此之間先要以誠相待。就像魯迅說的「渡盡劫波恩情在，相逢一笑泯恩仇」，這是很重要的。因為那是中國救亡圖存的時期，一個家族裡面常常有國民黨人、共產黨人，共產黨人還分派別，我的家族裡面有一個農民因為不識字而誤入派別被槍斃，雖然有些殘忍，但是我覺得這是歷史發展不可避免的事情，歷史有時候就是這麼殘忍。

歷史已經成為過去，我們要往前看。很多時候，我們要在整體的生存鬥爭中，憑自己的單打獨鬥都是有限的。我們應該跟我們的同學、朋友、家人有一個很好的、密切的關係，因為一個人很難自我生存。我這樣的說法對各位來說，現在可能有點忠言逆耳的意思，因為現在發展就是硬道理，提倡經濟人、理性人。假設每個人都是獨立的原子理性人，他擁有自己的生命權、財產權還有各種不同的與生俱來的天賦，不管是戀人還是家人都不能剝奪，但是其實這種經濟人、理性人或者說個人主義的個人，我覺得他既背棄了中華傳統文化「仁人關係」脈絡下的人，也背棄了社會學中認識一個社會的存在，更背棄了社會主義傳統裡面的一個「類存在」和「類本質」。認識一個類群的存在和本質，個體只有在類中才能證明自己的存在和本質。換句話

說，個體性和群體性不是二元對立的。個體性必須要擺在一定的群體性裡面來存在。所以，無論是儒家倫理思想還是社會學傳統思想，都在說明人不能只有個體性。所以我給大家的建議就是在全球化的競爭中，我們要維持一個很好的人際關係，人際關係就是我們未來生存鬥爭的一個擋臂。在這樣的一個狀況下，相對來說，我們要面對全球化的挑戰，我們才可能用一個集體、用打群架的方式去面對世界其他國家的人，從而使得中華文化在未來發展或整個中華民族的發展中能夠有一個長治久安、穩定發展的基礎。

2008年於華中科技大學演講

曾妙根據錄音整理

實施素質教育造就愛國創新人才

楊叔子　中國科學院院士、華中科技大學教授

　　在教育上最大的成就，第一就是教育思想和教育過程創新，教育思想和教育過程創新歸根結底就是素質教育。考察中國的教育發展，我認為在教育思想、教育過程中最大的成就就是素質教育體制。在談正題之前，我還要回憶一件事情，今天上午，有一位報社記者採訪我，問我說，您五月分在一個高職學校講課，您給同學鞠了個躬是嗎？我就說是的。他又問我為什麼要給同學鞠躬呢？我回答說，我從今年年初的抗冰雪災害中，特別是從四川抗地震災害中，以及後來的奧運會期間，我在「八〇後」、「九〇後」，乃至於「〇〇後」身上看到了極大的希望，正因為他們大有希望，所以我向他們鞠了躬，他們讓我感到後繼有人，這是非常令人高興的。奧運會開幕式上我最欣賞、最感動的鏡頭就是姚明牽著八、九歲的林浩入場時的場面。我看見林浩揮舞著五星紅旗，我感到不僅是「八〇後」、「九〇後」是大有希望的一代，「〇〇後」同樣也是大有希望的一代。所以在正題開始前，講到了我向高職的同學們鞠躬，但事實上，我更要對你們，這些更高層次的研究生、博士生，這些即將走向未來創業的人鞠個躬，你們讓我感到我們後繼有人！謝謝你們！

　　我們學校文化素質教育在全國起了帶頭作用。我記得一九九四年的時候，學校請過一位音樂家來做過一次講座，題目就是「嚴肅音

樂」。我這個人沒有音樂素養，用醫學上的話講就是我二十三對染色體裡面第十三對染色體不太好，因為這對染色體裡有些基因對唱歌、藝術方面的發展是有影響的。但是，我還是認真聽了這位音樂家的講座。什麼是嚴肅音樂？嚴肅音樂有兩個特點，第一是有主旋律，第二是主旋律非常富於特色。他當場放了三段音樂。第一段就是歌劇《江姐》，第二段是《洪湖赤衛隊》，第三段是小提琴協奏曲《梁祝》。《江姐》第一主旋律、第二主旋律非常明顯，基於四川民歌基礎上充分吸收江浙民謠的特點就形成了它的特色風格。《洪湖赤衛隊》也是主旋律非常明顯，它的特色與洪湖民歌的特點非常相符。《梁祝》也是一樣，它的特色就是紹興民歌的特點。這場講座給了我很大的啟發，讓我在思考教育的方面很有收穫。高等學校、高等教育有沒有主旋律和特色？華中科技大學有沒有主旋律和特色？這個問題我思考了很久。高等學校、高等教育的主旋律是培養人才，這冊庸置疑。在一九九二年，我校的前任校長即將卸任的時候，教育部曾經派人來物色校長人選。當問我高等學校的主要任務是什麼的時候？我直接回答道，高等學校就是培養人才的，是要培養高等人才的。這就是主旋律。那麼特色又是什麼呢？華中科技大學這樣的高等學校培養人才有什麼特色呢？這個問題把我難住了。最後，我思考良久，講出一個直白的答案，那就是要培養中國的大學生。

這個答案看似簡單，實則是有深厚內涵的。第一，我們培養的大學生能不能為中國服務，能不能為中華民族服務？這是最大的標題。我們培養的大學生是不是這樣呢？值得研究。在一九八一年年底，我到美國去了，有一批愛國的美籍華人教授向我提意見問：「你知不知道中國大學教育有什麼缺點？」我追問，他們繼續說，有的學生英語

很好，數學很好，懂得美元英鎊，但是卻不太懂得長江黃河、文天祥史可法，連《資治通鑑》、「四書」、《老子》之類的有些書名都不知道。這樣的人畢業後能不能為中華民族服務，能不能為中國服務？我認為這個問題提得很具體、很深刻、很尖銳。很多大學生擅長英語、數學，但是對中國的地理、對中國的歷史和傳統文化卻知之甚少。前年，有一所二本學校對某一學院的碩士研究生進行測試，笑話百出。有一個問題是中國四大名著是哪些，舉出一本。有人答《誰是最可愛的人》。問《紅樓夢》是誰寫的，有人說是魯迅。這些都讓我在反思，我培養的是不是中國的學生？這些學生在培養出來後能不能很好地為中國服務？

第二，大學生要講求創新。我們培養的大學生能不能創新？大學作為高等學府能否承擔創新任務？這都是值得思考的問題。工業發達的國家對工業的發展程度、對科學技術的轉化程度有個指標，叫作技術依存度，也就是說，在關鍵技術上有多少是依賴於進口。工業發達國家在二十世紀九〇年代中期是百分之十，日本百分之六點六，美國百分之一點六。在發展中國家中，韓國是百分之二十四，而中國則是遠超過百分之五十。現在在我國的中長期科技發展規劃裡，提出了一個指標，即到二〇二〇年為止，我們技術依存度爭取能降到百分之三十以下。這需要付出很大的努力，但是距離二十世紀九〇年代中期的韓國的百分之二十四還有很大的差距。因此，我們需要呼籲大學生真正地學會創新。不會創新，就不能真正地實現腰杆子挺起來，所以我們能不能培養出服務中國的、能夠自主創新的、高層的人才是第二大問號。

為了實現培養出愛國的、創新的大學生這個目標，就必須要實施

素質教育。因此，就必須要回答培養什麼樣的人、怎樣培養人這兩個根本性的問題。培養什麼樣的人？愛國創新人才。怎樣培養呢？要實施素質教育。這兩者是不可分割的。所以，胡錦濤同仁提出的，培養什麼樣的人？怎樣去培養？是教育的根本問題。我認為是非常正確的。在十七大會議上，胡錦濤同仁在黨的工作報告中明確提出「要全面貫徹黨的教育方針，堅持以育人為本，德育為先，實施素質教育，提高教育現代化水準，培養德智體美全面發展的社會主義建設者和接班人，辦好人民滿意的教育」。我認為這六句話講得非常好。第一句「全面貫徹黨的教育方針」，這是沒有問題的。第二句話「堅持以育人為本，德育為先」講教育的本質就是要育人，並且要強調育人過程中要德才兼備，德育為先，這是教育的原則和本質。第三句話講的是如何培養，即實施素質教育，講的是教育的思想和教育的模式。第四句話，講我們的教育應該達到的水準，也就是「提高教育現代化水準」。第五句話，講我們的培養目標、培養任務，即培養什麼樣的人才。最後一句，是檢驗標準。產品需要檢驗，三鹿奶粉不檢驗就出問題了，醫學也需要檢驗，任何東西都需要檢驗。在十二五計畫談話時，有人問我對應試教育怎麼看？我從來沒有反對過應試教育，在我看來，需要應試。不是考試不對，而是考什麼，怎麼考，怎麼評價考試結果？這是關鍵。招聘不是考試嗎？出國留學要考托福、GRE，這些不是考試嗎？現在企、事業單位招聘幹部不也是考試嗎？現在隨處都是考試。一九九八年，聯合國教科文組織在巴黎召開第一次全世界的高等教育大會，提出過一個行動框架，第一句話就是「必須以考試為基礎」，沒有考試、檢驗是不行的。因此，辦人民滿意的教育就是對教育的檢驗。辦得好不好，老百姓滿不滿意，這是檢驗的標準。所

以我認為在十七大上提出的這六句話，就把我們的教育概括得非常精確。既回答了培養什麼樣的人、怎麼去培養的問題，也指出了教育的本質，指出了教育應該達到的程度以及教育的檢驗標準——人民要滿意。核心就是培養什麼樣的人、怎麼培養。素質教育要培養德智體全面發展的社會主義現代化的建設者和接班人，強調愛國和創新。接下來，我將從三個方面來談談自己的看法。

第一，文化教育和高等教育。教育主要是文化教育，所以要談教育先談文化。談到文化，我就要引用一段胡錦濤同仁前年在全國作協代表大會上的話：「一部人類發展史，是人類生命繁衍和財富創造的物質文明史，是一部人類的物質文化發展史，更是人類文化累積文明傳承的精神文化發展史。」社會的每一次躍進，文明的每一次昇華，都鐫刻著文化進步的烙印。社會上的一切東西都會過去，留下的就是文化。因此，文化的力量深深凝聚在民族生命的創造力之中。所以，文化極為重要。政治會成為過去，經濟會成為過去，戰爭會成為過去，留下的就是歷史，留下的就是文化。我想大家都可以理解，大自然創造人類，人類創造文化、文明，人類以大自然為生存和發展的基礎，以文化文明作為生存和發展的方式。所以，生物界的延續和生存是靠基因，生物界的衍發是靠基因變異。而人類社會正是靠文化的傳承和延續，靠文化的創新發展。假如沒有文化的傳承，人類社會就不能延續；沒有文化的創新，人類社會就不能發展。因此，文化就是人類社會的基因。正因如此，也就體現出教育的重要性。文化是靠教育而傳承的，文化的創新也要依靠教育。也就是說，文化的傳承主要形式是教育，文化的創新必要基礎也是教育。可以進一步推論，社會是靠教育得到延續、靠教育得到發展的。教育在國家建設中具有全面

性、全域性、先導性和基礎性的定位，占據優先發展的位置。越到現在，越是如此。不懂得辦教育，絕對不行。日本二戰後的第一位首相寫過一本書，強調日本即使再窮也要辦教育。這是非常具有戰略眼光的。教育是絕對不能忽視的。在一切教育中，高等教育具有龍頭性的地位。江澤民同仁在交通大學百年校慶的時候，接見四所交通大學——上海交大、西安交大、西南交大、北方交大的領導時講過，高等教育是教育的龍頭，培養高層次人才，創造高科技成果，提供高科技智慧，為基礎教育——最重要的教育提供師資、提供領導力量。高等教育的問題不解決，這些都沒有辦法解決，高等教育是國家在發展進步過程中非常重要的一個標誌。高等教育如此重要，就不能不談到學校，學校不等於教育，高等學校不等於高等教育。學校是施行教育的機構，高等學府是施行高等教育的機構。我們學校的塗又光先生，現年八十多歲，是馮友蘭先生的高徒。「文革」的十年血淚教訓給了他一點啟示，即高等學校不等於高等教育。學校辦得好，有利於教育實施；學校辦得不好，就會破壞教育。這十年血淚史說明利用學校不當不僅破壞教育，而且破壞學校。高等學校的首要任務就是培養高層次人才。高等學校的特性和中小學的不同就在於，高等學校是要搞學術的。只搞教育不搞學術，那是中小學；只搞學術不搞教育，那是研究機構。不知道你們最近有沒有看過哈佛大學哈佛學院前院長哈瑞·路易士先生在二〇〇六年出版的批評哈佛的一本書，書名是《失去靈魂的卓越》，副標題是《哈佛是如何忘記教育宗旨的》。什麼是卓越？在眾多領域內爭取第一是卓越。什麼是靈魂？培養對社會負責任的公民是它的靈魂。哈佛大學追求在眾多領域內的第一，而忘記了造就對社會負責任的公民。看完書後，我歸結出了五重五輕：第一是重學術

而輕育人；第二是重研究而輕教學；第三是重研究生教育而輕本科生教育；第四是在教育中重視教授學術的博大精深，輕視教授道德品質對學生的影響；第五是重市場功利需要對學生的影響，輕視對學生長遠發展的培養。最後歸結起來，這五重五輕，五重是對的，五輕是不對的。總之就是，重近期有形的影響，輕長遠無形的影響。因為育人不是立竿見影的事情，而是長遠的事情。這種批評是非常尖銳的。今年的參考消息登了《泰晤士報》高等教育副刊在十月九日對全世界的高等學校的排行，第一位還是哈佛大學，不是說哈佛大學不行，而是說即使是哈佛大學，在前進中也同樣存在著問題。因此，哈佛大學的前任校長德雷克‧博克也寫過一本書——《回歸大學之道》，寫得比較平和。內容和哈瑞‧路易士先生所寫書的內容大致差不多，只是沒有那麼尖銳。我一直講，學校不等於教育，學校是教育機構，它的根本任務是育人。高等學校要培養高層次的人才，要會培養創新人才。和中小學不一樣，高等學校必須要搞學術。治學首先服務於育人，育人必須立志於治學。千萬不能把育人、把培養學生的道德品質的責任拋棄。這是錯誤的，對國家的長遠發展不利。這本書開始就引用了哈佛大學的一九○一年的一位老領導皮根斯、一九一六年的領導羅伯特的一段話，皮根斯認為高等學校必須把自己同國家的命運連繫在一起，高等學校的福祉同國家的強大是緊密連繫在一起的。羅伯特認為高等學校最關鍵在於能不能培養出造福人民的人才。這是把高等學校的命運和國家的命運連繫在一起。因此，學校能否實現教育的任務，高等學校能否在學術上取得發展是非常重要的。展開來說即是高等學校是以育人為中心開展教學科研活動的。更精細地來說就是：一、意識文化傳承、教學是高等學校的根本任務，是生存的基礎；二、文化

的創新和演化是高等學校發展的關鍵；三、學術的交流是學校發展的前提；四、文化服務，學校的宗旨要求服務。因此，高等學校要以育人為中心，去開展文化傳承、文化創新、文化交流、文化服務等活動，最終實現服務於社會的宗旨，就必須要把學校和教育、高等學校和高等教育既相互區別又相互連繫起來。這樣我們能得出一個全面的認識，即目前國力的競爭歸根結底是科技的競爭，是高科技的競爭；而科技和高科技的競爭歸根結底是人才和高層次人才的競爭；人才和高層次人才的競爭歸根結底是人才素質的競爭；人才素質的競爭歸根結底是教育的競爭。總之，競爭的關鍵是科學技術，根本是人才，基礎是教育，能否辦好教育是非常重要的事情。我之前到北京辦了五件事情，第一件就是參加教育部的教育行政學院的一個論壇，談到如何提高高等學校管理品質的問題。之所以這麼重視，是因為高等學校的辦學水準如何關係到國家競爭最基本的層次。教育重要，高等教育更為重要。因此，在第一點中，我就把文化、教育、高等教育的重要性講了一下。高等教育主要是文化教育，通過學校對學生進行文化教育，來培養能夠服務於國家的人才。

第二，談談素質教育。自國家改革開放三十年來，教育思想、教育模式最大的成就是實現中國本土化的成功。國力競爭關鍵在於國民素質競爭。我們到未來是十六億人口，如果十六億人口素質很低，將會是個沉重的包袱。相反，如果十六億人口素質很高，將是強大的人力資源。在十七大報告中提到兩個建設，一個是建設創新型國家，另一個是建設人力資源強國。從根本上講，就是要提高國民素質。有個記者問我對學生就業問題的看法，我認為這是兩碼事情。教育就是要從根本上提高國民素質。前武漢工業大學的黨委書記也即是並校後武

漢理工大學的黨委副書記陳文，是我的在職研究生，他的博士論文答辯通過的時候是六十歲，他難道是為了就業而學習嗎？教育的根本目的還是在於提高素質，我們不能否認就業問題的存在。對現在的大學生來說更要重視就業，只有就業工作才能把國家建設起來。教育的根本目的在於提高素質，也密切關係著人才的成長。在一九九八年第一屆全世界高等教育大會上發表的宣言就強調了，高等學校的首要任務就是要培養高素質的畢業生和負責任的公民。我們培養學生，不只要對口工作，還要適應工作、引領社會發展。不只是要會就業，還要會創業。一語中的。教育行政部門要高度關心學生的對口就業問題，對於學生而言，應該擔負起適應社會、引領社會發展的責任，學會創業。因此，教育的根本任務在於提高國民素質。文化的傳承依靠教育，教育要堅持育人為本，德育為先。

　　進一步來說，教育的本質就是素質教育。問題就是什麼叫作素質？誰都有素質，只是分好壞而已。我們講的素質教育是指好的素質。那麼究竟什麼是素質呢？包括先天和後天兩個因素。先天因素是由基因決定的。後天因素包括兩大部分，一是環境因素，另一個是個人主觀因素。環境因素包含三個部分：社會、家庭和學校，學校尤為重要。個人因素也包括三部分：學習、思考和實踐。個人素質如何，是由先天和後天因素共同決定的。原華中師範大學的一位副校長現在是武漢生物工程學院的院長鄧宗琦說過，只有差異，沒有差生；承認差異，發展個性。我認為他講得非常好，兔子適合賽跑，烏龜會游泳，這就是差異，不能否認先天的影響。當然承認先天影響，也要看到個人努力的關鍵作用。人之為人，正在於人有主動性。學是基礎，學習是最基本的。譬如在印度和非洲發生過這樣的事情，狼孩錯過了

學習的最佳時機，人性明顯弱於動物性。但是只有學習也不行，還要思考。在二十世紀九〇年代就有機器人和國際象棋大師的比賽，第一局機器人勝，第二局機器人輸了，原因就是象棋大師走了一步超出了機器人程式設定的棋。我上小學第一年時連加減乘除都不清楚，但正因為我肯學習，樂於思考，我的成績才能突飛猛進。所以不要滿足常規思維的局限，因為習以為常的事情也大有可以思考的空間。後來我能被破格提為教授、提為院士，可能也和我樂於思考有關係。實踐是根本，想得對不對，學得對不對，只有做了才能檢驗出來。所以從小學以來我從沒有抄襲過作業，全部由自己獨立完成。有很多問題，都是依靠我跟學生一起在實驗室、在儀器旁邊細心觀察才解決的。所以，學習是基礎，思考是關鍵，實踐是根本。一切通過實踐才能驗證，通過實踐才能發現。先天是基礎，後天因素中環境因素是可以改變的，個人因素則是自己可以控制的。因為人有主動性、人有原創性。雞窩裡也可以飛出金鳳凰。那麼什麼是素質呢？愛因斯坦講過，教育就是忘記在學校所學後，剩下來的那一部分。後來有個物理學家也說過，重要的不是獲得知識，而是發散思維。把學的知識都忘掉，剩下的就是素質。這句話有三層意思：要學習，學習知識後要思考，要發散思維。用醫學上的話講，學習知識把大腦神經思維改造了，在遺忘之後，留下的就是素質。錢學森講得很好：教育工作最終的機理在於思維過程。恩格斯講過，地球上最美麗的花朵，是人類的智慧，是獨立思考的精神。通過學習後，進行的獨立思考，才能算是素質。因此，要學習，要思考，要實踐，最終才能留下素質，這是受用一生的東西。

因此，要講文化育人，講文化，就要注意兩個整體性，一個是內

涵的整體性，另一個是類型的整體性。文化，至少包含知識、思維、方法、原則和精神。類型，包括兩個方面：科學文化和人文文化。內涵是不可分割的，類型之間儘管有差異但也是不可分割的。在內涵的整體中，知識是最基礎的，是文化的載體，不學習知識是不行的。胡錦濤同仁在去年的全國優秀教師座談會上談到，在社會發展過程中，知識具有決定性的力量。我非常贊成，因為一切的創新歸根結底是知識的創新。沒有知識，就沒有一切，這是最基礎的，但是還不夠。二十世紀五〇年代，有一本從蘇聯翻譯過來的雜誌叫《知識就是力量》，我認為到現在還經常提的「知識就是力量」這句話講得並不全面，而應該說「沒有知識就沒有力量」。沒有原創性就沒有內涵，在知識裡面還承載著思維，這是關鍵。只有有思維的知識才是活的知識，才能發展本身、創造本身。而死的知識是不能發展、不能超越自我、不能實現創新的，所以，思維是關鍵所在。但是只有思維還不夠，還要講方法，知識文化離不開方法，這是根本。檢驗知識、思維是否正確，需要實踐，而實踐靠的就是方法。方法是連接知識、思維和實踐的橋樑。方法是根本，沒有方法就談不上實踐。所以馬克思的方法論就是作為科學理論而提出的。任何的知識、思維和方法必須要有原則的指導。對於搞科學的來說，就是要講實事求是。這是科學的原則，正因為實事求是，所得到的知識一定是一元的，所以思維一定是要講求邏輯的，方法一定是要經過驗證的。所以說原則指導知識、思維和方法。這三者是形而下的，是指個人的才能。追求這四部分整體的昇華，就是文化承載的中心。我們傳承文化，就必須兼顧好這四部分，否則就不全面。知識不是孤立的，授業解惑傳道，授業是傳遞知識，解惑是教授思維方法，傳道是傳承原則，更是傳承精神。通過

傳遞知識，再加上傳授方法和思維，從而更進一步地傳承原則和精神，這是教師的真正職責所在。如果只是強調傳授知識，那只用電腦就可以了。不僅內涵是一個整體，文化類型也是一個整體。不管是科學文化還是人文文化都一樣：科學文化旨在研究客觀世界、反映客觀規律；人文文化是要實現對精神世界的關心，實現終極關懷。它們的方向和目的不同，一個是客觀的，一個是主觀的。但不論是哪種文化，都來源於實踐，都是對實踐的反映，它們是同源的。科學裡面講公理，公理是不證而明的，就是來自實踐精神世界的感悟。人文文化也是講科學的，「人生自古誰無死，留取丹心照汗青」這句話，就是揭示了人都要走向死亡的科學事實。所以人文裡面必然會反映現實，科學中也必定會反映精神世界。但是科學和人文也是不能混淆的。正因為它們的不同，所以科學研究客觀世界，人文研究精神世界，但他們又是相互補充、相互推動的。愛因斯坦是一個半邏輯半直覺的科學家，很多發現都是通過感悟而得到的。漫畫家繪畫和現代數學研究圖形變化的拓撲學有異曲同工之妙，不論如何變化，本質的特性都不會改變，在文學藝術中重神似也是這個道理，都運用到了科學知識。不論是哪種文化都是對現有文化的懷疑、反思和發展，從而追求更深刻、更普遍、更永恆的內涵。所以我們不能簡單地把科學和人文孤立起來，沒有科學的人文是殘缺的人文，沒有人文的科學是殘缺的科學。我現在講授的《機械工程控制基礎》這門課的教材，從二十世紀八〇年代到現在已經發行了三十多萬冊，這本書不僅講授課程知識，更講到了方法論。這裡面講到的方法論言簡意賅，同學們也都很喜聞樂見。這本書一直在獲獎的原因，也是在於能將科學和人文完美和諧地結合在一起。在一九九七年，我說過我們的高等教育有五重五輕：

重理工、輕人文；重專業、輕基礎；重書本、輕實踐；重共性、輕個性；重功利、輕素質。我這次到北京也講過，清華大學九十周年校慶時，一位老校友發表在《人民日報》上的文章標題是「清華大學的精神就是『無用』」，即不是追求立竿見影的效果，而是重視長遠發展。學生的基礎、學生的道德品質沒有立竿見影的效果，重功利、輕素質恰恰就是丟掉了長遠的東西。

正因為如此，國家提倡素質教育是非常正確的。什麼是素質教育呢？我認為，首先，要堅持馬克思主義的教育觀念，人要追求全面自由的發展。其次，要繼承國家優秀的傳統教育思想。再次，要充分吸收國外的優秀教育經驗和教育方法。最後，要堅持實踐的力量。我們應該看到素質教育，尤其是文化素質教育的重要性。在一九九五年提出的高等學校素質教育包含了四個方面的內容：一是道德思想素質教育；二是業務素質教育；三是心理素質教育；四是文化素質教育。這幾點同德智體美全面發展是一致的，和醫學上要求營養的均衡也是一樣的。思想道德素質是關鍵，是重要的方向。第二個業務素質是主幹，提高業務素質才能報效國家。第三點就是心理素質是保證，一定要有良好的心理素質。第四點文化素質的重要作用概括為兩點，首先它是其他素質教育的基礎，沒有綜合的文化素質是不行的。現在高校開設的一系列課程就是為學生補充文化知識。去年九月在武漢舉辦的中國作協學術年會後，中國科協主席韓啟德以及鄧小平的女兒鄧楠女士為我校做了報告。有一個學生提出了一個問題，即面對複雜多變而又充滿誘惑的社會該怎麼辦呢？韓啟德先生回答得非常好，他在「文革」期間做過農村的赤腳醫生，那時候對他而言最大的誘惑就是上大學。在上了大學後，最大的誘惑就是當一個好醫生。什麼是誘惑呢？

就是一個人的價值取向和精神追求。而文化素質就奠定了很好的做人基礎、知識文化基礎，樹立了正確的價值取向。中學裡有快慢班之分，完全是根據數理化成績來劃分。這種忽視人文教育的做法是錯誤的，忽視了人文教育就忽視了做人的問題，教育其實就是如何做人的問題。重點是加強民族文化素質教育，不但要有人文而且要有民族文化，它的核心是科學教育和人文教育結合的問題。這是如何做現代中國人的問題。臺灣師範大學的郭校長講過兩句非常深刻的話：要有現代的科學技術視野，更要有古典的人文文化。

第三，民族文化教育與愛國創新人才培養的關係。民族文化被很多人輕視甚至是忽略，我在很多地方問過一些人對傳統文化的看法，有些回答認為傳統文化是很消極落後的。有人只是根據道聽塗說來理解老子的「無為」、「不爭」，認為這是一種消極的態度。但是老子的「無為」事實上是要在遵守客觀規律的基礎上，才能有所不為。「不爭」不是不敢爭，而是用「不爭」之法，實現「天下莫能與之爭」。不讀書是不行的。胡錦濤同仁在二〇〇六年全國科技大會上講過兩段話，第一段是講科學文化和人文文化的關係，第二段講的就是民族文化。中華文化歷來就包含著鼓勵創新的內涵和精神，強調推陳出新、「天行健，君子以自強不息」。我想學習中華民族文化對當前的創新是大有好處的事情。都江堰就是一個典型的例子，都江堰對成都平原的富饒有著舉足輕重的作用，李冰父子在修建都江堰的時候實現了人與自然的和諧發展，這是遠超過千百年後的許多現代人的，這次地震更是證明瞭都江堰是中國傳統文化的優秀結晶。中醫是非常講究天人合一和社會和諧的，中華民族能夠發展到今天，中醫發揮著極大的作用。軟體研究所的唐稚松院士開發過獲得國家智慧科學一等獎的軟體

系統，這個軟體系統使用的語言——時序邏輯語言是一位以色列科學家普諾里發明的，他在一九九七年獲得電腦界的最高獎——圖靈獎。後來日本軟體工程協會主席岸田孝一評價這個軟體，說這個軟體的工具是現代數學，但是指導思想卻是孔子的中庸之道和佛教的禪宗認識論。這說明中國文化對現代科技而言同樣意義重大。著名近代英國哲學家羅素說過，中國與其說是一個政治實體，還不如說是一個文明實體——一個唯一存在至今的文明。世界四大古代文明，最後只有中華文明存在，神州大地上的文化和人種是五千年的延續，這與文化有著密不可分的關係。俄羅斯的一位經濟學家寫過《正在通向新的巔峰》一文，這篇文章正是從文化上來尋找中國之所以能延續至今的三個特點。日本的澀澤榮一非常推崇《論語》，在《論語與算盤》一書中不斷強調「利」和「義」的合一。諾貝爾化學獎得主普利高津說：「中國傳統的學術思想是著重研究整體性和目的性，研究協調和協同。現代科學發展更符合於中國哲學思想。因此，中國文化思想對於那些想獲得巨大文化成就的自然科學家來說始終是啟迪的源泉。」顯然，中國的文化包含著深刻的哲理。這個哲理最核心的東西就是講求整體、發展和本質，這個哲理的表現就是愛國。中華民族文化就包含了精神層面對人的德行的要求，操作層面要求會做事、有才能。下面，我再分別講一下精神層面和操作層面的表現：精神層面的要求為靈魂是根本，我認為歸根到底是責任感。「天下興亡匹夫有責」很好地回答了個人如何對待集體的問題，「天下興亡」是集體的，「匹夫有責」是個人的。用現代話講，就是要在實現社會主義現代化建設中來實現個人價值。集體重於個人，這是人類社會繁衍生息過程中應該有的良知。匈牙利的詩人裴多菲寫過「生命誠可貴，愛情價更高。若為自由

故，二者皆可拋」的詩句，說的是要重視個人，但是個人價值是在集體價值中實現的。正因為這一點，中華民族才能夠延續五千多年而不衰亡。《論語》中提到「士不可以不弘毅，任重而道遠，仁以為己任，不亦重乎？」這講的也是個人和集體的關係。中國哲學講協同和協調都是在說整體的問題，責任感是非常重要的事情。在二十世紀，楊振寧先生同新加坡的李光耀先生講過，中國文化的核心價值在於國家重於家庭，家庭重於個人。但現在有些變化。我們學院的兩位優秀的教授曾經到過一個工業單位對他們的設備進行改造，感嘆過去設備性能的優良是現在做不出來的。過去人的整體責任感非常強，願意在忘我中實現創新的奇跡，但是現在這種忘我精神卻相對淡薄。責任感更深層來講就是人的精神追求，表層的實踐層面就表現為具體的行為。毛澤東同仁寫過一篇《紀念白求恩》的文章，這篇文章和《為人民服務》、《愚公移山》一起成為黨的歷史上三篇偉大的文獻。《為人民服務》講的是人生觀、價值觀上的精神追求。《紀念白求恩》講白求恩對工作的極大熱忱以及精益求精的精神。《愚公移山》講責任感要付諸行動，要下定決心不怕犧牲，排除萬難追求勝利。沒有這種責任感就談不上有創新。但是，不僅有精神層面還要有操作層面。第一個是知識，要學而時習之。因為我們的文化要繼承，首先就要學習。毛澤東同仁講了好好學習，天天向上。中山大學校訓「博學、審問、慎思、明辨、篤行」就是要求既要學習和思考又要實踐。嶽麓書院「博於學，明於思，篤於實」，也是在說這個道理。第二個是講求「和」。《左傳·昭公十二年》中，春秋後期的晏嬰解釋「和」就如同做羹湯，講求食材的搭配和諧。君與臣也是一樣的相處之道，「和而不同」才是治國之道。在「再說長江」節目中，有位記者問潘家錚院

士誰對三峽水利工程的貢獻最大？他回答說是那些持反對意見的同仁，正是這些反對意見促使我們的工程做到萬無一失。塗又光先生在一九九四年的哲學大會上，他說過中國哲學裡面最精華的內容就是「和」。做事情一定要承認差異，和諧相處，從容推進，不要搞一言堂，要全言堂。第三個是方法，要順天之性，符合事物的規律，按照事物的本性來發展。柳宗元的《種樹郭橐駝傳》中講種樹經驗是「順木之天以致其性」，要按照客觀規律辦事，學習上要做到因材施教，用人上要能因人而異。原則就是實事求是，老子講「人法地，地法天，天法道，道法自然」，客觀事物要按照其本身的規律來運動。中國革命之所以能夠勝利，就是實現了馬克思主義的中國化。在十一屆三中全會後，中國能有大的發展，也是因為其從實際出發，實現了馬克思主義在現代的中國化。這個時代對我們的幹部有三點要求：為民、務實、清廉。對我們而言就是要做到誠信。前幾年，有位學生給我寫了一封信，裡面講到他抄襲國外學者論文被發現後，要被取消博士學位的事情，他找到我想讓我幫他求情。但這種弄虛作假的行為百害而無一利，所以對於他的處罰我也是無能為力的。「知之為知之，不知為不知，是知也」，這才是最聰明的辦法。中國革命之所以能夠勝利、十一屆三中全會之所以能夠撥亂反正的前提都是實事求是。第四個是自強不息的精神。我說過清華大學的校訓「自強不息，厚德載物」非常好，《周易》裡《乾卦》「天行健，君子以自強不息；地勢坤，君子以厚德載物」。對待自己要有自強不息的精神，對待別人要做到厚德載物。清華大學的發展與這兩句校訓非常有關。「自助者天助」，只有「自助」才能有「天助」，機會是等待有心人的。華中科技大學能夠有今天的發展，也是依靠這種自強不息的精神。主要有四

點：第一是團結，大家彼此關係很好。第二是方向對，這是關鍵。華中科技大學的幾十年的發展都是依靠一個正確的發展方向。我們的發展速度不是全國最快的，但是我們的平均速度估計是最快的。第三是工作踏實，這是根本。第四就是長期幹。我們能夠實現發展也就是依靠這四條，縱使這裡面有很多曲折。因此我們的民族文化是重要的，有文化自覺才有民族自尊；有了民族自尊才有民族自強；有民族自強才有國家自強。沒有文化自覺，就不可能會有自尊自強。只有高等教育強大了，才能有民族創新，才能有國家富強。高等學校應該用科學文化和人文文化還有民族文化來陶冶學生，讓學生能夠自主創新，讓國家能夠強大。一個國家沒有先進科學技術，就會落後挨打；沒有自己的文化傳統，就會異化。胡錦濤同仁在去年教師節時講過，中國未來的發展、中國實現偉大的復興，歸根結底是要靠人才，人才的基礎是教育，高等教育是龍頭。大家現在接受的是高等教育，以後就是未來的棟梁，而且現在大家處在一個非常好的時代。所以希望大家都可以「長風破浪今是時，直掛雲帆濟滄海」。

2008年於華中科技大學的演講
陳晨晨根據錄音整理

我的大學生活

方　方　著名作家

　　很榮幸來到華中科技大學！三十年前我也像你們一樣，處在非常亢奮的時期，當時是武漢大學中文系的一個新學員。在上大學之前我是一個裝卸工人，當時的裝卸工與現在不太一樣，幹的活非常累，社會地位也很低下，做一些扛大包、拉板車之類的事情，原本喜歡我的老師也因為我的工作而不愛搭理我了。高中畢業後當了四年搬運工，改革開放後有了上大學的機會，我便一邊工作一邊學習，通過高考來到了武漢大學。

　　我們上大學的時候課本是油印的，老師說話也比較謹慎。當時我們討論了一些很有趣的問題，成立了文學社，辦了一個名叫「紅楓葉」的雜誌，其中有一個經常討論的問題就是「愛情的禁區」。「文革」中所有的小說幾乎是沒有愛情的，但大家對愛情很感興趣，像《林海雪原》、《安娜・卡列琳娜》中少量愛情部分的描寫都被大家翻爛了，所以我們當時就關於小說能不能寫愛情的問題展開了討論，現在想來是十分荒謬的，可當時確實是有人提出了反對意見，我們才產生了爭論。愛情其實是文學永恆的主題，這是毫無疑問的。還有一個討論的問題是「歌頌與暴露」，就是文學是不是只能歌頌社會而不能暴露社會的陰暗面，我們當時也叫「光明與黑暗」的問題，或者是「歌德與缺德」的問題。「歌德」派即歌頌社會主義，這一派的文學

作品反映的是社會中光明的一面，描述鶯歌燕舞、形勢一片大好的局面；「缺德」派主張的是文學作品要反映人生疾苦，描寫社會中陰暗的一面。這是二十世紀七〇年代末討論得很激烈的一個問題。當時還討論了「悲劇與喜劇」，就是文學是不是只能寫喜劇不能寫悲劇的問題。喜劇作品固然很好，但文學史的老師在課堂上說，真正有力量、可以撼動人的還是悲劇。所以這個問題我們也在談論，因為社會主義只有喜劇沒有悲劇，經過「文革」之後，文學上、思想上的一系列話題都是學校裡的我們所關注的。還有一個問題叫作「三突出和主題先行」，這是關於寫作方法論的討論，我們當時寫作上有一個最著名的提法叫「三突出」：在所有人物中突出正面人物；在正面人物中突出英雄人物；在英雄人物中突出主要的英雄人物，所有最美好的詞彙都要給予這個人。還有「主題先行」，就是不能想到哪寫到哪，要先想好主題，表達一個什麼樣的思想或觀念，然後為這個觀點或觀念開始寫作。在我的印象中，大學裡最大的一個活動是長江文藝與作家協會一起做了一場名為「文學是不是階級鬥爭的工具」大型討論，現在看來是很好笑的，但在以前文學是階級鬥爭的工具，跟生活無關，而和政治緊密相連。這個討論在當時是非常激烈的，隨著時間的推移討論進程逐漸往前走，而我們的討論還是沒有結果，但是時間已經說明了一切，讓我們明白愛情是可以寫的，社會中的陰暗面也是可以暴露的，悲劇是可以寫的，文學也不是階級鬥爭的工具。二十世紀三〇年代的我們這一代人是改革開放、新中國成立的親歷者和見證者，也和新時期文學同步成長。

我們那個時代的大學生年紀普遍比較大，應屆生不太多，比如我是參加四年工作後才上了大學，只能算年齡中等，那時我們班年齡最

大的學生是三十歲，最小的只有十五歲。我幾乎沒有參加學校的活動，學校考慮到我在上大學之前寫過詩歌，便讓我參與廣播臺的工作，但我去了一次就再也沒有去了。學校當時有詩社，自己出詩刊，自己刻鋼板，第一期的詩刊叫作《煙囪》，那時候大學生追求獨立的精神，覺得要像煙囪一樣獨立，便有了這個名字。然後就有了一點小資情調，出現了《A大調》這樣的小資名字。後來又成立了一個劇社，因為普通話說得不好我就在裡面負責打雜，出演了現代話劇史上一個叫《骷髏的迷戀者》的話劇，自己製作骷髏道具，十分有意思。話劇社的名字是「熙德」，取自法國作家高乃依創作的劇本《熙德》，劇社的口號叫「美得像熙德一樣」。當時的大學生非常希望能夠擺脫「文革」時期的噩夢從而快點走出來，呼籲民主和自由，號召思想上的解放，抨擊當時的權貴，於是幾個大學便聯合在一起辦了名為《這一代》的雜誌，雜誌中的有幾篇文章上級不太喜歡，便查封掉了。實際上這次的活動對大學生影響非常大，查封的行為對我們的刺激也很大，至今仍然難以忘記。當時在文壇以外活躍著另一批分子，我們在學校裡的學生受民間這一撥人的影響比較大，他們寫了一些被稱為「朦朧詩」的詩歌，帶給我們全新的觀念和全新的感受，這些民間文人對校園裡的我們影響非常大。

那個時候是處於「文革」剛剛結束的階段，我們除了學習就是學習，因為屬於「文革」影響下成長的一代人，自然而然會對國家和時局產生關注，而且憂國憂民之心也很重。從小學到高中，所有的政治事件我們都要參與，當時有什麼事情便要上街遊行。正因為這樣，我們當時便有很激烈的言論，有呼籲民主的聲音，同時因為我們是學習文學的，所以對當時的文壇和作家也很關心，那時傷痕文學占主要地

位，所有的作品都是批判「四人幫」的。那時的學習氛圍非常好，晚上在宿舍也要學習，不許講話，公共汽車上捧著一本書的人隨處可見，老師給我們列出的是幾頁厚厚的必讀書目，書本給我們打下了堅實的基礎。我們那個時候的人很理智，大部分人在上大學之前都參加過工作，都經歷過社會的歷練，對社會有深切的體會，所以我們了解社會的疾苦。大學給我最重要的東西是在經歷過社會的考驗後讓我認識到我作為一個個體應該有自己獨立的看法，我的腦袋是長在自己而不是別人的肩膀上的。我們那一代的大學生雖然有年齡的差異，但心態普遍比較成熟，認為我們就是大人，已經脫離了孩童時代，要讀有點深度的書。我們以前都是從難書讀起，我父親那一輩經常讀《左傳》、《史記》、《尚書》一類的書，而現在的一代則從淺顯的書讀起，小學生讀的是比他的智力層次還要低下的書。如果你永遠在讀比自己的智力層次更為低下的書，那麼也很難從讀書中提升自我。我們的教育也與現在不同，那時十年沒有大學生，我們上大學後就被明確告知是為國家培養棟梁而讀書，出來的便是國家的精英，所以我們覺得自己肩負重任。與現在的普及性教育不一樣的是，我們沒有就業壓力，國家直接分配工作，也不用交高昂的學費，實行的是精英化教育。因為精英化教育的理念，生活費、學費也不需要自己承擔，所以經濟壓力很小，大家也沒有攀比之風。現在的學費壓力太大了，農村的孩子們很難承擔起學費，以我當時父親去世、母親也沒有工作的情況來看，我可能上不起現在的大學，感謝當時的獎學金和免費式的大學模式拯救了我。

我們當時的裝束很簡樸，女生幾乎沒有穿過裙子。沒有人追求名牌，大家不會因為有人穿著舊衣服就看不起他，即使是家庭條件比較

好的孩子，他們也會穿著破舊的衣服來上學，我們覺得精神上的追求是比較重要的。因為具有了精神上的自信，那些北京來的同學每天穿著破鞋走來走去，也不覺得有什麼影響。我們沒有餐館，也沒有在外面吃飯的概念，也沒有偶像，一是因為當時沒有什麼流行的人物出現，二是我們上大學的時候普遍年齡比較大，經歷了社會的歷練，沒有特別強烈的偶像意識，尤其不會把演藝界的人當作偶像。我們的自我感覺比你們要好，自覺地把自己放在精英的位置上，把校徽別在衣服上並以此為榮。我當時上了大學，擺脫了裝卸工人的身分，想到自己過幾年就可以成為國家的精英，那種興奮之情溢於言表。二十世紀七、八〇年代的人們都洋溢著理想主義的熱情，大學生們也都激情澎湃，剛剛粉碎「四人幫」，國家結束了苦難的時代，全新的時代就要來臨，所以我們作為當時的精英分子每天都在刻苦學習，緊迫感和興奮感並存。但是，我們和現在的大學生相比也有極大的弱項，受當時時代影響的緣故，我們的思想是偏保守的，時代的烙印太深，即是想要開放，卻處在身不由己的保守境地。例如學校希望大家跳交際舞，但大家從來都沒有和異性這麼緊密地接觸過，根本無法舉辦這樣的活動。我們不覺得突出自我對自己來說有多麼重要，我們生活在一個「無我」的時代裡，沒有創新的力量，膽子也很小，與現在的大學生敢於展現自己、發揮自我能量的情形相差太遠。

　　一個人活在一個什麼樣的時代，他就會受這個時代的影響，很少人能夠超越它。現在大學生經常說大學與自己想像的不一樣，上大學後有一種失落感，我們那個時候的大學生都非常喜愛大學生活，大學同學之間的關係非常和睦，上大學除了讓我學到知識、變成精英之外，最重要的是給予了我像兄弟姐妹一樣親密的同學。我們上大學的

時候與你們現在相比還有一個很大的不同，就是我們大學的教師有一些和同學的年齡比較接近，經常會發生一些比較有意思的事情。比如同學們會拍拍老師的肩膀讓老師把題目告訴大家，年齡小的英語老師在結課時說：「如果有講得不好的地方，請在座的大哥哥、大姐姐們原諒！」那時的老師教學非常認真，學問功底也極其扎實，現在的老師與那個年代的老師相比還是有一定的差距的。我們與現在的大學生有很多的不一樣，年齡上有很大的差距，我們經歷的是從社會到校園的過程，而你們現在經歷的是從校園到校園的過程。還有就是生活環境不一樣，我們那個時候大部分家庭都是多子女家庭，當時鼓勵人們生得越多越好，我們在集體生活中長大，一生下來就明白要顧及別人的利益，而現在的獨生子女大多以自我為中心。我們與現在的大學生相比，生活背景也不一樣，我們生活在計劃經濟的時代，生活節奏緩慢，沒有太大的壓力，也沒有競爭意識，生活在比較簡單的環境中。還有就是生源的不同，我們當時是十屆學生中考取的一批人，我的高中同學只有兩個人讀了大學，現在的高中一半以上的學生都能上大學。收費方式也有不同，我們的大學是免費式的，窮人家和富人家的小孩心態都一樣，現在的學校有明顯的貧富差別。教育手段也不同，我們之前沒有教材，後來陸陸續續有了教材，更談不上現在的現代化設施和網路教材了。正因為有了這麼多的不同，所以我們那個年代的大學生和現在的大學生沒有辦法相比，也從而產生了無數的變化，這些變化也是各有不同的利弊。生活在這一代的孩子們都很幸福，大家要珍惜條件，努力實現自我價值！

2008年於華中科技大學演講

龔穎迪根據錄音整理

何為人文、何為素質
——從中西比較反思中國大學生活

許紀霖　華東師範大學歷史系教授

今天我們從中西大學生活比較這一點，探討一下何為人文、何為素質。我們通常都說人文素質、人文素質，究竟什麼是人文？大學生需要什麼樣的素質？今天我想從中西比較中的一些實際經驗和感受出發，來和同學們交流一下這個問題。

今天中國的大學都很注重人文教育。特別是我們的華中科技大學有這麼一個走在全國大學前列的人文素質教育講座。但是究竟什麼是人文教育？我們首先要對這個問題做一個討論。現在很多大學都像華中科技大學一樣辦了很多講座，而且不僅有講座，還開了很多通識課程，就是對那些理科的、工科的、醫科的學生開一些人文方面的通識課。那麼是不是說有了這些通識課程就算是有了人文教育呢？或者說人文教育就是通過這個通識教育來實現的呢？很多大學把人文教育寄託在通識課程上，但是我想說的是，通識教育並不等於我們所說的人文教育。為什麼這麼說呢？我們首先來看看什麼是通識教育。通識教育在美國是最有典範性的。在美國很多大學，甚至幾乎所有的大學，都有通識教育的課程。但是通識教育注重的是什麼呢？它注重的是知識的教育，即告訴你知識。我們可以看到哈佛大學就有一整套的通識教育的課程。哈佛大學的通識教育課程分為五組核心課程，就是說一個學生進了哈佛以後要選這五組課程。這五組課程中，第一個是文學

藝術，第二個是歷史，第三個是社會道德，第四個是科學，最後一個是外國文化。外國文化裡面也包括中國文化。哈佛的學生通過這五組課程學到了大量的人文知識。但是我們今天說的人文教育，在我看來不僅是知識的人文教育，更重要的是一種博雅教育。

博雅教育的淵源不在美國而在英國。博雅教育英文叫作Liberal Arts Education，直譯的話叫作關於自由的教育。博雅教育和我剛才說的通識教育有沒有區別呢？可以說有相當大的區別。區別主要是：通識教育著重的是傳授知識；博雅教育側重的是教一個人怎麼做人，注重的是人格的教育。所以博雅教育的Liberal，主要是指培養做一個自由的人，這是英國和美國的一個很大的區別。英國的博雅教育著重的不是知識，而是要培養一個自由的統一的人格，培養這樣的人格就是歐洲大學本來應有的目標，意思是說大學就是一個培養博雅之士的地方。博雅之士不僅僅是知識的廣博，按照英國傳統，博雅之士首先指的是人格的培養，自由人格的培養。自由人格是怎麼樣的？我接下來再談。我現在先提一下，就是說我們現在要搞清楚的一點是：人文教育不是那些通識教育就可以完成的，人文教育的本義是博雅教育，是對人格的薰陶和培養。這個傳統在歐洲最早從英國開始，法國也是如此。那些在歐洲中世紀開始的古老的大學都把人格教育、博雅教育作為大學培養最核心的目標。說到這一點，實際上人格教育並不是西方獨有的，如果分析我們中國教育的歷史傳統，就會發現從孔夫子開始一直到宋以後的書院的教育，實際上也是一種博雅教育，即注重人格的培養。從孔夫子到宋代書院，中國的教育歷史傳統一直強調知識和人格的並重，老師不僅要言傳還要身教，即身體也要傳授各種各樣的人格，甚至這個更重要。不僅要傳授知識，而且還要傳授人格和道

德，這也是中國的傳統。中國今天的教育雖然也重人文教育，但有多少是放在人格培養上的？其實我們的教育太過於注重知識。這是為什麼呢？中國有這麼悠久的博雅教育的傳統，為什麼到了今天我們就斷了呢？這是需要思考的一個問題。不僅中國是這樣，西方的大學也多多少少存在這樣的問題，就是說原來的博雅教育的傳統有衰弱的趨勢，現在的大學越來越注重知識。而且這個知識是什麼呢？是有用的知識。而原來博雅教育注重的恰恰是一些沒有用的卻很好的知識，這就是人文知識。人文知識有沒有用？百無一用是書生。書生無論是講古代的一些義理，還是考據辭章，有什麼用？沒什麼用，但都是些好的知識。而今天大家所追求的都是些實際有用的知識，這是一個普遍的趨勢。這個趨勢是怎麼產生的？這就和現代性有關。

自從啟蒙運動以後，整個人類社會發生了大的變化，這個大的變化就是現代性的發生。什麼叫作現代性？我記得我上次講課的時候也講過，按照德國最偉大的思想家馬克斯・韋伯的最經典的說法，現代性就是一個理性化的過程，也是一個世俗化的過程。這個理性是什麼理性呢？它強調的是工具理性。為什麼要強調工具理性呢？馬克斯・韋伯講，因為到了現代社會，每一個人都尊重自己的自由，信仰什麼東西，認為什麼是好的價值，都由自己來決定。一個人信仰這個，另一個人信仰那個，一個人認為這種生活方式是好的，另一個人認為那種人生目標是值得追求的，沒有一個統一的價值和理想，只要不侵犯到他人就可以了。那麼在這種狀況中，過去傳統社會有一種理性，韋伯講叫作價值理性，比如基督教就是價值理性，儒家文化也是這樣，都是追求一種有終極價值的生活。比如說一個基督徒，他認為對於他自身來說最理性的就是要贖清他在這個世界的原罪，來向上帝靠攏，

這個贖罪的生活才是有意義的。那麼對儒家來說，要成為一個有德之人，成為一個君子，才是有意義的，這就是一種價值理性。但是到了現代社會，這些價值理性變得沒有了意義，人們開始追求另外一種理性——工具理性。工具理性並不設定人生的終極目標，人活著的最終的意義是什麼？這個問題不去考慮，也沒有意義。它唯一的問題就是說人要有一個具體的目標，比如說要考研，然後就設想如何來實現這個具體的目標。那就會有一套設計，這一套設計是一個工具性的設計，比如說要花多少錢聽輔導課來達到這樣一個具體的目標，這跟計算一樣，這種理性叫作工具理性。今天有用的知識越來越被這個社會所追求，就是和工具理性發展有關。所以在這樣一種環境下，一些綜合性大學的人文氛圍也比以前冷清很多。雖然說有很多很多的人文講座，但有人文講座不一定就有人文精神，因為這是兩碼事。

今天的大學越來越像社會，不像一個伊甸園。現在不要說大學，就連中學、小學、幼稚園都有很功利的考慮。大學的本義在培養人格這一方面被輕輕地放過去了。北大中文系的李零教授，就是《喪家狗》這本書的作者，現在很有名氣了。李零教授有句名言叫作：大學不是養雞場。今天的大學都成了養雞場，我們都是一隻隻的雞。放在一條流水線上，按時應該餵什麼食，然後就培養出了規範合格的學生，然後就對得起國家，可以報效祖國了。在這樣的養雞場的大學裡培養出來的學生是什麼樣的學生？我剛才說到的馬克斯·韋伯這位老人家，他當年就有一個很大的擔憂，他擔憂什麼呢？他說現代性由於工具理性占了主導地位以後，人都變得沒有魅力了。馬克斯·韋伯講，有一種人是很有魅力的人，就像耶穌、穆罕默德、孔夫子、毛澤東，都是有魅力的人。今天我們這個世界的人沒有魅力，也產生不了

魅力，為什麼呢？因為都是養雞場培育出來的，都是規範的標準，在規範以後，稍微有點奇思怪想的、性格上有點怪異的都被淘汰掉了，出來的都是合格的人。我是研究知識分子的，看過很多大師的傳記，他們個個都是怪人，像辜鴻銘、梁漱溟等都頗具個性。一個沒有個性的人要想讓他有什麼科學突破、有什麼科學創造，這是難以想像的。但是今天我們整個學校體制乃至於學術研究體制都是一個養雞場的管理，培養的都是一個個合格的產品而已，沒有那些有自由人格的、有創造力的人，這是第一個問題。

第二個問題。我說今天的大學越來越成為一個社會，就是說今天的大學越來越成為一個凡夫俗子待的地方。為什麼這樣說？大家知道今天的大學的淵源在歐洲，像法國的巴黎大學、英國的牛津大學，都有幾百年的歷史。最早的大學，同學們也許都知道，是有宗教背景的，是教會辦的，一開始是神職人員就職和學習的地方，老師是神職人員，學生是基督徒，都具有神聖性。後來由於發生了一些宗教派別的衝突，大家才意識到大學不能在宗教衝突中被毀掉，所以大學要獨立於信仰之外，就是說大學要以學術為宗旨。但是儘管這樣，大學仍有它的一個背景，就是它的神聖性。過去教會是神聖的，後來知識是神聖的。如今，社會上對兩種人期待最高，一種是老師，另一種是醫生，這都是和歐洲中世紀傳統有關的，它們都是神聖的職業，一個拯救人的靈魂，另一個醫治人的肉體，都具有神聖性。當然今天歐美大學也世俗化了很多。但是不管怎樣，特別是到那些好的大學、古老的大學，這種神聖性只要一走進校園就可以立刻被感覺到。比如說哈佛大學。我在哈佛大學做過半年的訪問學者。如果要從哈佛大學的校園來說，和一些學校相比，那要差得多，它甚至沒有主校門。哪一個是

哈佛的主校門？沒有的。最老的那一塊，叫作Harvard yard，也是很小的一塊，甚至裡面的建築都是很老的，其貌不揚。但是進入這樣的一個Harvard yard，就能馬上感受到一種神聖感。哈佛的坐像也是矮矮的，稍微踮腳就可以摸到他的頭。一走進哈佛，立即就可以感受到一個校園的神聖。無論一個人是什麼身分，如總統、大老闆，再有身分地位的人去，哈佛都不會對他另眼相待。因為大學代表了另外一種權力——知識的權力，它有文化的尊嚴，這個尊嚴一點也不低於金錢，一點也不低於權勢。它有它的尊嚴。我有一個同學很有意思。他畢業以後下海經商了，他老是嘲笑我，搞什麼研究啊？有什麼用？因為他自己也是這個行當出來的，所以他很看不起這個行為。中國都是這樣的，凡是從人文專業出來賺到錢的，都沒有回過頭來資助人文的，倒是那些沒有讀過人文的那些人還有點嚮往，願意拿錢出來。後來我的這位同學到美國去商務出差，因為哈佛是全球學術的聖地，他當然也要去一下。他回來後就跟我講：我進哈佛以後，突然感到一種神聖感，於是我感覺做學術還是有意義的。他說我那個時候一瞬間就感覺經商有什麼意義，還是回校園幹學術吧！但是我一回到中國，一看到大學，心裡就想算了，這種大學不讀也罷。今天你們走進任何一所學校，你們感覺有神聖感嗎？去了清華和北大，你們有這種感覺嗎？有沒有？雖然每年到了夏天，各個地方的中學生勵志旅遊團都到那兒去參觀、去朝聖，但是這個朝聖不是對文化的朝聖，而是為了希望來年能金榜題名。靠近北大、清華，是帶著很功利的目的的，並不是對北大、清華所代表的文化和知識的敬意。大學裡，不要說是學生，老師還有幾個看上去像老師的？有一種斯文感、有過去的那種儒雅，或者西方人的那種優雅，這樣的先生的老師有幾個？先不說他的

學問，先說他的氣質有沒有這種東西。這種東西，老一輩的先生有，比如你們的老校長楊叔子，我想他算得上有。現在站在講臺上的老師，我不是說完全沒有，但是大部分，我想未必讓你們看起來有斯文感。如果他們和你們一塊吃飯，你們就會發現，他們談的內容和你們也沒什麼區別，都是凡夫俗子。現在的很多老師首先精神上就垮掉了，人格上也不怎麼樣，這樣的老師怎麼讓學生來尊重？過去的儒，孔夫子說的儒生，不僅是說一個人有功名、是舉人、是進士，這些都不重要，最重要的是他代表了一種儒雅、一種精神。而這種精神有時候通過他的服裝來表現。儒生有他們專門的服裝、有他們專門的禮儀，這很重要。當然現在倒是公司很注重，白領很注重，要穿制服、正裝。但是現在的大學很自由，老師想穿什麼都可以穿什麼，迷你超短裙都可以穿。有個性當然好，但是有些時候有些老師的打扮真的都讓我很臉紅。所以我就講中國現在的大學魂沒有了，精神沒有了，過去的那種神聖性也沒有了。當然中國的儒家沒有神聖性，但是儒家講斯文！過去是教授治校。現在一位教授跑到行政樓去，見到一個小科員都不敢得罪。當然這是一個外在的壓力。還有一個就是自己首先精神就垮了。我們說人文教育、人文教育，但是我們太重知識，人格培養上不去。這幾年，大學在教育部的鼓勵下一直說要創新，建設創新型國家、創新型大學，現在還有985工程。大學在我看來一方面是要前衛、要創新，這沒有錯，它要領導社會；但是另一個方面，大學也是一個社會的傳統文化、傳統人文的守護者，大學的精神應該是既激進又保守的，如果只有激進，那就是憤青了。也就是說大學還要有自己的傳統，守住人類幾千年來留下的傳統。

大學要有自己的傳統，那麼這個傳統在哪裡？最近幾年大學都開

始注重傳統，在于丹的影響下大家都在讀《老子》、讀《莊子》、讀《孟子》，這當然很好。現在于丹的書很風靡，據說現在已經發行幾千萬冊了，再接下去都要超過當年的《毛主席語錄》了。當然如果大家沒有讀過《論語》的話，我也贊成大家先可以讀讀于丹的書。但是我想說的是，于丹的讀法是非常時尚的讀法、心靈雞湯式的讀法，對於一點都沒有讀過孔夫子的人來說，讀讀是不錯的。但是對於我們大學生來說，僅僅讀于丹，我想是不能夠了解儒家的真諦的，最好去讀讀孔夫子的原典。如果有困難，可以去讀讀李零的《喪家狗》，對了解傳統可能會有進一步的提升。所以說這種傳統是非常有必要的。具體到一個大學，現在什麼叫作好的大學？現在大學被扭曲了，在工具理性的情況下，我們知道大學有個排行榜，雖然大學校長表面說我們不注重排行榜，但是實際上每年排行榜出來時，各大學校長壓力都很大，都希望自己能夠提升一步。這個排行榜特別對高考的同學來說更重要，等於是一個指南。其實這個排行榜是最沒有意義的。我寫過很多文章講什麼是一個好的大學，一個好的大學並不是按照一系列的指標由排行榜排出來的。一個好的大學就是一個有傳統的大學，在我看來，一個大學歷史越久、積澱越深、傳統保持得越完整，這個大學就越有個性，就是個好的大學。比如說我們華中科技大學同濟醫學院，為什麼會這麼好？就是因為我們有傳統。真正好的大學，傳統都很好，歷史悠久，歷代薪火相傳，這才是好的大學。爆發型的大學一時看起來很好，但很難成為好的大學，除非它創造了一個新的傳統。過去我們就講要現代化，如何從傳統到現代？我這兩年到處講，今天中國的問題是如何從現代到傳統。回到傳統，回到什麼樣的傳統？回到我們書院的傳統，回到西南聯大的傳統，回得去嗎？我們不要一味地

學習西方，省得學來以後又說沒有中國特色。中國，不說遠的，民國時期的大學，哪一所大學今天拿出來不是響噹噹的？清華、北大、交通大學、中央大學，當時的教會大學聖約翰大學、燕京大學，包括我們醫學院的前身同濟大學，哪一所不是響噹噹的？我們今天尊重的那麼多前輩、那麼多大師，不就是那些大學培養出來的嗎？那個時候的大學，錢比現在少得多，但是那個時候出大師，現在充其量只能出專家，所以這兩年我一直說要重新回到傳統。這個傳統也就是說一個好的大學不是一夜之間可以建立的。現在有些大學，有錢就招兵買馬，好像有錢三、五年可以搞成一個世界一流。一流的大學不是靠錢買來的，它是要形成一個傳統。傳統如何才能形成？起碼要有三代。什麼叫好的大學？我的看法是，培養的學生再去了其他大學學術要精，畢業生在其他大學裡成了骨幹，把這個傳統帶到了其他大學，最後形成了自己的傳統，然後桃李遍天下，這個大學才是一個有傳統的大學，才是一個好的大學，所以實現這個目標至少要有三代。所以從何為人文、何為素質來說，今天整個大學的辦學指導都有問題。雖然今天我們口口聲聲都說人文素質教育，但是太注重知識，忽視了人格的培養，這是一個很大的問題。這個是從大學的整體進行反思的。

回到我們大學生之中。我們當然可以有很多抱怨說現在的大學不好，校園有很多不如意的地方。對這些我都深有同感。但從我們大學生來看，我們自己來反思，我們的大學生活缺的是什麼？或者我們問一個問題，我們進入大學來學什麼？「學什麼」這個問題看上去簡單，但是對於此要有一個正確的認識恐怕也不容易。我前面講了，大學的本義是培養博雅之士。如何培養博雅之士呢？今天我就引用聯合國教科文組織的一個報告，這個報告在談到二十一世紀全球大學的目

標時說，聯合國教科文組織也很憂慮全球化帶來的大學教育越來越實用化的趨勢，它也強調要恢復古典大學的一些精神。它說大學教育應該鼓勵學生在大學裡面要有四個Learn，即要有四個學習，哪四個learn？第一個是learn to know，第二個是learn to be，第三個是learn to do，第四個就是learn to together。就是說學習知識、學習做人、學習做事、學習相處。我非常贊同這樣的目標，如果我們真的要想讓自己成為一個博雅之士的話，不僅是學習知識的問題，更重要的是在四個方面都要有平衡的發展，這樣大學的人文教育才能夠落到實處。

接下來我們來進行一下中西的比較，看看我們怎樣來做到這四個learn。首先我們講learn to know，學習知識。今天學習專業知識這是一個沒有問題的問題。但是這並不意味著我們就是一個真正有知識的人。我一直說大學為什麼重要？最重要的不是來學習，而是來薰陶的，是被薰陶出來的，不是被灌輸出來的，不是像雞一樣被餵出來的。什麼薰陶？就是無形之中的大學的一種氛圍，大學的那種傳統將我們很多的學生薰陶出來。所以我說大學老師很重要，言傳身教很重要，否則上梁不正下梁歪。因為這個不僅僅是傳授好的知識，他的知識再好，他的人格、他的氣質不讓學生產生敬意，我想學生學到的東西也是很有限的。而且在我看來，在大學裡面要形成一種人格，要形成一種這個大學裡出來的素質。那種氣質，那種教養，好的大學出來的人就是不一樣。同濟醫學院也代表了一種精神，我相信醫學院也有很多函授的學生，禮拜六、禮拜天來同濟上課，但是很多學校不認同這些學生是我們的。為什麼？因為他們沒有在這裡薰陶過，他們只是在這裡學習過，他們沒有在這裡經受大學氛圍的薰陶。這個薰陶是教師和學生、學生和學生之間的整個氛圍形成的。你們雖然以學醫為

主，卻有如此濃厚的人文氛圍，那麼你們以後出去就不一樣，你們不僅是一個好醫生，同時也是一個有人文關懷的、有教養的人，因為你們是在這樣的氛圍裡面薰陶出來的。好的大學就是提供一種這樣的氛圍。現在很多跨國公司招收畢業生的時候根本不看一個畢業生是什麼專業，只看他是什麼學校出身。什麼道理？因為在他們看來專業不重要，專業問題可以讓公司花半年時間對他進行培訓就可以了，關鍵是看他的素質，這個素質是全面的素質，不是某一種素質，如果只是看某一種素質他們可以到專科學校去招聘，為什麼要到綜合性的大學來招聘呢？那麼跨國公司招人看中的是這一點：名牌大學出來的不僅有知識，更有素質，更有氣質。這種東西千金難買，是培訓不出來的。所以我們說一個好的大學提供的有這樣的氛圍：learn to know，學習知識。

第二我們講大學的第二個氛圍learn to be，學習做人。做人很重要。我剛才說了大學是培養博雅之士、培養人格的地方。今天中國的大學也很注重培養人格，去年廈門大學提出來說我們大學要培養貴族，上海財經大學也說我們要培養貴族。那麼他們心目中的貴族是怎麼樣的呢？就是會打高爾夫球。他們說我們要把打高爾夫球作為學生的必修課，然後我們的畢業生都會打高爾夫球，這樣就是貴族了。所以說中國的很多大學校長，因為自己不是貴族，所以對貴族的想像力很貧乏，以為不進洗腳店進夜總會、不打乒乓球打高爾夫球就是貴族。他竟然不知道高爾夫球即使在西方也是平民運動。什麼是貴族？我們今天對貴族的理解都是一個暴發戶的理解，開寶馬車、打高爾夫球就是貴族。前年網路上有一場爭論，有一個貴族說他開的是什麼車，穿的是什麼名牌；後來一自稱是貴族的人說，真正的貴族不是開

寶馬的而是養馬的，然後又有網友說，真正的貴族是不上網的。當然我們說到貴族，通常都說英國是培養貴族的地方。貴族最看重的是什麼？不是什麼寶馬車，而是比身家性命更重要的名譽。名譽最重要，名譽不是代表他個人的，而是代表他的家族的。個人失去名譽，整個家族的名譽也就被破壞了。所以他捍衛的是一個家族的名譽。大家可以看看今天有多少人講名譽？我只講大學為什麼這麼腐敗。首先有的大學不講名譽，沒有名譽感。有的大學教授抄襲，結果大學護著他，而不是把他除名，大學用這種方式來捍衛自己的名譽。但是在過去如果出了一個敗類，整個學校就會名譽掃地。在國外如果一些校友抄襲，所有的校友都會指責他。如果校方不把他除名的話，那麼其他校友就會覺得整個母校的名譽受到了侵害，接下來學校的捐款會少得多。所以我就說，要反腐敗，當然需要法律，但是很重要的是要靠一種約束，一種團體的約束，這個約束有時候就是一個名譽。這不是一個人的名譽，是整個團體的名譽。所以貴族看重名譽是看重自己的尊嚴，這就是一個貴族的精神，這是貴族的一個方面。第二個方面是什麼呢？是服務。歐洲傳統的貴族都會信奉上帝。我剛才講的那個時候的人們認為人生的意義就是信奉上帝，為上帝工作，所以這個服務工作很重要。為什麼過去醫生那麼重要？因為他們要救死扶傷。這個道義不是人道主義，而是為上帝服務，後來才轉為世俗的人道主義，但是這個服務的態度是根深蒂固的。今天的中國是富裕了，但是有太多的暴發戶、太少的貴族。貴族至少要三代養成，但是我們對貴族的第一代的理解就出現了問題，又怎麼能夠指望他的第二代成為貴族呢？所以我們說第二個learn to be，即我們到底要培養什麼樣的人，我們要重新反思，不僅僅是我們的校長、老師、輿論要反思，也包括我們

的每位同學。

第三就是我們說的learn to do，學做事情。越是好大學，越應該有抱負，我一直鼓勵學生應該有抱負，而且要有大的抱負。拿破崙說：不想當將軍的士兵不是好士兵。這句話永遠都適用，特別是對名校的學生。但是我想說的是另外一個方面的事情。做大事情不是一天可以完成的，金字塔不是一天可以建成的。要能夠做大事，首先要能夠做小事，而且要會做一些非常瑣碎的事。現在網上、報紙上說很多公司都拒絕名校的學生，為什麼？因為他們大事做不來、小事不想做，招來反而不好用。很多公司招聘說謝絕北大、清華的學生，因為他們要求很高，但能力一般，這是我們名校畢業的學生要自我反省的。包括我的一些學生，學習很好，書讀得很好，但有時候託他們做一件很小的事情就會做砸。有些是沒有經驗，有些卻是覺得這是小事情，不當一回事，不想做，所以做砸了。可以說這就是缺乏一種learn to do的能力，還沒有學會做事，還不知道怎麼做事情。為什麼在國外很多學生都要去做志願者？當然這背後有一個信念很重要，就是服務的信念，但說實話也有蠻功利的考慮，即學會一種能力。我通常會遇到這樣的事，就是有些學生通常要我推薦去找工作，然後有些公司又會說你們這邊有什麼好的學生推薦給我。按理說很簡單嘛，直接配就可以了，但是往往都會出問題。為什麼？首先我們的很多學生不會寫簡歷，寫出來的簡歷你有的別人也有。什麼證書啦！什麼一等獎獲得者啦！這些東西絕大多數學生都有，你有的別人也有，就等於你沒有。社會搞不清你的一等獎跟別人的二等獎有什麼區別，我也沒有搞清楚，我也不覺得有什麼區別。其實很多單位不是看一個人有什麼證書，他請來就是作為一個人才來用的。他注重的是有沒有實習經歷。

一個人實習的經歷是什麼？這是用人單位最注重的，但是我們的很多學生在這一方面可以說是一張白卷，什麼都沒有。所以為什麼國外的很多名校的學生很注重到社區裡面去做志願者？其中也有一個很具體的考慮，就是積累社會經驗，學會做小事，而且要擴大自己的社會交流面。在這個活動中可以積累很多人際關係、積累很多經驗，學會怎麼做事，所以還沒等他們畢業，人家就來搶人才了。這是第三個忠告，learn to do。

最後一個是learn to together。我們發現這個社會很有意思。中世紀的時候大部分人都是工匠，工匠的很多工作不需要合作，大師都是單打獨鬥的，都是天才，所以創造了一個傳統。但是現代化不一樣，越來越強調團隊，強調合作。你們做一場手術都是要進行合作的，是吧？一個人怎麼做手術！團隊精神非常重要，現在很多同學很有天賦，但是缺乏和別人相處的能力。缺乏表達，缺乏合作，這也是我們畢業以後缺乏競爭力的一個表現。我剛才說了歐洲的貴族有幾樣東西：服務、名譽、自律。這裡我還要說一個即集體精神，或者說是團隊精神。在今天的中國，很多人包括同學們都非常崇尚自由，強調個人，這沒有錯。但是中國實際上有一個問題，當時孫中山就已經發現了。他說其實中國人比歐洲人自由，中國人講的自由就是道家講的自由，隨心所欲，放縱性格，想幹什麼就幹什麼，這就叫作自由。但是西方人講的自由不是這個意思，西方人講的自由是指人格自主。自主意味著什麼？意味著自己必須對自己的決定負責，我們不能依賴權威、依賴別人。還意味著除了要對自己負責以外，還要對別的東西負責，原來是對上帝負責，後來慢慢地就轉為對一個群體負責。因此，西方就形成了既有自由權利同時又有責任的統一。但是今天中國對自

由的理解完全走向了中國的傳統，有些甚至走到了「人不為己，天誅地滅」的極端。走到這樣的極端之處，就會非常崇尚個人，就會缺乏團隊精神。我想有些學生並不是這樣的利己的個人，但是他性格上的一些缺陷使得他無法和別人一起合作，這也是一個缺陷。今天中國的大學缺乏這樣的一個氛圍來提升學生的團隊精神和合作意識。所以我們必須要有這四個方面的能力：learn to know，learn to be，learn to do，learn to together。

現在哈佛的校長是一位歷史學家，她在就任哈佛大學校長的時候有一個就職演說，我就引用她的話來送給大家。她說：大學就是要承擔責任，一所大學的精神所在，是要它特別對歷史和未來負責，而不是對現在負責。她說一所大學要回頭看，也要向前看，但是你不必太關心大眾當下所關心的這些要求。因為大眾所考慮的往往是眼前的東西，是比較膚淺的，而大學要有歷史眼光，更要向前看。大學要對永恆做出承諾。就是說一個好的大學要考慮對人類的未來、人類的永恆做出你的承諾，擔當你的責任，而不是眼下的為GDP做貢獻、為奧運做貢獻，這些都是小事情，最重要的是為整個人類的未來做貢獻。這個就是我所說的何為人文、何為素質，這裡我借用她的話作為最後的結論。謝謝大家！

2008年於華中科技大學演講
歐陽來祿根據錄音整理

做人，做事

謝友柏　中國工程院院士、西安交通大學教授

　　大家下午好，非常高興能與年輕的同學們進行交流。也許，我下面要談的東西比較簡單，若有不妥之處，希望能夠提出批評和相互討論。因為很多事情，從不同的角度來看就會有不同的結論。我僅以個人的角度來談一談個人的看法。

　　首先，我要談到的是一個名詞──代溝。除了在座的老師們，大多數人都是「八○後」，甚至還有「九○後」。而我是「三○後」，所以跟大家有很大的代溝。但是我並不喜歡代溝這個詞語。其一，社會發展是連續的。其實每個人在社會上都需要繼承，比如說今日的禮堂，就是前人所造，但是晚輩也需發展，社會不是到這裡就停滯不前了。其二，譬如說，武漢在建設地鐵。我初次來漢是一九六六年，時年三十三歲，同十個二十歲的學生一道，浩浩蕩蕩，從西安背起行囊步行而來，當時就像模擬長征，一天走一百里，到武漢時已是一九六七年元旦了。當時對武漢的第一印象，便是所有的公共汽車，包括無軌電車，幾乎大部分是沒有玻璃窗的，玻璃窗都被拿掉了，說明那個時候比較困難。而現在的情景已與往昔大不相同。這就是說，我們在不斷地向前發展。今天造地鐵，明天造高速鐵路，然後還有更新的東西。一代一代薪火相傳，不斷繼承前面的成果，同時也不斷向前發展。

在這裡，我們並不是要將中國五千年的文化，全部擔負在我們的脊背上，雖然五千年文化裡面有很多精華，到現在我們一直在傳承，但是將五千年的文化全部背在身上，那就太過於沉重，而且我們吸取精華之後還要向前發展，要創造比五千年文化更輝煌的文化。當時無論如何我們都不會想到，我們有登月之力，但是現在我們已經實現了。所以，繼承與發展時時都在進行著。

代溝一詞，有待商榷。「八〇後」跟「九〇後」是否有代溝？如果這樣分的話，一九八五年以前跟一九八五年以後是不是還有一個代溝呢？

為什麼會出現代溝這個詞呢？我想，這恐怕是教育中存在的一個大問題。因為教育的任務本來就是繼承，同時，大家往往認為教育要傳承前面的東西，但是教育的另外一個任務，可能大家都沒有很認真地去做，那就是培養我們怎麼樣進一步向前發展，教育應該怎樣去處理繼承和發展的關係。如果我們的教育做得好，本來就不應該有代溝產生。過去的好的東西，我們把它繼承下來，過去不夠好的東西，時代在向前進，我們就可以進一步向前發展。這是教育所存在的一個很大的問題。

我們主要基於繼承和發展的一些問題，再談談做人和做事的關係。做人和做事的關係，也是現在教育存在的一個問題。現在的教育比較多的是教大家怎麼去做事，我們學生來學校是學習知識的，教師是來教授知識的，其實更重要的是，學校要培養學生怎樣做人。記得在一九九五年，時任教育部長曾開過一個座談會，在會上我講道，人才兩個字應該分開來看——首先，應該培養人，如果人都不夠格的話怎麼去用他的才呢？從法國回來的錢三強曾經講過，中學物理的原

理，人跟人在一起，就像兩個列加在一起就是兩個向量，兩個向量的夾角越小則合力越大，夾角越大則合力越小，如果有幾個向量形成一個封閉多邊形，則合力為零；如果兩個力的方向相反，則效果抵消。所以，我們要想想在世界上有六十五億人口，中國有十三億，都在一個地球上共同生活。怎麼樣做人，或者怎麼樣維持這麼多人在地球上和諧的存在？除開戰爭那種你消滅我和我消滅你的方式──因為現在誰也不能消滅誰。比如日本，在抗日戰爭時，侵略中國，我們和日本就是消滅的關係。但是在和平時代的今天，我們就不會想要去消滅日本，日本也不用想著消滅我們。再比如印度，我們在很多方面跟他們有競爭。但是在哥本哈根召開國際會議時，印度和中國站在了一起，抵制發達國家的諸多不合理要求。我們共同生活在地球上，只有大家共同遵守一個行動準則，集體才能發展。所以首先要培養做人的必要條件。僅以一個故事為佐證──有一個研究化學的學者，發明了一種非常便宜的、大量提煉海洛因的方法，那麼他在化學上的才能對人類產生了什麼效果？學問越高，越需要符合做人的要求。所以人才首先是講到人，然後才是談才的問題。現在的問題是大家思考的只是怎麼去培養拔尖人才和精英，是為了得科技獎，為了拿下科研項目，為了排名排到前面去。就算不能排到第一、第二，至少也要排到第三、第四，似乎整天想這些內容，就是在思考怎麼去培養人才了。但是，實際上，我們究竟有沒有想到去培養人？在這個問題上想了多深？我們放了多少精力在培養人上面仍然是個問題。很多同學進入學校以後，希望能在這裡多學到東西，比如在座進入華中科技大學深造的同學們應該有不少是這麼想的。然而，大家有沒有想到當畢業之時，我們在品德方面又怎樣去提高呢？我不知道你們的家長對你們有無這樣的要

求，也不知道你們自己是否想過這個問題。

我認為教育從基本來講，應該是國民教育。它就是教育一代又一代年輕的國民能夠作為一個社會的合格分子，在社會當中與其他的分子和諧共存，能夠共同推動社會的發展——我認為教育首先是要完成這個任務。其次，才是所學的知識，比如說化學、物理、機械的專業知識等。

下面我們來談做人。雖然大家沒有很正式地將做人列為議程，但是大家談論得比較多。胡錦濤總書記提出了八榮八恥，可能對在座的人來說太複雜，一個人應該做什麼不應該做什麼，列舉得太多。我想，在社會中，作為一個合格的人有兩個基本理念或者條件。第一是奉獻。如果沒有奉獻的思想，很多事情都沒有辦法和其他人合作完成。第二就是誠信。我認為，如果國民都做到這兩點的話，我們的社會就會文明很多。講到奉獻，現在的年輕人有這樣一種傾向，無論是有意識的，還是無意識的，他們考慮更多的是向社會索取，奉獻則比較少。假使一代一代的人都將奉獻少於索取，那麼這個社會能不能進步？顯然不能。因為我們不斷進步是因為奉獻多於索取。在我們中國，或從民族文明來講，這是一個比較大的隱患。從小，我們父母所負擔的責任太多，父母最重要的責任就是把我們培養成人。培養成人是什麼含義？培養成人就是培養成合格的人。等他達到合格要求的時候，就應當讓他獨立地參與社會的活動，而不應該把過多的財產、條件、勢力等轉移給下一代。但在中國比較特殊。一個小孩從小就要上一所好幼稚園、好小學、好初中、好高中、好大學，念完大學，或者讀碩士、博士，然後出國，再通過關係給孩子找一份好工作，最後把自己的東西轉移給自己的子女。這跟美國的文化有很大的區別。在美

國，小孩到了成年，父母就讓他們自己去奮鬥。家長並沒有認為自己在為子女創造條件上有必然的義務，而應該是子女自己去奮鬥。

中國現在有一個名詞叫作「啃老族」，還有一個叫「富二代」，為什麼叫「富二代」？就是說一個孩子的父母有錢而且把錢都給他。然而這個小孩富了以後，他不好好去奉獻社會，各處去炫耀，去開車開到二百公里每小時，然後把人撞死了。中國人說「富不過三代」，這也是中國人長時間觀察積累下來的客觀規律。其實如果用這樣的辦法來希望自己的後代能夠幸福的話，這是不可能的。在這種長時期的文化中，很多的富家子弟要麼抽上鴉片，要麼做各種壞事。年輕人怎麼對待家長對我們各種各樣的關懷，用什麼態度去對待關懷，這都事關我們的成長。個人成長要靠自己的奮鬥。家長關懷我們是一種天性，但是我們到了能夠自立的年齡，就要靠自己去追求自身的成長。所以應該從現在開始就知道，我們不能僅僅向社會或者家長去索取，我們要想到對社會的奉獻，包括我們對家長的奉獻。這就是人類能夠發展所必須要遵循的基本規律。人跟動物有何區別？動物只追求感官上的刺激，而人要追求自我存在的價值，追求自我存在的價值就是為社會做了什麼。這次廣州的車展有很多富二代購車團，購買很多豪華車。這其實是中國文化的一個陰暗面。這些所謂富二代會對社會產生什麼樣的後果，我們可以拭目以待。中國剛剛富起來，富二代還不是很多，比較多的還是窮二代。我們如果認清自我價值在於奉獻的話，我們就應該約束自己在感官上的刺激，欲望是沒有盡頭的，因為人追求感官刺激是沒有止境的，今天買了奧迪，不夠滿意，明天還要買凌志，又會買寶馬，買了寶馬還不滿意，還要買更高級的車，而且買了以後還要去改裝：馬力原來是200P的發動機要把它改成400P。這種

追求刺激的及感官上追求刺激的行為，如果不對它加以約束的話，將是無窮無盡的。所以，要想體現自己的價值，我們就應該約束自己的欲望追求，這樣才有更多的精力去實現自己的價值。所以，有些時候，其實，我個人覺得過一種清淡的生活，會覺得很舒服。相反，要過那種非常豪華的生活，我會覺得非常厭煩。我想，尤其在我們還比較年輕的時候，過一種比較清淡的生活或者艱苦的生活，甚至更徹底一點，過一種貧窮的生活，對我們是有好處的。現在像我這種年紀的人，很多都經過了貧苦，經歷過各種各樣的社會變革，包括新中國成立以後我們在很長的一段時間中生活得都非常辛苦。實際上，到現在為止，我都覺得那段生活有時候回憶起來，是種光榮。我有一個檯燈，是一九五八年買的，到現在我還在用，而且我不斷地去改造它，最近我還在用這個東西作為一個道具，因為我在上海交大上一門課，叫作「創新思維和現代設計」，是給一年級的學生上的。開課之前我的緒論就是講前面的內容和第一節、第二節的內容。講完以後我會做個演示，就是演示我從一九五八年怎麼不斷地去改造這個檯燈，而且改造得很成功，我把檯燈帶進教室，跟學生們講是如何改造的，最後形成現在的樣子，這個樣子在現在看來非常漂亮。而你要知道這盞檯燈，是我在一九五八年買的，時隔多年。

奉獻，並不在於大小，社會需要各種各樣的奉獻。當然，我們有能耐奉獻更多的時候，就盡可能做更大的貢獻。我們能力有限時，做一件小的事情，也是對社會的奉獻。其實，我這一輩子，感覺自己就做了一個對客觀規律的認識的研究。我通過自己的觀察、分析，得出結論，找到它的規律，這個工作讓我覺得非常有意義，至少我自己感覺到有意義。做這件事，也是對社會的一個非常重要的貢獻。有些時

候，人生的樂趣並不在於感官上的刺激：住多豪華的房子，坐多豪華的車，買多豪華的衣服，穿多豪華的鞋。而在於它覺得能夠找到一個它的客觀規律，研究出一個人家還不知道的定理，或者是發現了人們還沒發現的規律，這個是非常值得高興的。所以說，科學家的追求，應該不是追求得什麼獎，也不是講追求社會上的稱讚，而是在於自己發現了一個規律，覺得非常高興。數學是沒有諾貝爾獎的，但數學有個最高獎，相當於數學界的諾貝爾獎，前幾年俄國有一位數學家，本來是要評給他這個獎項的，評給他以後，他卻拒絕領獎，因為他正在森林裡研究另外一個數學問題，他情願去研究那個數學問題也不願意去參加頒獎典禮。而在中國常常問的問題就是我們中國什麼時候能拿諾貝爾獎，新華社還有《人民日報》很多人都問過，我覺得這本身就是一個問題。為什麼要去問什麼時候拿諾貝爾獎呢，我們知道現在得到諾貝爾獎的人，往往都是憑藉幾十年以前所做的研究成果，他自己根本沒想到他做這個研究的時候是可以拿到諾貝爾獎的。而且，我覺得如果一個人想著做這件事是可能拿諾貝爾獎的，那麼這個人肯定很難拿到諾貝爾獎。因為他的腦子不是想著研究那個客觀規律，他是研究怎麼能得到這個獎。其實我們現在有不少學術不端與學術腐敗的行為出現，都跟做學問的時候想的問題不對頭有關係：不是想著怎麼做學問，而是總想著我做這個事怎麼樣能夠得到一個什麼東西，比如說得到一個什麼職稱，得到一個什麼頭銜，得到一個什麼獎勵。所以我有的時候跟我的學生講，當然我不否認我的研究生們到我這兒學習是要拿學位的，他們就想到，交大拿學位要多少篇SCI，要有多少篇在英文的雜誌上發表的文章。所以他們到我這兒來以後，別的什麼都不想，只想著怎麼做文章，我就和他們說你們什麼事情還沒做怎麼能做

文章呢？但是他們沒辦法，因為他們只有三年的時間，寫一篇文章登出來至少就要兩年，所以無論怎麼算也得馬上開始寫文章。所以我有時候跟他們講：你們到我這兒來，是準備來我這兒學本領的，還是來拿學位的。如果你們是準備來我這兒學本領的，那麼就不要走。如果你們要想拿學位，不想學本領，那你們就走，別待這兒了。所以我們現在講創新，創新嚴格上來講不是一個目的，創新是一個競爭取勝的手段，是為了推動社會進步，是一種奉獻。但是我們現在把創新變成了什麼？變成了標誌！一個博士寫一篇博士論文變成了一個標誌，首先他一定要自己提出來，這篇論文有幾個創新點，如果他的創新點不夠的話，他的論文就不能夠通過，這是比較荒唐的。因為，一個東西到底是不是創新，有的時候還是要經過很長時間的考驗才能夠知道的，我們怎麼知道我們的這個東西一定是創新呢？很多研究生創新寫成的東西，別人可能幾十年以前就研究過了，但他沒看到別人的研究，所以他說他的就是創新。

做人，第二個要素就是誠信。誠信是一個合作和共存的基礎，很多人都學過孫子兵法裡的兵不厭詐，但是兵不厭詐是對付戰爭中敵人的手段。因為戰爭是以互相消滅對方作為目標的，但是我們現在是共存的，不是你消滅我，也不是我消滅你，我們可以發現比較文明的國家都不大願意打仗，它可以用其他方法來競爭。因為打仗本身就是消滅自己人，這是非常殘酷的事情。作為一個人的基本要素，就是我們要有一種誠信的理念，一種思想，或者說是一種素質。我們現在這個社會就是誤解了競爭，認為應該不擇手段地去競爭，這就產生了很多問題。舉一個簡單的例子，我上次到南京去參觀總統府。原來去總統府，外地的老年證還不讓免費進入，還需要交錢買票。現在外地的老

年證也可以用了，也可以免費進去參觀。當我把老年證給工作人員以後，他翻過來倒過去反復地看，然後把照片對著我的臉看，就是怕我用的是一個偽造的老年證。其實我這個人，這麼大年紀，在座的一看就知道這個人肯定超過六十歲了。在西方的社會，比較文明的社會中，比如在美國，他們對這種去免費參觀或者免費進公園的問題，根本不需要證件。我覺得他們有一種這樣的信念，很值得我們學習，他們對一個人，首先是相信他。從來沒有人叫我們把Passport給他看，我說我是老年人，他馬上就讓我進去了。

其實誠信對一個社會的健康發展非常重要，我認識一位美籍華人朋友，他到中國的一個大學來做長江學者，別人聘他來的，和教育部簽訂長江學者的合同的時候，要他承諾一年要有九個月在中國工作，我相信，很多人都簽了這個合同，但是他開始簽約的時候沒有看到這一條，後來他知道了這一條以後，第二天早上來找我，他說昨天晚上一夜都沒有睡覺，為什麼？因為事實上他是不可能九個月在中國的，而且他也跟有關的那所大學講了不可能，但那所大學跟他講這樣沒關係，就來幾天就可以，但簽字得簽九個月。他就說，在他們的國家，如果一個教師做了這種事情，也就是簽了一個他自己做不到的合同，被人抓住了，他這一輩子就完了。因為沒有人再願意去資助他，沒有人願意再把事情給他做。但是我們現在在馬路上有一個老太太跌倒了，你敢去扶她嗎？有時候我就不太敢扶，擔心把她扶起來以後，她的子女說是你把她撞倒的，而且法官還判了扶人的這個人的罪，說如果不是你撞倒的，你為什麼去扶她？最近還出了一件事，也是在南京，就是一位孕婦被撞倒了，撞倒了以後，一個人把她扶起來以後，然後孕婦的丈夫回來以後就抓住他，說是他把孕婦撞倒的，讓他賠

償，幸虧他正好在攝像頭的下面，公安局的人員把攝像頭的錄影放出來，確認不是他撞倒的，這個人才免受了冤枉。所以說，人跟人之間，如果互不相信的話，在這個社會中生活就會比較困難，因為有很多事情我們不可能花很多時間去證明我們到底是對的還是錯的，所以我們的社會如果有誠信的風氣或者說有這樣的一種文明，那麼這個社會的進步就會快得多。

我在這講這樣的一個話題，實際上也是因為當今社會上有很多這類問題，尤其在我們學術界，大家可能都知道，最近有很多不端的行為。而假使說，我們立志要做一位科技工作者，那麼這個就是非常忌諱的一件事情。我們做科技工作，是要探索客觀的規律，因此實際上我們就是追求真理，如果自己本身就是為這個目的或者為那個目的去作假的話，那麼，即使是真的看到了真理，也抓不住，而且就算抓住了，人家也不相信。所以關於做人，就是奉獻跟誠信這兩點，我想是非常重要的品德，但這兩個品德在學校裡怎麼培養？這兩個品德的培養不是光靠講的，不是靠說教的。我們現在也有很多關於政治方面的課程，我自己也有很長時間沒有去聽過這些課了，不知道這些課現在講什麼東西，我只知道占了很多學時，這些課是不是真的在培養人的品德？作為我們教育的一個重要的宗旨就是培養人，不是培養才，不是告訴你什麼知識，而是告訴你應該怎麼樣做人。但是，很重要的一點，就是品德的培養是不能單靠說教的，它要靠一個社會的薰陶，像你們比較年輕的這一代人，你們現在受各種各樣的影響，有時受誠信的影響，也受不誠信的影響，受要奉獻的影響，也受不要奉獻的影響，所以社會給你們什麼樣的薰陶，就決定了你們要向什麼方向發展。當然，這也在於自己的免疫力，如果你們打了抗甲流的疫苗的

話，也許你們就不會受到壞的感染，如果你們這個疫苗打得不是很好的話，你們就很容易受到感染，所以我們經常講，身教勝於言教。今年年初我在南京講過一次，主要是對老師講的，我們作為老師，為人師表，在座的將來很可能有很多人都會成為老師。我們現在大學畢業，或者研究生畢業後當老師的學生所占的比例還是蠻高的，所以你們將來很多人也會當老師，當老師就是要為人師表，要以身作則。老師追求什麼，學生就追求什麼，我曾經講過一句我們校長不太高興的話，我在一次不知道是不是畢業典禮的學校大會上講：我們現在這個作假，首先是學校就作假。當時校長就坐在旁邊，我說我現在如果是一個學生，我考試如果作弊的話，你把我逮住了，我一點都不怕，為什麼？因為我可以馬上反問一句，校長你作弊嗎？這是一個很嚴肅的問題。我們辦教育，剛才講了兩個問題，第三個問題是我們對於教師的關於德的方面的考核，現在有沒有指標？我們只要求教師升職稱，以多少SCI代表實力，哪怕他的論文完全是抄上來的，他照樣可以升職稱，沒有關於德的考核。我們現在需要應對很多這樣的評估，教育部經常派人來評估我們，那我們學校是不是也要作假？既然需要什麼就可以作假，那為什麼我們學生不能作假？這不是不公平嗎？所以，我們將來做教師，我們要想到，我們追求什麼，腦子裡想什麼，那我們的學生就會追求什麼，我們的學生的腦子裡就會想什麼。像我這個年紀，很多老師有時候在一起談起來，我們非常擔心現在社會的風氣。怎麼能夠扭轉它呢？如果不扭轉過來，像我們學校裡現在的這種風氣，就是影響著你們，現在學校提倡追求什麼，就會影響到你們追求什麼，然後等到你們當了老師，你們又會把追求什麼去影響你們的學生，我們非常擔心這個事情。當然事情也許不會那麼嚴重，因為我

相信我們這個社會總是向好的方向發展。可能會經過很多的波折，這些波折對我們的國家、我們的民族來說，損失也是很大的。我前幾年寫過一篇文章，好像是刊載在《高等教育研究》二〇〇六年的第四期上，我就把我在接受高等工程教育五十年中經歷的很多事情寫了一個大事記，你們去看看就知道，我們這五十年中，經過了很多的彎路，當然最後轉向了健康的方向，這個代價也是很大的，所以要使我們這個社會真正地興旺起來，真正健康地發展下去，就希望盡可能地少走彎路，所以我們覺得學校無論怎麼辦，關於德的要求是絕對不可以鬆懈、絕對不能放棄的。我們是對我們的民族負責，對我們的下一代負責。大家可能很快會成為教師或者是社會的骨幹，將來出去都是各種各樣的棟梁之材，因為你們將來要成為這個國家的棟梁，所以我們今天講這些問題，講得就比較坦率，就是說我們品德的培養是絕對不能放棄的。

再講講做事情。如果我們是用奉獻的精神去做事情，很多問題都能夠解決。現在有很多問題解決不好，實際上都是用索取的精神去做事情。事還沒做呢，就先談價錢。現在找工作，我的那些弟子，他們快要到畢業的時候，整天別的事情都不幹，都忙著去應聘。並不是講沒人要他，而是他一直在挑來挑去。要麼地方好，要麼企業好，要麼工資好，要麼發展的前途好。所以說，他們是在用一種索取的觀點去找工作。其實我知道很多企業的老闆，企業的一些負責人，對這樣的一些人也非常頭疼，他們寧可不要。因為這樣一個人來了，好不容易把他培養得能夠上手幹活了，結果他看到另外一個單位能夠索取到更多的東西，他馬上就跳槽走了。所以這些人就不斷地跳來跳去。其實到一個工作崗位上去，非常重要的就是前面的十年。因為按著我自己

的經驗，沒有十年的話，我們很難在一個領域當中真正掌握解決問題的能力。所以，以奉獻的精神去做事，這些問題都容易被解決，如果用索取的方式去做事，就非常不容易辦好事情了。

我們都覺得日本人可惡，但是我覺得，日本人至少有一種精神是我非常敬佩的，即日本人做事非常認真。我在四川的東方汽輪機廠工作時，有一種汽輪機需要很多零部件，我們自己來不及做，所以都是從日本訂貨，日本人加工完後運過來。同樣一根非常長的主軸，在圓角的地方，東方汽輪機廠加工的那個上面的毛刺非常多；而日本人加工的圓角就光得像鏡子一樣。後來我問他們：為什麼你們加工的這個軸，跟日本人加工的同樣的軸，圓角的地方就差那麼遠呢？那個工程師就搖頭：唉，沒辦法，這個就是中國的國情。你們看糟糕不糟糕？

作為一個人，在世界上生存了一段時間，我們的價值表現在什麼地方呢？其實表現在我們對社會做了什麼貢獻，不管這個貢獻是大還是小。比如現在馬路上有很多環衛工人，他們每天都在打掃，能夠把馬路掃得很乾淨，這就是對社會的一種貢獻。這是一種責任感的體現，當然也是他們人生價值的一種表現。

一個人，對自己的價值的一種展現，也是自己對自己的一個尊重。做人，自己尊重自己，就是我做的事情，讓人家看了以後，認同它是一種價值、一種奉獻，讓人家尊重我，也是我自己對自己的尊重。

老師為什麼要以身作則呢？我們老師現在做事就是為社會培養明天的人才。所以我們經常要想，我們到底是不是把這件事情做好了，是不是真正做到了能夠把我們的學生培養成明天的國家棟梁，讓學生們真正成為各個方面技術的組織人。有的時候，學生做得不好我就問

他，如果我不來管你，甚至讓你領導另外一個小組工作的話，你有沒有能力來承擔這個任務呢？

在座的同學，你們現在做的事呢，就是在為明天能夠成為一個人才做準備。過個十年或者二十年，也許你們當中會有總書記、有國家的主席、有各個省的領導幹部，或者大企業領導，或者成為一位科學家，也許你們將來有人拿諾貝爾獎，也許你們將來會有新的科學發現，也許將來你們會製造登月的航空器、航天器，等等。今天你們在華中科技大學學習，如果真正是為這樣一種目的的話，我想你們就不會考慮怎麼樣去作假、怎麼樣去把老師給糊弄過去。說到底，這與你們到底在追求什麼有關係。

講到培養才能，我對現在的一些提法是不同意的。我們中國工程院一度想提出一個國家資訊的專案，名字叫「怎麼樣培養高等工程技術人才」。當時擬了很多提綱，其中第一條就提到「怎樣培養領軍人物」，我非常反對這個項目。因為我認為領軍人物是不是需要你去培養，是個問題，我們究竟是不是有這個能力去培養領軍人物，也是個問題。舉個例子就如胡錦濤總書記，他在清華讀書的時候，清華大學是不是把他當作領軍人物在培養？如果是的話，那麼清華就會以為自己一直是出領軍人物的大學。但是溫家寶總理並不是清華大學畢業的，那麼他在地質學院時，人家肯定不是把他當作領軍人物來培養的——培養他將來當總理？我覺得，領軍人物是在戰鬥中通過自己的努力和各種考驗慢慢產生出來的；而不是在學校裡指定張三、李四是領軍人物，所以我們就來培養他們。以前社會上流行一句話「清華是培養趕車的人，交大是培養拉車的人」。很多交大的人不服氣，說我們怎麼都是拉車的人。但是我覺得無所謂，為什麼呢？因為如果都是

趕車的人，而沒有人拉車，那車怎麼走呢？肯定是有很多人拉車，才會需要一個趕車的人。而且，如果趕車的人自己不會拉車，那麼他肯定當不好一個趕車的人，只有在他自己拉過車以後，他才會知道應該怎麼趕車。其實這裡還有很多誤區，就像美國總統和英國首相，很多美國總統都是從哈佛出來的，而很多英國首相都是從劍橋出來的，所以就有人想，中國也要搞一個大學專門培養總書記。但是，如果我們從深層次去考慮這個問題，其實並不是這樣。哈佛當總統的人都有家族的背景，他們有家族背景、有錢有勢才能進哈佛，然後從哈佛畢業，因為他們有家族背景、有錢有勢，他們才可能當上總統；如果你是一個窮光蛋、沒有背景，進了哈佛，畢業了之後還是當不了總統（奧巴馬例外，大家都知道因為前面的布希搞得太糟糕，這就等於是布希幫奧巴馬競選成功的）。也不是說清華大學畢業的人都能當總書記，交大也出過一位總書記——江澤民同仁，現在交大也在慢慢地出現領導人。我在清華和交大都念過書，但是我也沒能當上總書記，到現在為止還是老百姓一個，就是這個道理。

我今天早上拿到工作人員放在桌子上的「科學精神與實踐講座」的小冊子，在序言裡看到一段話「向精英教育、向大眾化教育轉化，培養拔尖的創新人才」，我想了半天覺得這兩句話是矛盾的。既然教育正在向大眾轉化，那麼我們就會讓盡可能多的國民能夠進入高等教育，這裡有一種國民教育的概念在裡面。但是怎麼樣從這些人裡面培養拔尖人才呢？有人討論說將來把一部分研究生培養成專業人才，一部分培養成研究人才。那我想問這個怎樣培養？今天進來五個學生，你怎樣知道哪三個培養成研究人才、哪兩個培養成專業人才？

實際上我覺得有兩種解決問題的辦法。一種辦法就是把學校分成

不同的類型去辦，用不同的辦法來處理。比如說，一種學校進行國民教育，它的任務是提高全民的素質，可以讓地方比如各個省市出經費去辦這種學校。然而我們也不能說這裡面出來的人將來就不可能有總書記、不可能有精英，誰都不能下這個結論。但是這種教育一定對專業有很多具體的要求，他出來的時候可以在很大範圍內去工作。另外一種培養叫專業教育，就是針對某一個行業的需要，比如發動機、飛機或者高速列車，這就希望相關的行業出經費來辦這種學校，畢業以後就可以明確地到這個行業工作。最後留一小部分，讓那些迷信學校可以培養精英的人去辦精英教育，而這只能是非常少的一部分人。

　　但我還是比較傾向於另外一種辦法。根據當前的需要，我們還是需要更多地側重於專業教育，讓每個學生畢業以後都有明確的去向和明確的目標，這當然包括德和才兩個方面，做人和做事都在學校裡得到培養。然後到底誰可以成為精英、成為拔尖人才，每個人機會是均等的，他在社會上通過工作、通過他的努力而被大家接受，成為精英、領袖或者拔尖人才。

　　現在，我覺得我們忽視了國民教育這一塊，原因好像是為了出諾貝爾獎獲得者。實際上，現在真正限制我們國家在科學上有明顯成就的，並不在於學校到底是要培養精英還要是培養國民。

　　那麼現在這種培養方式，我覺得可能是我們改革開放以後對國外的所謂通才教育的一種誤解。改革開放後從國外回來很多人。國外的大學有一個特點，即大學生通過通才的教育後到了企業，企業有專門的培訓任務，到了企業他們專門會有一段時間去補充大學沒有的專業教育。而我們中國現在沒有這個，中國所有的企業幾乎都沒有專門培養人才的措施或者階段，他們就希望一個人到了工作崗位後就能夠工

作。然而，我們受了國外影響以後就拼命地向通才教育的方向轉變。

有一段時間我研究了有關機械製造與自動化的教育計畫，我看了以後覺得非常遺憾。兩課大概占了十七個學分，外語又占了大概十七個學分，然後修了很多課，包括西洋歷史也算是一個選修課，而把非常基礎的基本能力的培養課比例壓縮得非常小。譬如我們搞機械的，在計畫當中，振動這門課就沒有被當成一門必修課，甚至於選修課也沒有。作為一個現代的機械工程師，你說哪一個機械不振動？而在大學中居然沒學過振動這門課。還有像材料力學、理論力學等這些非常基礎的課程，我們現在都減少到只剩幾十個學時。那麼這樣下去我們會怎樣呢？我們就會培養一些會說但不會幹的人。因為課程學得很多，包括西洋史都研究過；然後應聘的時候，什麼話都能講；但是講起幹什麼事時就什麼也幹不了了。以前我教書的時候，理論力學和材料力學要教到九十八個學時，而機械設計要教到一百零八個學時。

去年我參加了一次研究生新生的面試，有一位應考博士的學生，他的碩士是在一所有名的大學裡讀的。我一看他學的課程有二十四門，其中跟動力學有關的有四門課。當時我向他提問，讓他寫出一個單自由度的系統的運動方程式；但是他寫不出來，而這只是動力學當中一個最簡單的方程——他學了四門有關動力學的課卻寫不出來。這樣的學生畢業了以後，不管他是拿著碩士學位還是博士學位，真正讓他去幹活，他能去幹嗎？

最近，在汽車學會總會，他們跟我說現在辦的一個學習班非常紅火。什麼學習班呢？教學生公差怎麼標注。很多汽車廠都要求汽車學會辦這個學習班，因為現在的大學畢業生不會標公差。一個大學畢業的工科生不會標公差，那麼三維圖形和CAD（電腦輔助設計）圖形

呢？他不會幹，就解決不了問題。但是你們也不要以為這樣的人就業很困難，實際上這樣的人都找到了工作，但企業也是不歡迎這種人的。現在我做的事情以及這十幾年我所做的事情跟企業有著密切的連繫，所以我經常去各個企業裡面轉悠，我就覺得企業裡最大的問題就是人才不夠。但是現在我們有那麼多的大學，招那麼多的學生，每年很多學生畢業，卻又有很多人找不到工作，這是什麼問題？當然，除了我剛才講的技術上的企業的要求跟我們實際能做的有距離以外，還有前面我講過的到企業中去索取還是去奉獻，這也是一個很重要的問題。

最近我有一個親戚從美國回來，他從清華畢業後到美國去讀了一個博士學位，他是學電子的，在通用汽車公司做電動車卻沒有得到重用。他現在想回國，我也幫忙到國內各大汽車公司去介紹，讓他去看了一遍。然後他提出了一個問題，他說他看了很多的企業，但是裡面為什麼沒有「海歸派」？我就跟他講，問題在於你們這些「海歸」回來時為了奉獻還是為了索取？如果你現在回來想索取的話就別回來了。因為目前中國的狀況也不是非常理想，我們現在發展非常快，發展非常快就會導致各方的殘餘勢力非常大，你會看不慣很多事情。但如果你回來是為了奉獻的話，你就不要去計較這些。現在為止我們的企業包括很多大企業，比如他到過長春的第一汽車集團，他認為那個電動車的團隊的條件非常好，他回來也可以有用武之地。他問我為什麼沒有海歸的人在裡面，我說像你一樣海歸的人願意到長春去嗎？他們就是想到上海、北京這些地方。所以，一個是你願意不願意，另一個還是你能幹不能幹。

另外，我們改革開放以後，我覺得有一個很大的問題就是我們培

養學生兩隻眼睛都看著外面，什麼都是外國好，包括我們的教學計畫和學習課程。我在這裡不是批評上海交大，像我們機械動力學院一切向密西根看齊。院長是從密西根聘來的；上課時，這門課程密西根有的，我們就用密西根的教材，用英文講這門課。於是，我就提出這樣一個問題，外國人喜歡的東西是不是對社會有用？中國十三億人口，我們花了這麼多的代價，培養的這麼些人，是為了解決中國人的問題，還是為了解決美國人的問題？

現在我們講一定要追求SCI。SCI是怎樣的一個概念呢？如果你在一些比較好的雜誌投了稿以後，就會被摘錄到那個科學文摘裡去。而原來建立SCI和EI的創始人說他當時搞這個東西就是為了方便大家檢索。結果現在慢慢地演變成一個評價的體系。就是說文章進了SCI以後就好像高一等，沒進的就是低一等的。而中國就把它變成了一個用來評價一個人水準的指標。所以上次我就在某個基金會上講，如果哪一天基金的授予不以SCI作為標準，那麼我們國家的科研就走到正道上去了。

二十一世紀製造業的前沿科學和技術應該產生在中國，因為中國是製造業的中心。我們不能拿美國二十世紀解決製造業問題的辦法來解決中國二十一世紀的問題。為什麼呢？因為環境不一樣，時代不一樣。怎麼用自己的努力去發現二十一世紀的中國製造業的問題和它的客觀規律，從而找到解決辦法？我們需要把眼睛盯住中國的問題，當然外國一些好的經驗我們要學，但學的目的是要解決中國的問題。美國有位教授，是個華人，他說，二十一世紀製造業的人才只能在中國培養出來，根據是最大的市場在中國，最大的製造能源在中國，因此這兩個結合在一起，就會產生製造業最前沿的科學成果，所以科學成

果在中國能夠走到前沿。所以說，我們國外的華人教授都能看到，就是解決中國的製造業問題的前沿技術人員要在中國培養，然而我們許多領導還並沒有這個認識，仍存在有很多問題。我在南加州大學吃飯的時候，他們都在數落中國這個也不好，那個也不好，我就看著這些人，說你們這些先生，你們講的這些不好不都是我們跟你們學的嗎？然後我舉例給他們聽，什麼是跟美國學的，什麼是你們回來介紹給我們的，什麼是你們回來演講帶回來的，後來他們就沒話說了。因為實際上，我們是學了，但是沒學好，就是學好了也不行，因為中國的國情跟美國不一樣。所以為什麼我們講培養人才不能兩眼都看外國的，要一隻眼睛看外國，一隻眼睛看中國。中國的問題能不能都用外國的辦法來解決？我想將此作為一個問題提出來請大家去思考。

另外因為我們現在由於國家有不同的工作，所以培養科技工作者跟培養商人，還有培養政府官員，這是不是應該有差別，也值得我們去思考。但是原則上講起來，都應該是用我前面講的標準：奉獻、誠信。但因為這三種不同的工作有不同的特點，我總這樣講，科技工作者就要追求對客觀規律的了解，他要有這個願望，要能坐得住冷板凳，能夠長期堅持自己所相信的東西。我經常講，我們工程院剛剛成立的時候，就給我們每個新進的院士一盤關於居里夫人的錄影帶，我看了覺得非常受教育，之後我就借給了別人，借來借去，現在就找不到了。居里夫人在研究中認為，世界上有一種元素叫鐳，但是人家都不承認她的研究，於是她就努力地去工作，請求各方面給她支援，但是因為少數人看到了這個真理，而多數沒有看到，所以多數人都認為它是荒謬的，所以誰也不支持她。她在英國一個很冷的沒有火的實驗室中一個人開展相關的工作，這個時候，她的丈夫，居里先生給了

她一些幫助。她大概做了五千五百多次失敗的實驗，她的儀器也很簡單——因為沒錢，她買了兩千多個碗，她要把鐳提煉出來，主要是個化學過程，最後幾乎到了沒有希望的時候，突然有一次，她半夜爬起來，披著衣服，去看她最後一次實驗的結果時，發現了最後一個碗裡面發出了放射性的光，這就證明她將鐳提煉出來了，成功了！成功以後，她得了兩項諾貝爾獎，巴黎大學給她建造了一個世界上最好的實驗室。所以我們作為一名科技工作者，我們去追求、去認識一個客觀真理，在我們認識的時候往往多數人是不認識的，而我們最後能不能讓它得到一個讓大家信服的一個結果，這甚至要花差不多一輩子的努力。這就是我前面講的奉獻跟索取是兩種不同的出發點，因此，它會有兩種不同的結果。

我這個人有的時候可能被人家認為非常笨，連我自己也這麼認為，我會的本領也不多，我的本領就是堅持，我現在做的就是這樣一件事情。一九八二年開始做一個裝備，這個裝備做著做著慢慢地就被大家接受了。我最近在研究的一個關於現代設計的理論，我認為現代設計，它的基本規律跟傳統設計的基本規律應該是完全不一樣的。比如周濟部長，他也是搞設計出身的。我寫的文章就非常不客氣地冒犯了他，我認為他講的東西跟現代設計的規律是不一樣的。當然我的這一套理論，應和者甚少，幾乎沒有人應和我。雖然我工作十幾年了，但我相信這個是對的，所以我還是努力在那麼做。

商人從客觀規律來講，我們不講那些非法致富的，作為商人的基本規律，應該是非常敏捷地抓住機會，看到一個商機，就要抓住它，如果錯過了這個機會，可能就會從賺錢變成虧本。而科技工作者就不能如此，今天看這個東西好，他就研究這個，明天看那個東西好，就

去研究那個。政府官員又不一樣。當然嚴格地講,商人也要奉獻和誠信,政府官員也要奉獻和誠信。但是我們講科技方面,因為受了社會大環境的影響,問題也非常多。培養人,我們關注比較多的是怎麼傳授知識,所以現在就是說,有的時候往往只想到傳授知識而比較少的想到關於人的培養。但是我們要看到知識是一個動態的結合,昨天是先進的,今天就是一般的,明天這個知識可能就要被取代,那麼現在培養的學生就是二十年以後的社會的棟梁,二十年以後需要什麼知識,現在很難去講得清楚。比如我們今天想培養華中科技大學的學生,我想把你們培養成五項諾貝爾獎的獲得者,那我怎麼知道我今天培養你什麼東西能讓你在二十年以後得到諾貝爾獎呢?

因此我們在一九六五年有一個很大的關於機械製造專業的全國性的大辯論,叫作上海機床廠的調查,這個大辯論實際核心是什麼問題呢?就是一個學生在大學裡到底應該是給他一個麵包還是給他一支獵槍。因為他將來要到森林中去,給他一個麵包,他吃完以後就沒有吃的了;給他一支獵槍,他就可以到山中去打野獸吃。就是這麼一個簡單的問題,但是這個問題其實一直到現在我們都沒有很好地解決,特別是比較年輕的老師,他們總是覺得,我的義務就是把我的知識告訴學生,但是我們要考慮怎樣去告訴?因此在學校裡對怎麼傳授知識以及傳授什麼知識應該進行討論。如果給學生一支獵槍,是培養學生的能力,獲取知識的能力,而不是單純地給他知識。所以學校裡傳授知識的一種類型應該是幫助學生掌握經過刻苦鍛鍊才能掌握的那種能力,還有一種是給學生很多資訊。以不是很準確的說法可以表述為:一種是給他「深」知識,一種是給他「淺」知識,而「淺」知識其實在現在資訊時代是很容易獲得的,因為上了google網要查什麼都可以

查到。因此如果我們要知道哪一部分知識的話，例如要了解世界上有多少人口，一查便可知現在世界上大概有六十五億人口，我花了一秒鐘不到就把這個事情了解了，但是有很多東西，是我們要經過刻苦的鍛鍊才能夠得到的知識。所以我覺得培養人在才的方面應該是最主要的任務，比如我在前面講的給學生上的一門叫作「創新思維和現代設計」的課程，就這門課本身來說，我們認為應該將其定位為一門培養學生能力的課程。但是因為教這個課的老師，他總是想把自己關於設計方面的知識全部告訴學生，而設計方面的知識要全部告訴學生的話，那相關的書籍可能一卡車都裝不完，又怎麼可能在幾節課就全部告訴學生呢？因此在這種問題沒有弄清楚以前的時候，我覺得最需要的就是能力的培養，比如我剛才講就是說像材料力學、理論力學這種非常重要的培養能力的課要真正地用起來，現在甚至一個學時都沒有，或者有的也就三十幾個學時，這怎麼能夠培養這種能力呢？就像走馬觀花一樣，過去就過去了，然後就像那位博士生一樣，讓他寫一個閱讀報導都寫不出來。因此我覺得我們同學在學校裡學習的這個階段，也是要非常注意的，這就是說，怎麼來提高培養我們的能力。而對於這種能力的培養，有兩個環節是不能少的。一個環節是鍛鍊，就是我們自己必須經過實踐的鍛鍊，要做，包括做習題，做各種各樣的解。另一個環節就是思考，我們比較習慣於聽老師來傳授知識，所以我們總是希望老師今天講了五件事情，那麼五件事情一件也不要落下，因為考試要考，這當然與我們學習要考試通過也有關係。有的時候我經常跟學生講，他們總是問我老師你要我們考幾分，我說你們只要考及格就行了，如果不是由於學校裡有獎學金的種種要求，獎學金是要過八十分才能拿獎學金，對我來講，你只要六十分就夠了。但關

鍵是你要把這個能力掌握好，假設你們是為了考試要拿分的話，老師講了五點，最好五點都能背出來，少一點可能這個分就沒有了，我其實覺得少幾點沒有關係，關係在於你們對其中講的幾點是不是經過自己的大腦有了很好的思考。我做學生的時候也許不見得是很好的，當時我是班長，每年考試的時候，同學都要求我去連繫老師，給他們再複習一次，這個複習很簡單，就是等於從老師那裡得到點「黑」情報，到底考什麼東西，最好能透露一點題目。我把這位老師連繫好以後，一般我都不參加這種活動，因為我覺得時間太寶貴了，平時聽老師講我已經聽得膩了，再去聽一遍也沒什麼意思，我這個時候情願自己拿著一本書仔細地去看、去想。很多東西都是通過自己思考才能掌握的，所以實踐鍛鍊的思考對於深知識的掌握是不可缺少的。有了這種鍛鍊後，到了森林中就不用擔心會被餓死，只要沒有東西吃，就可以通過打獵獲取食物，就可以很好地活下來。

開設「創新思維和現代設計」這門課程，是希望學生能夠在做中學、在思考中學，但這是非常困難的。就是說實際上怎麼樣來傳授知識，是我們在教學中還沒有解決的一個難題。我們傳授知識，這個比較容易做，我只要把我要講得都講給你們聽就行了，講完了也不管你們學會沒學會，考試的時候，不會也得背著，但是怎麼能夠得到一個能力？比如說外語，現在外語占了很多學分。我一直在想，從小學到大學，不知道外語花了多少時間，但是我們的外語是不是真正好了呢？另外就是外語是不是一定要通過這麼多學習才能夠掌握呢？我一直是存疑的，因為我本人是沒有參加過任何的外語的培訓的，我覺得外語是一個工具，關鍵是要用它，用了才能掌握，不用的話，學得再多，考試考得分數再高，也沒用，我們要拿外語寫文章，就要寫得讓

人家接收，要看得懂；如果不寫，總是讓學生去讀外語是沒有太大的作用的；外語要會講話，你們同學之中互相之間都要講外語，寫筆記也要用外語寫，這樣才是有意義的，否則考試花那麼多學時，我認為其實很多時間並沒有真正地提高外語。很多課程都有這樣的一個問題，就是我們現在實際上怎麼解決培養能力的問題，這在我們的教育方法上還是一個難題，還沒有被解決，包括教師、學生與社會三個方面怎麼協同，另外包括時間和內容的處理，即讓學生怎麼有足夠的時間去實踐和思考，都是目前存在的問題。此外還要提升我們的自覺性，自覺需要有動力，這就需要我們有追求，這樣才會艱苦地去做，而這個動力就來自於社會，我們付出了，它將來會帶給我們回報，但反過來講如果我們付出了，社會反而不理我們了，把我們拋棄了，那我們就不可能堅持下去了，所以我們講到後來就是體制的問題，包括在我們的學校裡，大學的中心任務是什麼，現在都經常有很多爭論，雖然大家口頭上都承認培養人是大學最主要的任務，但實際上，我們在實際執行的時候，是不是真正把培養人當成我們學校的主要的任務，這一點仍值得反思。因為我們還有很多任務，項目、獎勵以及評選院士。因為院士很重要，院士多了，學校排名就上去了，所以現在很多學校都有院士工程，即是把院士當成一個產品，去搞院士工程。今天我們選舉的時候，旭光及院長專門做了一個報告就講了這件事，所以我一直贊成取消院士制度，因為現在的院士制度帶來了很多的問題。尤其是當我們科學而客觀地去評價一個人的時候，並不僅僅是看他是院士還是不是院士。所以我們就是說作為一名科技工作者我們到底追求什麼東西，大學裡培養人，從人、從才方面，大學要搞研究。我跟我們學校書記就曾經爭論過，他一講到人才強校，就馬上要從國

外引進，我說你既然講交大是一個一流的大學，那麼一所一流大學為什麼自己培養不出一流人才，要講人才了就要去引進，引進的人是不是就一定是一流的呢。

另外就是，我們一講到學校排名，就會講科研有多少專案，但是學校裡搞科研，到底是什麼目的？學校裡搞科研是為了培養人，就是讓我們學校很多同學通過研究能夠真正掌握解決科學技術問題的能力，當然現在社會給高等院校加了一個目的，加了一個任務，是服務社會，就是社會上解決不了的問題，我們幫助它去解決。所以大學應該是一個思想庫，它一方面出人才，另一方面用這種創新的思維去培養創新的學生、創新的人才，然後它本身同時也產生新的思想去支援這個社會的進步，所以它可以服務社會。

我相信我今天講的這些東西，也有很多人會反對，說我講得不對，我認為是這樣的就講了，歡迎大家多交流、多討論。

2009年於華中科技大學演講
華中科技大學研究生工作部供稿

機會常在，貴在把握

戴尅戎　中國工程院院士、上海交通大學教授

　　很高興能夠來到武漢，我大概平均每年都會來一兩次，跟武漢也結下了很多緣分，特別是在三年自然災害的時候，我曾經在武漢住過幾個月，現在還記得武漢一家叫「小桃園」的湯包店。

　　這次演講的題目是「機會常在，貴在把握」。機會，有人把它叫作機遇，在英文單詞中與其相近的有chance、opportunity，具有多層含義。比如我站在樓上窗口看下面的人一個個走過去，那也是機會，因為我探頭出去恰巧看見他們。他們過去之後，對我的日常生活和工作沒有任何影響，一般來講我們就不把它算做機會了。我們所說的機會，是指直接關係到事物發展的重要環節，而我們正好把握住了，就叫把握住了機會。或者我們沒把握住，那麼就錯過了機會。機會出現於事物發生發展的某個瞬間，將給我們帶來生機、危機或轉機！也就是說機會可能會使整個人生或某項工作發生變化。但機會又是一種偶然，一種巧合，也是一種冒險，是可遇不可求的。英文裡有常用表達「take a chance」，意思是撞大運，碰運氣，或者貶義地講，是投機或冒險，機會通常包含著風險。

　　有機會就有風險，每一個機會都會帶來兩種風險。第一種是可行性。抓住了一個機會，但根本沒有可行性，即使把握住了，也是沒有意義的，而且耗費了我們的精力和時間，或是走錯了方向。第二個是

利益。抓住機會的目的歸根結底是求利益。利益不僅僅是口袋裡的幾塊錢，更可以是為研究室爭利益，為國家爭利益。因此，任何一個機遇都面臨著相應的風險，有可能是不可行的，或者不可能給自己、家庭、集體帶來任何利益，這就是機會的偶然性和風險性。機會轉眼即逝，因此，它需要決斷性，要還是不要？需當機立斷，所以，機會是一種非常刺激的挑戰。人與機會的關係可以從以下五個方面去討論：機會與環境，機會與素質，機會與機智，機會與創新，機會與選擇。

▌機會與環境

先講環境，有很多機會是根據環境的變化而來的。以前有很多國家不允許女性拋頭露面，而現在社會觀點的轉變允許女孩子拋頭露面了，甚至可以參加體育比賽。如果再早十年，她們連看體育比賽的機會都沒有，更談不上就業了。經濟條件同樣重要，沒有相應的經濟條件，很多機會是不會出現的。還有就是國家一些政策的改變。比如有一段時期是反對私有制的，那個人怎麼去開公司、開店、開廠呢？所以說，人們所處的不同社會環境會形成不同的機會。處境不同的人，機會是不一樣的，這很不公平，人們並不在同一個起跑線上。

一九九七年，當時的聯合國秘書長安南說過一句話：我們全世界有三個十億。就是說全世界有十多億人常年喝不到潔淨水；全世界有十多億人每天的生活費不到一美元；還有十億多人仍然是文盲。那麼，這三個十億人，他們的機會是什麼呢？他們能期望的機會首先是能喝到潔淨水、能吃上一頓飽飯、能上小學。不同的生活環境，不同的經濟背景面對的是不同的機會，離開了這個大局，談不上什麼機會。

人類文明是怎麼形成的呢？這就是我今天要講的第一個重點。人類社會先是漁獵時代，然後進入農業經濟時代，再到工業經濟時代。三者統稱為物質經濟時代。人們是物質的生產者和擁有者，擁有多的人就是富者，擁有少的人就是貧困者。物質經濟時代是以消耗物質資源為基礎的。人要去開礦，利用水資源、森林資源等，利用大量勞動力直接進行物質生產。比如人們去開礦山，把礦石運到某個地方，送進高爐，煉成鋼材，然後再造房子、造鐵路。所以大多數人都是直接從事物質生產的勞動者。

從二十世紀後期開始，人類告別了物質經濟時代，進入到知識經濟時代。知識經濟是一種生產力高度發展所形成的經濟形態，是人類知識積累到一定程度的產物。我們不是說不要物質了，只是獲得和利用物質的方式發生了改變，知識成為社會發展的基礎，知識可轉化物質和財富。比如說手機，最早的手機使我們能在不同的地點或在移動中與人通話。而現在的手機甚至比原來的還要小，材料部分也沒有太多改變，而功能上卻可以用於拍照、上網、導航、錄影……這些新添的功能，是一些人靠自己的知識生產出來的。知識對於經濟的發展起著非常重大的作用。

馬克思說，資本主義社會幾十年創造的財富超過了整個封建社會近千年所創造的財富總和。而知識經濟時代幾年甚至幾個月創造的財富就相當於整個資本主義社會所創造出來的財富的總和，其發展速度已經到了令人瞠目結舌的地步。在知識經濟時代，知識的內涵有四個方面：know what，know why，know who，know how。

know what，是什麼；know why，為什麼；know how，怎麼做；know who，誰知道怎麼做。

know what就是某個事物是什麼的知識，是有關事實的知識。人們通過自身的研究觀察來獲取知識，然後把它傳給後代。

know why就是為什麼的知識，為什麼它會這樣，為什麼鐵礦石煉出來就變成鐵。是有關自然界原理與規律的知識。

know what和know why這兩個方面的內容從小學開始老師就教了，直到初中、高中、大學基本上都是在掌握這兩方面的知識。難道還有協力廠商面的嗎？有的，叫know how，是關於怎麼去做的知識，是一種技藝、一種能力。有個高級的醫學科學學會的章程提到，學會的宗旨之一就是向廣大的會員傳播技術與經驗，「傳播技術」，章程上用的是「state of art」，state是情況、狀況，art是藝術，state of art直譯就是藝術的狀況，一個醫學會給大家傳播藝術？不是講spread knowledge、exchanging experiences，不是講sciences，而是state of art。其實這個詞用得非常廣泛，某些事情到了一定程度之後都是art，就像畫畫一樣，怎麼教都不會，要自己慢慢練習，慢慢琢磨觀察，這就是know how。同一把刷子，同一桶漆，工人用來刷牆，很均勻，而我們刷出來卻是花的。這就是state of art，這就是know how。製作藝術品是如此，做木匠、組裝機器、給病人開刀等的技能，都是know how。

研究成果用什麼來衡量？有人說用論文。就是經過研究掌握一部分技巧，然後把它寫成文章發表，讓大家知道某項研究是通過什麼方法做到的，如果討論手術，就是討論它的適應症、手術要點是什麼。這些內容公開發表以後，大家共用，全世界共用，但這僅是know how的第一個層次。第二個層次，patent（專利），是有條件的共用、有償共用。本來需要二十個小時的工作而我五個小時就夠了，要學可

以，但要付專利費，這就是有償共用。know how是什麼？是獨門絕技。以前的老中醫傳子不傳女，只有兒子知道，其他人都不知道，說來有點自私。對於研究室，這個實驗我們做得出來，你們做不出來，這種細胞我們實驗室培養得出來，你們培養不出來，好像也有點自私。但是如果這種關鍵技術，中國突破了，美國還沒有，會說是自私嗎？所以，獨門絕技有可能會救活一個實驗室、一所醫院、一個企業、一個工廠，也能夠使一個國家富強。因此，獨門絕技是這個企業乃至整個國家最基本的利益所在。

中國是一個生產大國，全世界的DVD大多數都是中國生產的。二○○四年左右，一臺DVD賣三十二美元，但其中專利費十八美元，製造成本十三美元，剩下一美元利潤。專利所有者拿十八美元，公平嗎？沒有自主創新，缺乏核心技術，這就是悲劇。在這種情況下，我們國家的DVD廠商從二○○四年的五百多家降到二○○六年的一百多家。掌握一門核心技術勝過千軍萬馬。外國人依靠一些技術合同，抽走了中國人大半的血汗錢。中國的「貢獻」就是提供最廉價的勞動力、消耗大量能源、承受巨大汙染來進行裝配。如果我們永遠處在這種狀態下，那麼中國永遠是一個欠發達國家，永遠只能為外國的技術、零部件供應商提供巨額利潤。有人說，中國人口多，中國地大物博，實際上是地大物「薄」！中國人口占全世界的百分之二十，但可耕地只占全世界的百分之七，水資源百分之六，煤百分之十一，原油百分之二，天然氣連百分之一都不到，總有一天會被耗盡的。

再說know who，是指這件事有誰知道、有誰會做。一講到這個，大家都會想到保姆介紹所。找不到保姆就找保姆介紹所。需要一個年輕的，它就可以介紹一位年輕的。現在有人開獵頭公司，你要經

理，我介紹，你要技術員，我也給你介紹，這個很重要！美國為什麼發展這麼好，因為它招聘英才很厲害，把優秀的人才都挖去了，美國就富有了、發達了，其實know who是非常重要的。再舉一個例子，如果在中國，交給學生一個問題，他不懂就會上網或到圖書館到處去查文獻，沒日沒夜地幹，一個禮拜過去了，這個問題基本搞明白了。如果你把這個同樣一個問題交給一個美國學生，他就會到處找人，打聽誰懂，誰知道。然後他想辦法在你百忙中讓你不討厭他，跟你聊上個半小時，回來就會說我全知道了。你可能對此不贊同，但是結果就是他可能用的是你十分之一的時間，而掌握得比你還系統。為什麼？高手教他的。在評價能力和成績時，不管是討教收集的、還是自學得來的，只管結果和品質。誰快，誰好，誰就是勝利者！這就是know who。在這些方面，我們中國的學生多數是吃虧的。

另外一種表述方法是在知識經濟社會中，知識有兩類：第一類，可表述知識，就是可以表達清楚的、明確的知識，不懂就放一段錄影，算不出就給一個公式，都是可以表述清楚的。實際上就是上面提到的know what和know why。第二類，叫作默會知識，是隱含的、不言而喻的，是一種默契或者叫心照不宣。比如說學騎車，去翻《騎車的十八要點》這本書，還是不會騎。這種不能用語言、文字清晰表達的東西，就叫默會知識。也就是我們上面講的know who和know how，它對知識經濟的發展起著特別重要的作用，包含了對整個經濟市場研究和前景的判斷。比如挑選員工，一個招聘廣告出去，應聘者幾十個上百個，每人只面試五分鐘，最後決定某某人，有人挑錯了有人挑對了，這就是能力。所以默會知識相對於表達知識來講更有優先性，也更重要，它是一種領悟和把握經驗重組的能力。在人類認識的

各個層次上，默會知識都是起主導作用的。一個人在做學生的二十多年中差不多都用來掌握表述知識，然後過渡到掌握默會知識。給病人看病時看前輩們怎麼查身體做診斷，開刀的時候如何隨機應變等，都是默會知識。對知識的積累，反過來會影響我們對機會的掌握能力。知識掌握得越靈活，默會知識掌握得越多，成功率就越高，對機會的利用率也會提高。這就是機會和知識的關係。

▌ 機會與素質

接下來談素質，從四個方面：情商（EQ），競爭意識，抗挫折能力，精神狀態。說一個人智力好，是講他IQ高，即智商高，其實智商以外還有一個情商，叫情緒商數，這是表達一個人的能力而不是智力。什麼是智力呢？歸根結底是思維能力。同樣一件事情，大家看五分鐘，有人可以看出苗頭，有人看不出。每個人的注意力不一樣，我們把看到的東西進行想像，然後記下來，在此基礎上發揮思維作用。這種思維能力、捕捉能力、集中注意力的能力就是智力。非智力的範圍更廣，包括社會公德、行為習慣、勞動觀點、情緒控制、勇氣、自信、自強、自立等。那麼和思維能力比，哪個重要呢？有人說當然思維能力重要。情商這個東西看起來很虛，但說到底就是駕馭自己的能力，是一種智慧、一種自我知曉。

還有解決矛盾的技巧，一個組十多個人，兩個人吵起來了，有人去勸，結果越勸越吵，連自己也吵了進去。會做工作的人，很快就把問題解決了，這就是解決衝突的本事。因為有這樣的本事，才能做小組長、主任、院長。情商其實就是一種修練，一種更高層次的修練。很多書上都提到一句話：一個人要成材，有三大要素：人生觀、興趣

和機遇。這三大要素與智商的關係都不是非常直接的，成材必備的是情商而不是智商。修練到位，才能確保自身的可持續發展。情商還包括後面要講的競爭意識和抗挫折能力等。

沒有競爭就沒有進步，包括社會進步，個人進步。我特別喜歡芭蕾，有一次有機會讓我到芭蕾舞學校看望小朋友們。當他們四、五歲還沒進小學的時候，就進入學校被老師教著用腳尖走路了。學到六、七歲，老師說這個學生沒有天賦，回去吧！以後每一到兩年就要淘汰一次，到十五歲時，剩下的已經不多了。這些小朋友從小就承受著競爭的巨大壓力，努力學習，不敢有絲毫的懈怠。所以有人說芭蕾是一種殘酷美！但優秀的舞蹈家就是這麼培養出來的。

在競爭中，絕大多數人是失敗者，畢竟冠軍只有一個。競爭能激發人，也能扼殺人，使人從此一蹶不振。良好的競爭環境首先需要公平。由於每人的條件不同，往往並不是站在同一條起跑線上的，但至少規則要公平。在競爭過程中，要有效地發揮個人與集體的力量，還要把握機會。誰把握得好，誰贏。但不能做不道德的事情。要有競爭意識，要鼓勵大家積極參與，形成一種競爭的氣氛，去爭取競爭的機會。所以，要做好競爭的準備，智力因素要培養，同時也要培養非智力因素、團隊精神、自我知曉能力、積極向上精神等。

下面著重談談抗挫折能力。有競爭就有失敗，這叫挫折。受了點挫折不要緊，再努力一次就行了。人在事業上、生活上、社會上會遇到各種各樣的挫折，有一些挫折甚至會摧毀人的精神支柱，改變他的一生，這種例子是非常多的。二〇〇〇年，在澳大利亞一個公園裡，有一個人在公園的草坪上擺了一大堆花圈，引起了轟動，記者來了問「擺了多少花圈？」「四四三六個。」「為什麼是四四三六？」「因為

去年澳大利亞自殺死亡了四四三六人，所以擺上這些花圈警戒世人，不要像這四千多人那樣，死得沒志氣、死得沒價值。」每年全世界都有上百萬人自殺。

大家都知道電話是貝爾發明的，但很少有人知道還有一個人叫萊絲。萊絲在貝爾之前就設計了一種傳聲裝置，能夠用一根電線兩個耳機傳送音樂，但講話聽不清，他怎麼弄也不行，然後就放棄了。其實他只要把電話裡面的一個個螺絲再多擰二分之一圈，大約五絲米就解決了。貝爾把螺絲多擰了二分之一圈，同時把直流電由間斷改成連續的，就成功了。萊絲說他在離成功五絲米的地方灰心了，將終生記住這個教訓。遇到挫折，我們控制一下情緒，再做一次努力，抱著百折不撓的精神和足夠的自信心，再試一下，可能就成功了。「有些苦難對於天才來講是墊腳石，對於偉人是一筆財富，對於弱者則是萬丈深淵」，這是巴爾札克講的。我們實驗室門口的牆壁上貼著一幅巨大的海報，上面寫著「Good result comes from experiences，experience comes from bad results」，一直貼到現在。做實驗不可能沒有壞的結果，得到不好的結果就是得到了經驗，經驗可以創造好的結果。抗挫折能力是實驗研究人員必備的本領，就要阿Q一點才行。所以強者和弱者的分水嶺不在於他考試得幾分、一百米跑多少秒，而在於他對挫折的反應。強者永遠進取永不停息，而弱者就會停步甚至後退，這就是強者與弱者的分水嶺。

人的素質還表現在他的精神狀態，要活出意義來，沒有任何兩個人的生命是完全相同的。生命有一個共同的特點：都有開始和結束，也就是說生命是有限的。人們生命的區別就在於過程。下圍棋的時候，開始是布局，中盤是短兵相接，最後是收官，從古到今每盤圍棋

都是不相同的。人生亦是如此，從出生到畢業，是布局階段，然後從開始工作到退休是中盤搏殺，退休後是收官。在座的大多數人都在布局和中盤階段，以後的變數還很多。在千變萬化的棋局中，有一條規則是不能改變的——落子無悔！有時候是一步失誤，滿盤皆輸。每個人都可能抓錯機會做錯事，有些是可以挽回的，老師、同學會幫忙，但有時候是幫不上的，所以要非常謹慎，由不得半點疏忽。

公爵是靠命運世襲的，但貝多芬、莫札特完全靠自己的努力，莫札特的兒子不會是莫札特第二。要成為一個有所作為的科學研究工作者，就必須要有進取心、勇於創造。我們講到科學家就會講到居里夫人、陳景潤，他們做科研已達到著迷的程度，被一種抑制不住的興趣所驅動，視科學研究為人生最大的追求。同時，所有成功的科學家都在對科學工作充滿熱情的同時，也在嚴格按照道德規範做人做事。

■ 機會與機智

機會對大家都是均等的，機會天天有，為什麼有的人成功而有的人失敗？成功既靠智力也靠非智力因素，靠智商也靠情商。高智商的人不一定都是成功者，智商一般的人也可以表現非凡，造就成功。有人做過統計，成功的科學家、商人、工程師當中有百分之九十的人都不是特別聰明的，而是智商一般但勤奮的人。

人可分為三種：一種叫聰明人，一種是愚者。聰明人觀察力強、心眼靈活、能迅速把握情況，卻易受誘惑。這類人往往輕視一切規律性的東西，輕視積累，反復做一百遍的事情是不太願意幹的。有一個種荷的故事：在池塘裡種荷，荷葉數量每天翻倍長，長滿整個池塘要三十天。荷葉雖然每天翻倍，但一直到第二十八天才覆蓋池塘的四分

之一，有些聰明人熬不下去，到第二十八天或更早就放棄了，但另一些所謂的愚者只多堅持兩天就全長滿了，這就是所謂的荷葉現象。我們常常對第二十九天和第三十天的「半塘」、「滿塘」荷葉充滿著憧憬，而熬不住前面二十八天的慢慢積累與按部就班，在第二十七、二十八天的時候就放棄了努力。反之，所謂的愚者卻常能堅持到底，雖然慢些，卻可能成功，而且在漫長的奮鬥過程中，積累了智慧。

第三種人叫智者，他既不是不變，也不是多變，而是善變，大方向儘量不變，小事、小技巧可以變，這就是智者，這樣才能事半功倍。有些人能抓住大機會，有些人僅抓了小機會，這就是人們之間的區別，這就是智慧。

▍機會與創新

創新就是指對原來的東西有所改變、有所突破、有所超越。大家都知道創新有兩種，一種叫發現式創新，一種叫發明式創新。比如你發現了地球是圍繞太陽轉的，這是發現式創新。在發現之前，地球一直在繞著太陽轉，只是沒有被發現而已，你發現了就很了不起。發明式創新就是世界上本來沒有人工發電，我們自己把電發出來了。有了電又發明了電話、電冰箱，後者都是世界上本來沒有的。但創新的特徵是不變的，就是獨一無二的。什麼叫獨一無二？就是縱著看、歷史地去看，是從古到今前所未有；橫著看，則是與眾不同。創新的核心是要有創新的靈魂──思維能力。一個國家、一個地區、一個單位、一個人的軟實力就看其創新思維和靈感。一個公司擁有越多具有創新能力的職工、管理者和工程師，就越容易獲得成功。

創新是我們在競爭中的一個取勝手段，比如打乒乓球比賽，也要

講創新，不能創新可能就會輸。所以一定要走新路，不能走老路。第一個人把女性形容成一朵漂亮的玫瑰花，大家覺得新穎、貼切、中聽。第二個人又說你漂亮得像朵玫瑰花，到第五個人還是說你漂亮得像朵玫瑰花，你可能就不願意聽了。科學亦是如此，要有新的東西才能把科學推向前進。而現在的問題是原創性成果很少，模仿性東西太多。牆上本來畫了一條曲線，有人加了一點就算創新了，但這一點是原來曲線徑路延伸線上的一點，並沒有改變整條曲線的走勢。評估創新要看其有沒有價值，嚴格地說，沒有價值的「創新」，不是創新。

搞科研，首先選題要有創新性，然後實驗設計要有創新性，實際操作的時候可以通過創新加快速度和提高精確度，分析總結的時候也要創新地把論點和理念提高一步，最後推廣時同樣需要創新性。所以，科研從無到有、從開始到結束的整個過程都充滿著創新的機會，這些機會是取之不盡、用之不竭的。

二十世紀後期IBM公司連續六年的專利數居全球企業之首，一九九八年時，它有二千六百多項專利。IBM的過人之處在於它的專利不但多而且能馬上產業化、當年兌現，比如僅一九九八年一年就將這些專利的三分之一轉變成了產品，僅智慧財產權收入即達到十億美元。我國寶鋼企業在一九九八年專利有九十四項，人家是二六五八項，怎麼比？但是寶鋼已經是全國第七名，已經很了不起了。創新要來源於觀察、質疑、好奇心、進取心，包含智商、情商，是人們的精神核心。

提出一個問題比解決一個問題難多了，前者是認識問題，後者則是方法問題，愛因斯坦所講的這句話非常精闢。愛因斯坦還常說，想像力比知識更重要，其實很多知識來源於想像力。大家紀念愛因斯坦，紀念他的相對論。但是許多人覺得愛因斯坦最大的貢獻不在這

裡，而在於他給後人留下的一些疑難問題，這些遺留問題至今沒有被解決，只要有人把這些疑難問題解決一個，他就要比愛因斯坦還要愛因斯坦了。這些疑難問題也因此被稱為超越愛因斯坦（beyond Einstein）。愛因斯坦的偉大就在於他提出的這些問題很有價值。二千五百年前就有人提出疑問——世界到底是由什麼物質構成的，正是因為有了這個問題才有了自然科學的起步。氫彈之父愛德華・泰勒每天提十個問題，起碼八九個是沒意義，甚至十個都是沒價值的，但是他的偉大創造卻來源於剩下的一兩個問題。有人用跳蚤做實驗：把跳蚤放在瓶裡，它很快就跳出瓶子。蓋上蓋子，跳蚤每跳一下就撞一下蓋子，它照跳不誤，過一會兒再看，跳蚤仍在跳但它不撞蓋子了。過幾天把蓋子去掉，跳蚤還是在跳但高度不變，不會跳出去了。其實人跟跳蚤是一樣的，人在挑選資訊、分析問題、做出決策的時候常常會自覺或不自覺地沿著一條自己熟悉的路徑思考，就像跳蚤跳不出去一樣，形成了一種思維定式，而不善於另闢蹊徑。

　　二十世紀網友投票選出世界十大世紀產品，排在第一位的是一九〇〇年的迴紋針。有人說迴紋針算什麼，居然和第十位的國際互聯網並列。事實上迴紋針開啟了辦公用品的革命，而且迴紋針已經用了一百年，它還在用而且用得越來越多。誰能保證國際互聯網能用一百年而且越用越多呢？另外的世紀產品有吸塵器、拉鍊、創可貼等。由此看來，與創新有關的發明，並不一定是最複雜最麻煩最難做的，但一定是構思巧妙、有利於大眾和社會的東西。形成一個新思路比實現一個新思路還要困難。如果要形成創造性思維就要多思考、有靈感，還要超越習慣，打破常規。No risk，no gain，不冒風險就不可能得到良好的結果。此外，要善於利用各種資訊，社會上、網路裡的海量資訊會使人不斷得到啟發。我常常跟別人講我最喜歡吃的東西就是速食

麵，我很崇拜「康師傅」，覺得它很了不起，它知道有些人工作忙而且沒條件自己做飯、沒時間跑到食堂，速食麵撕開用熱水一沖就能吃而且還很好吃，真是太方便了。當然，從健康角度來講不值得提倡。「康師傅」賺了大錢，靠的是能夠捕捉資訊。只要有人需要就生產，日常生活中其實有很多的創造源泉。

　　瑞士有個研究所是全世界諾貝爾獎獲得者密度最高的研究所，它一共只有四百個工作人員，卻有四位諾貝爾獎獲得者，密度是百分之一。有人去取經，結果發現它也沒什麼了不起，就兩大特點：一個是喝早茶和下午茶的時間很長。到了那個時間所有的人包括生物學家、工程師、電腦工作者……都走出辦公室聚在一起喝咖啡、聊天，一聊就是一個多小時，就這樣聊著聊著諾貝爾獎就出來了。第二，所長有一筆經費叫任意科研經費，數目還不小。這筆任意科研經費不需要申請，所長看誰順眼就給誰，而且還不要寫報告、總結，唯一的條件就是兩年內用光。結果絕大多數任意經費都打了水漂，連冒個泡都沒有。但是四位諾貝爾獲得者中有兩位就是用任意經費啟動研究的。所以我們說不同學科背景的人聚在一起，聊天的時候互相補充、互相批評、互相修改、互相否定，最後就搞出名堂來了。這叫作頭腦風暴，多學科、多專業的人聚在一起交流，是產生創新智慧的良好溫床。創新思維只有轉化為實踐才能成為真正的成果，在實踐過程中需要再創新，因此轉化是一種昇華而不是重複。

▌機會與選擇

　　人不可能得到他所希望的一切，也不可能完全回避不喜歡的一切，而只能在有限的空間裡做出選擇，一定要在無數的選擇中去選擇

獲得或放棄。人們在得失之間的一個不當抉擇就可能影響一輩子，或者起碼影響一時一事。所有的得與失聯結起來就形成一個人的一生。當我們做選擇的時候，有時容不得長時間考慮，必須在瞬間決定，這時候情商和判斷能力就至關重要了。決策是一個主觀因素，要根據自己的人生哲學和信念去做出抉擇，要考慮國家、社會和家庭的需要。

除了國家、社會和家庭的需要，另外還要有個人的成熟度，自己要有足夠的本錢來判斷。比如爬山，首先要決定爬哪一座，再決定從南面上去還是北面上去，一旦開始爬了，想退都退不回來了。所以，要把握住利弊得失和條件，然後再決定怎麼去做。一個人如果擁有一隻手錶，一看就知道幾點鐘；若有兩隻手錶，一隻八點零五分，另一隻八點十分，無法知道哪個是對的。唯一的辦法是丟掉一個、校正另一個。也就是說一個人不能有兩個目標，大目標小目標套在一起可以，但不能有兩個目標、兩個方向、兩種價值觀。有的人說這輩子就是為愛的人而活，其他都不管了。可以，但如果同時又說可以為國家犧牲一切，就不可能。同樣在某件事情上，最好是一個人帶著大家走，當然可以先集中大家的意見，做出決定後再帶著大家走，兩個人同時指揮是做不好事情的。

總結起來就是，人的一生要擁有以下三方面：感情、道德、創造。感情可以讓整個世界和自己變得更美麗，道德可以使世界和自己保持乾淨，而創造可以使原本相當美好乾淨的世界和自己不斷地取得進步。

2009年於華中科技大學演講
華中科技大學研究生工作部供稿

哲學與科學

哲學：理性的，還是浪漫的？

陳亞軍　南京大學哲學系教授

　　哲學到底是理性的還是浪漫的？一提到哲學或者哲學家的時候，大家的第一印象還是理性，哲學當然是理性的，這個說法應該說不錯，當然這不是說就只有這麼一個維度，這就是今晚我要說明的問題。

　　哲學在中世紀時曾經有過危機，但是在經驗哲學家看來，儘管哲學的地位可能會有些變化，但是對什麼是哲學並沒有具體的分析，這個局面到了二十世紀開始有了變化。二十世紀發生了我們可以把它叫作哲學內部危機的危機，西方哲學發生了一種分裂，就是所謂的英美哲學傳統和歐陸哲學傳統。在二十世紀的西方學術界，這兩種哲學的範式分裂得十分厲害，做英美哲學的人，根本不知道或者是不屑於知道像德里達、海德格爾、尼采等人；反過來，歐陸哲學的人也不會去讀像羅素、奎因等人的著作，相互之間不了解彼此在做什麼，也不屑於去理解對方。二十世紀的哲學，在什麼是哲學上發生了分歧。這些英美哲學家，我說的英美哲學家主要指的是分析傳統、跟科學靠得比較近的那批哲學家，在他們的眼裡，尼采、海德格爾就像是江湖騙子一樣，不知道他們在說什麼，覺得他們的言語很神祕，滿足一種似是而非的深刻；反過來，做歐陸哲學的人，我說的歐陸哲學主要指的是我剛剛說的幾位為代表的，但要排除胡塞爾，在他們的眼裡，英美哲

學所做的是完全墮落到了「項」、「數」這樣的工作，完全失去了哲學的宏大視野，是一些小打小鬧的玩意兒。有位哲學家說：當今的美國哲學系裡認知主義和大腦研究占據了統治地位而大多數的大陸哲學屬於比較文學、文化研究、英語、法語和德語系。所謂的大陸哲學在英美的學院中實際上都不屬於哲學系，因此我們原來意義上理解的哲學都移到文學院去了，就如他們所說，如果一個人研究小白鼠的脊柱，他就屬於研究哲學；如果一個人研究海德格爾，他就屬於比較文學。所以我們原來繼承的那一套屬於歐陸哲學的傳統現在都劃歸到英美文學系中去了。

那麼為什麼會導致這種情境呢？這裡涉及他們對什麼是哲學，就是原哲學的理解發生的重大分歧。在二十世紀，在這兩派人的眼裡，他們對什麼是哲學的理解發生了重大的分歧。英美哲學一派認為哲學應該向科學靠近，哲學應該講究精確、講究論證，就是要把知識和謬誤的分界嚴格地劃分出來，能夠告訴我們知識的要素和知識的結構是什麼，哲學的目的是為了得到真的知識，這是英美哲學的目標，這就是哲學的原形象。但歐陸哲學家更多的是關注我們不同文化之間的對話該怎樣進行，怎樣以新的思路去取代舊的思路，人類文化的交流該怎樣進行下去，也就是說他們關心的是怎樣使得我們的生活更加豐富，所以在他們那裡文學的趣味很重要。美國當代著名哲學家羅蒂傾向於用另外一個詞來代替歐陸哲學，叫作「對話哲學」，他們關注的是對話，是怎樣使得思維更加豐富，這就形成了二十世紀以來一直延續至今的兩種哲學思潮。

這樣一種對立反映了兩種文化的對立，就是人文文化和科技文化之間的對立，對於這種對立，我們實際上可以追溯到歷史上的十八世

紀、十九世紀。我們知道西方哲學一直以來都是理性主義占據主導，那什麼是理性主義呢？這樣一種追求是從古希臘人那裡就已經開始了。古希臘人很關心這樣一個問題，到底是什麼使得我們人和動物區別開來？我們人類和動物都生活在這樣一個充滿雜多和紛亂的世界，那是什麼東西使得我們和動物不一樣呢？如果僅僅從感性的層面上來說，我們是無從區分的，能夠使得我們擺脫動物成為人的那個東西，是我們有一種能力，這種能力能夠幫助我們超越這樣一種感性雜多，達到一種對本質或者理想信念的高度。

舉個例子，比如說我問你們什麼是「美」？你們可能會告訴我這種花是美的，這個人是美的。我問的是你們為什麼把這朵花或者這個人叫美的，你們肯定是知道了什麼是美然後才這麼覺得的。所以能夠達到這個層面的才能叫知識，不然怎麼能叫知識呢？我們人能夠達到，為什麼我們能夠達到呢？因為我們有一種這樣的能力，我們人類的這樣的能力叫作理性，它能夠幫助我們把握形式的、感性的之後的本質，你們能夠達到這樣一個層面就獲得了知識，如果停留在前面一個層面，最多說你們只是有這樣一些意見，還沒有上升到知識。所以整個哲學應該幫助我們來考察這樣一個層面的問題，這個層面更重要，只有在這個層面上達到對本質的認識，才能立於不敗之地，我們才能把這樣一個雜亂的、無序的世界整理、統攝起來，形成一個有序的世界，這對於我們來說是非常重要的。所以動物只能看見兩座山，我們人能看見兩條平行的直線，哲學就是要去探討這樣一個層面的問題，所以它一定是理性的。

從古希臘以來，整個哲學界就在探討理性到底是什麼？理性到底是怎樣發揮它的作用的？理性是如何統攝感性雜多的？所以我們就把

這樣的問題叫作形而上學的問題。這個問題很重要，可以幫助我們整理這個無序的世界，能幫助我們找到真正的知識，發現本質，解釋這樣一個現象，這樣的追求是整個西方發展的一個方向，所以整個西方文化是理性主義精神占據絕對優勢地位的一種文化，它的整個追求是要追求那個大寫的「真理」。

一個英國的哲學家曾經說過，西方的文化建立在三個支柱上。第一，所有的問題都是可以解決的，就是我們的理性有這樣一種能力，凡是不能夠解決的問題就不是一個真正的問題。第二，解答問題、解決問題的能力是可以傳授的、學習的，這可能和我們的中國哲學是不一樣的，中國哲學的貴族化味道很重，而西方哲學的平民化的特點以及民主的特點很明顯。中國哲學強調一種境界、頓悟、直觀等，所以從這個層面上來說，它不像西方哲學那樣講道理，強調論證。第三，所有這些解決問題的辦法最終都是相互融貫的，不是相互充滿矛盾的。所以這些最終會導致一個大寫的「真理」的發現，這是整個文化的信念，西方文化也是按照這個方向去追求的。

這樣一種理解，這樣一種文化，我們稱之為理性主義文化或者叫理性主義追求，那麼它實際上跟什麼有關呢？跟早期希臘人對數學的崇拜有關。「相信世上存在一種完美的前景，相信只需借助某種嚴格的原則，或某種方法就可達到真理，至少這是與冷靜超然的數學真理相似的真理」，這種信念影響了那個時期許多的思想家，他們認為有可能，如果不是絕對的話，達到某種絕對的真理來整飭世界，創造某種理性次序，悲劇、破壞、戰爭就可以通過我們謹慎得來的知識來進行整理。但是這種理性主義發展到這樣極端的時候，就會產生許多問題，它帶來的最大的一個問題是什麼呢？那就是它原來是想幫助我們

擺脫這樣一種愚昧，達到知識的真理，但是當我們把理性強調到這個程度的時候，它反過來又成了奴役我們的獨裁者。就是理性主義發展到一定的階段反過來會對我們形成一種奴役，理性會成為新的獨裁者。「毫無例外，這些初衷是要將人類從錯誤中解放出來，從困惑中解放出來，從不可知的世界裡解放出來，但是毫無例外，這些模式的結果就是奴役了新的解放了的人類，這些模式不能解決困惑人類的問題，於是最初的解放者，最終成為另外一種意義上的獨裁者。」怎樣來理解這樣一段話呢？

在我看來可以從三個方面來理解。第一，就是這樣的理性主義者，他們認為可以達到真知的唯一途徑，就是通過這種理性，他們會要求其他文化理解世界的方式都置於理性的模式中來。我們中國人可能從傳統陰陽的關係，推及宇宙的天人合一，這都是不同的理解世界的方法。今天我們應該認識到，我們在用什麼樣的方式去理解世界，我們就在用什麼樣的方式在建構世界，當我們說今天是二〇〇八年十一月二十八日的時候，我這個說法到底是一種描述還是一種建構？還是說世界本身就有的？這樣的界限已經很模糊了。但是我們還有農曆，有這種不同的方式。當我們用不同的方式去認識世界的同時，其實已經幫助我們在建構一個世界。所以當我們用理性主義的方式去對世界、對宇宙、對所謂的真理、對文化發展的方向來做這種要求的時候，它實際上就是在行使著一種獨裁的權力。我覺得如果真的到了這種地步的話，這是非常霸道的。

第二，我們為什麼會說它是重新奴役了人呢？我們知道，也可能接觸過存在主義。它告訴我們，人和物的一個最大的區別在哪裡，它的意義是什麼？比如這張桌子，在造它之前，造桌子的技術員，他就

有了一個關於桌子是什麼的設計，這個設計就決定了桌子的存在是為了什麼，它的本質是先於存在的，它自己不會改變自己，這是物。但是人不一樣，人叫作「存在先於本質」，沒有任何一個東西能夠預先對人是什麼、人應該是什麼做出一個籌劃、做出一個規定。人是在存在的過程中不斷地把人的存在是什麼展示出來的，或者存在出來的，這是我們人和物的一個根本的區別。

當你要告訴我，我的使命就是朝著某個方向，朝著一個大寫的「真理」前進的時候，我的作為人的整個存在和整個意義已經事前就被決定了，這就是人和物淪落到同樣的一個地步。在這個意義上我們實際上被奴役，我們不是真正過人的這樣一種生活，所以在這個意義上，我們也可以說理性主義成了一個新的獨裁者，我們解放過的人希望把我們從愚昧中解放出來，但是當他們把這一點強調到這麼一個地步的時候，我們又重新被他們所奴役了。

康德曾經有過一個理性主義的口號，支援我們運用理性的能力把我們從神性中解放出來，如果可以這麼理解的話，當這個理性本身成了一個新的奴役者的話，那麼我們就會重新回到被奴役的狀態。

第三，可能還有這麼一個問題，理性的強迫力遠遠要比信仰大得多，每個人可以承認有自己的信仰，但是理性不一樣，理性不是我們每個人都具有的。如果說真理是建立在這個基礎上的時候，這個真理我們還能不接受嗎？我們有理由不接受嗎？所以理性主義在這個基礎上對我們形成了一種奴役。在十八世紀，當理性主義發展得如日中天的時候，一個新的角色就出現了，這個新的角色就是浪漫主義。

浪漫主義是什麼？實際上很難給浪漫主義下定義，對於我來講，很少有什麼書是看了放不下的，但是《浪漫主義的根源》這本書就不

同，這個是譯林出版社翻譯出來的一本書。我建議大家去看一下，寫得非常有激情。英美哲學家一般給我們的印象是比較科學、比較理性的，但是這本書寫得非常有激情，作者沒有試圖給浪漫主義下一個定義，作者說像司湯達、歌德，甚至像馬克思，這些人在運用浪漫主義概念的時候，他們的含義都有所不同，他們都在用自己的顏色在浪漫主義的圖版上圖描，所以什麼是浪漫主義，不要試圖去給它下定義，我們可以從思想史的追溯中去理解什麼是浪漫主義。這本書的作者就是採用這種辦法，我也沒想到這本書的作者那麼富有浪漫主義的激情，所以他描寫浪漫主義的文字，我忍不住想給大家讀一讀，讓人感覺到一種洶湧澎湃的激情，沒有人是不被他打動的。他說：「浪漫主義是原始的、粗野的，它是青春、是自然的人，對於生活豐富的感真，但是它也是病弱蒼白的……是死亡之母，其實就是死亡本身，是雪白描繪的彩色玻璃的圓屋頂，也是它的永恆的白色之光，是生活斑爛的豐富，是不可窮盡的多樣性，是騷動、是暴力、是衝突、是文化、是安詳、是自然次序的和諧統一……」

從中我們可以看出兩方面的東西，一方面就是浪漫主義追求的是變化、是當下、是神祕、是非理性、是不可言說的具體的個性化的東西，但同時它又在這樣一種變化和個性化的具體之中，找到了自己的不變的東西。那麼浪漫主義追溯到什麼地方呢？浪漫主義實際上是十八世紀的哈曼提出的，哈曼其實和我們的理性主義大師康德住在同一個城市，而且據說就是康德的鄰居，他很貧困潦倒，康德給了他很多的資助，當然這些都是據說的。但是他終生與康德為敵，用浪漫主義批判理性主義，不遺餘力地攻擊理性主義。哈曼非常欣賞休謨，休謨是一位經驗主義哲學家，哲學史上常常把他的理論稱為懷疑論或者

不可知論。休謨是第一個對理性主義傳統發起嚴肅挑戰的哲學家。

我們可以天天看見太陽出來然後地上有熱，但是這樣理性能證明什麼嗎？這能說明因果關係嗎？你能看見因果關係嗎？你能看得出理性來嗎？你能思考得出來嗎？你能夠保證明天還是這樣嗎？總之，理性的能力是非常有限的。生活中大部分東西實際上不是靠理性的，那麼哈曼就將這個東西借鑑過來了。我們要把握一個人，按照哈曼的說法，我們不是來追究一大堆的概念和範疇。實際上我們要去把握一個真正的、真實的人用什麼方式呢？我們要跟他打交道，我們要觀察他，我們要接近他，要看他的一顰一笑、一個皺眉一聲歎息。當我們去看一幅畫的時候，我們關注的是它之所以成為它這幅畫的特點，正是因為這個獨特性，這種不一樣，才能把它所謂的真實性展示出來。理性主義是恰恰不讓我們實現這樣一個目標，所以另外一個浪漫主義者把浪漫主義解釋為「表白主義」。

什麼是「表白主義」呢？我們經常會被問什麼是人生的意義？是財富、子女，還是上帝等，這些都是我們的存在之外的東西。實際上一個人真正的意義跟他的存在是合二為一的，他的存在本身在不斷地顯現著自身存在的意義。當我們欣賞一個藝術作品的時候，如果它符合審美的標準，不管它放在哪兒都是藝術品。但是按照表白主義來說就不一樣了，我們實際上欣賞一個藝術品，我們完完全全地關注這個作品背後是誰把它造出來的？它要顯示出來的是一個什麼樣的人？顯示出來的是一個什麼樣的世界？在藝術的背後存在著一個沒想表現出來的隱含的東西，這個東西是欣賞藝術最重要的東西。像梵古的《向日葵》，如果按照古典的審美要求它肯定是不好看的、不美的。但是我們現在覺得這是一個藝術，它的這種特有的粗獷及這樣的一種筆

調，能夠把梵古的那種對生活的熱烈的感覺通過這種方式表達出來。所以現在我就在想為什麼藝術就是藝術，它為什麼不是機器製造出來的呢？如果有這麼一種表白在其中的話，就算是一件農夫的手工編製品也可以看出它的藝術的特點。我們要做事情，我們的世界才豐富，我們的世界才充實，否則再好的世界也只是一個外面的世界。我現在覺得這個世界是由事情構成的，事情是要我們去做的，事實不一定和我們有什麼關係，只要和我們沒關係，那個世界就未必是我們的世界，從這個角度來說，浪漫主義確實有其存在的道理。這樣一種對浪漫主義的讚揚和重視受到了羅蒂的關注，他將浪漫主義拿出來與古典主義形成了一個對峙，成為一種思潮，他看到了一個很深刻的問題，並給予了高度的評價。原來浪漫主義是一種文學思潮，只是一個跟古典主義相對峙的一種文學思潮，但是現在浪漫主義成了一種哲學思潮，對哲學影響很大，它跟柏拉圖開啟的理性主義形成了一種對峙。所以羅蒂說浪漫主義最大限度地打破了原來的世界。

接下來我想談一談，浪漫主義對哲學到底造成了什麼影響？浪漫主義深刻地影響著後來西方哲學的發展。大家知道德國古典哲學的一個代表人物是康德，他也是理性主義的代表，儘管他有細微的浪漫主義的東西顯現出來。而德國古典主義的集大成者就是黑格爾，德國的浪漫主義詩歌的產生就發生在黑格爾的眼皮底下。一方面，浪漫藝術與當時的時代精神是契合的，浪漫主義的主觀主義與當時的時代精神是契合的，黑格爾意識到了，也非常重視。但另外一方面，浪漫藝術沒有作為人類的教師，哲學不能臣服於這種藝術，反之哲學必須把理性看成作為力量發揮作用的場所，換句話說，哲學不能滿足於這種雜多變化，一方面它確實是一種時代精神，我們要對它充分地重視。既

然哲學是時代精神的反映，我們就必須把它在哲學上反映出來。但另一方面，哲學又不能夠屈從於時代精神，為什麼呢？哲學的這種理性一體化的力量，從柏拉圖以來就一直是這樣，黑格爾仍舊堅持，所以在黑格爾這裡就形成了一個張力。黑格爾在他的無所不包的哲學體系中，將浪漫主義已經放在一個基本的哲學層面裡，還有一個就是他的表白主義，但是遺憾的是黑格爾沒有真正地完成浪漫主義的追求，他不能夠接受只是停留在變化這裡，他的這個變化一定要有理性的制約，這個大寫的理性通過這樣的變化實現了自己，所以他還有理性一體化的要求，有一個邏輯的約束，所以歷史和邏輯在黑格爾那裡是統一的。這個最終使得黑格爾的浪漫主義還是在理性主義的框架之下被窒息了，這是一件很可惜的事情。所以在黑格爾那裡形成了一種張力，他的這樣一種失敗或者說他的這樣一種遺憾，使得人們看到了浪漫主義和理性主義，是不可以統攝在一個大一統的所謂的框架之中的。黑格爾之後仍有哲學家試圖去做這樣的工作，哲學發生了這樣的一種分化：一個繼承了所謂的理性主義，發展出來一個新的理性主義，這就是分析哲學，就是英美哲學；還有一個就是很大程度地繼承了黑格爾的浪漫主義。

所以如果說當今的分析哲學，它繼承的是這樣的一個追求知識的確定性，如果說它追求的是這個東西的話，那麼它註定了是向科學的那一個方向靠近的；如果說追求的是一種對話的豐富、對話的持續、對話的反諷的話，那麼就決定了它追求的是不確定性，追求的更靠近文學，所以這是當代很大的兩種分歧。分歧的背後實際上隱含著另外一個東西，就是我們人類的文化到底是應該追求一個大體的真理，還是說我們應該追求怎樣使得我們的生活和想像力更加豐富？這裡發生

了另一種分歧。羅蒂的一句話是這樣說的：「活得豐富比活得正確更重要。」當然他這裡的「正確」有他獨特的含義，他的「豐富」也有他的含義，但是這樣可以說是用他的方式，把他的觀點用最簡單的方式表達了出來。

那麼我們現在就要回到二十世紀了，回到當代哲學，現在是怎麼樣來看這種分裂？一個理性主義傳統，一個浪漫主義傳統。羅蒂試圖在這樣一個新的平臺上，重新使得這兩種傳統形成一種平衡，達到一種新的平衡狀態。黑格爾之後是長期處於分裂狀態的，完全不了解對方在做什麼。羅蒂就是希望能把這兩個東西結合起來，羅蒂是一個非常好的有分析哲學背景的哲學家，今天我們把他叫作「新實用主義者」。他很熟悉分析哲學家，他覺得分析哲學的這樣一個追求實際上走入了歧途，就是完全將哲學跟科學靠近了，是哲學奉科學為楷模了，甚至就是想把自己變成科學了，在羅蒂看來這些是有問題的。

什麼是想把哲學變成科學呢？就是希望哲學能夠幫助我們解決什麼是大寫的知識，什麼是知識和謬誤一勞永逸的分界線，什麼是大寫的真理。羅蒂和其他的哲學家不同的地方，就是他運用了自己分析哲學家的方式，他用他們的論證來摧毀他們所達到的高度，所以這就是一個釜底抽薪的工作，所以羅蒂在英美哲學界長期以來遭人痛恨，在英美哲學界裡幾乎很難找到一個哲學家說他喜歡羅蒂。

很多同學想把哲學當成一種知識來學，實際上這是錯誤的，哲學不是知識，哲學恰恰就是要追問知識的為什麼，追問其原因。歐洲理性主義是建立在承認人的推理可以作為知識來源的理論基礎上的一種哲學方法。一般認為隨著笛卡爾的理論而產生，十七到十八世紀間主要在歐洲大陸得以傳播。同時代相對的另一種哲學方法被稱為「不列

顛經驗主義」，它認為人類的想法來源於經驗，知識可能除了數學以外主要來源於經驗。這裡主要關注的是人類的知識來源及證實我們所知的一種手段。理性主義者及經驗主義者的區別在當時並沒有被哲學家予以區分，而是後代進行了區分。事實上，有時兩者之間的區分並不像人們所說的那麼顯著。三位主要的理性主義者，都認同經驗科學的重要性，並且他們在研究方法及形而上學的理論上，更接近笛卡爾而不是斯賓諾莎和萊布尼茲。儘管這種區分在著書立作時很有必要，但是對哲學本身來說並不是非常有用。大家可能會問，這個社會的東西的形成那不就慢慢地構成我們的常識了嗎？構成了一種規範了嗎？那麼浪漫主義恰恰是要打破這種東西的，浪漫主義不就是要對這種已經形成的東西進行一種批評嗎？進行一種反諷嗎？要去摧毀它嗎？這兩個東西怎麼樣去達到統一呢？羅蒂說我們可以把它們化成兩個領域，我們把浪漫放到私人領域中去，就是說反諷就是私人的事情，另一部分要參與公共生活，這個公共領域理性主義占據主要地位，就是將理性放置在公共領域了。如果將浪漫放在私人領域中去，浪漫就可以在私人領域中為所欲為，天馬行空，什麼都可以。但是在公共領域裡面我們就應該對別人承擔責任，我們必須要傾聽他人的話語，我們必須要在這樣一種討論的基礎上來理解什麼是公正，我們不能說我說什麼是公正，那什麼就是公正。所以傳統的哲學家就沒有認識到這一點，所以他們犯了很大的錯誤。這些人根本就不關注社會，他們關注的就是自我的形象，如何對自我進行一種提升，他們根本就沒有考慮公共這個問題，而且他們的公共領域也只能放在私人的領域裡面。所以如果我們把它做一個切割，把私人還給私人，把公共留給公共，這樣的話就相安無事了，所以哲學應該是理性的，還是應該是浪漫的

呢？那要看這個人是什麼類型的哲學家。那些形而上學家其實關注的是私人的事情，就是我們自己應該怎麼樣，至於馬克思、杜威這些哲學家他們關注的是人類的正義、人類的解放、人類的平等。羅蒂就這樣把他們分開了。

那我們能不能接受羅蒂這樣的一種劃分呢？這個問題留給大家去思考，我在這裡只提一點我的個人想法。我覺得羅蒂在這裡又混淆了兩個東西，即羅蒂把政治學的和哲學的這兩個概念混淆了，我說的政治學的就是指社會操作性的，哲學的就是人的本體的。從人的存在來說，我們根本無從去把私人的和公共的區分開來，也不應該區分開來。我們人和動物是不一樣的。在人存在的這個本體上來說，沒有公共的就沒有私人的，人是一個個體，我們不能把他作為一個類來看待，但是什麼東西決定了他成為一個個體的呢？他受的是什麼教育，他在什麼共同體裡面長大，他讀的什麼書，他過的是一種什麼樣的生活，等等，這些構成了他之所以成為他的基本的東西。

我剛剛說的這些東西都來自傳統，來自我們公共的一個傳統！實際上當我們把這些東西都剝奪的話，我們就沒有我們的自我了，所以人跟動物的一個很大的不同就是我們生活的世界不是一個兩向的，這個「我」活在一個世界當中，他活在他自己的那個文化共同體造成的第三世界之中。我們真的要成為一個個體，我們就不得不在一個共同體下生活，否則無所謂什麼個體。所以在這個哲學的層面，我們想把這個劃掉也是不行的，但是這並不妨礙我們在公共操作上的執行。可以從我說的政治學的角度上、社會操作上來說，這兩個方面是應該劃開的，特別是在今天的中國。我們應該給私人的創造性提供一個很好的空間，這個空間應該是完全自由的，這裡我要把「他」分成第三人

稱和第一人稱兩個角色。也就是我們從社會的第三人稱來說，我們今天應該給私人的創造留下一個空間，尤其是在今天的中國，讓他們在那裡天馬行空，他只要不進入到公共空間裡來，對我們的正義、對我們的規則產生一種破壞性的瓦解的話，我們為什麼不讓他們這樣做呢？而且如果沒有「他」形成一種刺激的話，那些公共的東西到最後也會形成一種僵化，所以我們的公共變化的資源來自哪裡，即我們必須有一些人的思想解放。那麼這個第一人稱我就想請大家來一起思考，從第一人稱的角度來說，我們是不是應該把這些確定下來？當然今天這個社會是很寬容的了，只要不進入公共領域，只要沒有干涉他人。但是現在作為我們自己來說，假如說我們生活在一個孤島上，這時候我們也沒什麼公共領域可以干涉，那這個時候我是不是就可以活得像個野獸一樣？是不是我們就不需要任何境界呢？不需要什麼崇高不崇高了呢？對於此，我有我自己的想法，在座的各位肯定也有自己的想法。一個奴隸也還可以是一個高尚的奴隸！一個貴族也還可以是一個卑劣的貴族！

2008年於華中科技大學演講
歐陽來祿根據錄音整理

現代化的圍城及其超越

歐陽康　華中科技大學黨委副書記、哲學研究所所長、教授

　　現代性問題曾經在我國引起過非常廣泛的關注和非常熱烈的討論，近年來似乎有所沉寂。但現代化作為中國社會的發展方向並沒有改變，這就始終有一個如何更加科學合理地認識與理解現代化、如何適速高效地推進我國的社會主義現代化建設的問題。尤其是面臨著經濟全球化和中國加入WTO後的嚴峻挑戰，面臨著後現代主義思想的交流與碰撞，這方面的問題顯得更加緊迫與突出。把當代中國的現代化問題納入到全球化的背景和後現代主義的交會中來加以定位，不論是從理論上還是實踐上都有非常積極的意義。

■ 一、《圍城》與現代化的「圍城」

　　「圍城」這個概念可能大家都不陌生，出自錢鍾書先生的《圍城》。該書描寫了二十世紀三、四十年代的一批知識分子，從海外留學回到中國所感受到的中國的社會與文化，尤其是他們在中國文化與西方文化相互碰撞中所遇到的各種困惑，以及錢鍾書先生以他獨特的眼光對這種困惑的解答。《圍城》中有兩個關於婚姻的比喻，一個來自英文諺語，一個來自法文諺語。前者把婚姻比作一個黃金做的鳥籠，黃金鳥籠外面的鳥覺得這個黃金鳥籠好，拼命地想飛進去，而在黃金鳥籠裡面的鳥卻拼命地想飛出來。後者把婚姻比喻為一座城堡，

一方面是城外面的人拼命想衝進城，另一方面是城裡面的人則拼命想衝出城。

　　一九九五年到一九九六年，我有機會到英國去學習訪問。這次去英國的一個比較強烈的感覺就是東西方文化的差異。當時英國由柴契爾夫人領導的保守黨已經執政十八年，而且一九九五年到一九九六年的時候正好趕上瘋牛病，所以英國經濟和政治都出現了巨大的震盪，與當時中國大陸改革開放的強勁勢頭形成了一個鮮明的對比。正好當時我應邀到牛津大學去做一個演講，就突發奇想，想出來了一個概念，叫作「文化圍城」。圍繞這個概念，我談了自己在東西方文化碰撞中的一些感受，尤其是東西方之間的一些文化障礙與誤解。最近，隨著中國加入WTO和現代化建設的加速發展，這種「圍城」的感受又有所強化，尤其是在現代化問題上突出地表現出來了。

　　客觀分析，這種「圍城」現象在我們的現代化進程中應該說是隨處可見的。一方面是中國以及所有的發展中國家都在盡最大的努力追趕世界現代化，加快發展自己的現代化，提高自己的現代化水準，希望及早成為現代化的國家。為此他們在思想上把現代化看作一種積極的建設性的發展方向，看作一種社會理想來加以追求。另一方面是現代化在西方世界已經成為批判的對象和攻擊的目標。對於現代化的攻擊有多種角度，一是來自後現代主義的各種具體思潮與流派，他們批判著現代性及其種種弊端，宣布著後現代社會與後現代文化的到來；二是來自社會性的反現代化運動，包括恐怖主義對於現代文明社會的破壞與攻擊。美國「九一一」事件後，一個美國學者談到，「九一一」事件既不是對紐約的轟炸，也不是對美國人民的轟炸，而是對於資本主義的轟炸，對於現代化的轟炸，是對資本主義所主導的全球化的轟

炸。此種對於「九一一」事件的解讀實際上提出了對於現代化的深度反思與批判。

在這裡我們看到了走入現代化與走出現代化的悖反運動，也看到了建構現代性與解構現代性之間的劇烈思想碰撞。對於當代中國來說，正確地認識和對待這種對於現代性地走出與走入、建構與解構都具有積極的借鑑意義。

我的從「圍城」經過「文化圍城」到「現代化圍城」的認識歷程，實際上反映的是一系列非常現實的文化和國際文化交往。個案可以映照普遍。中國人在努力加入現代化，但是真正定下神來認真研究社會現代化，就會發現我們對現代化還不是十分清楚。現代化究竟是什麼？我曾經在課堂上，在一些講座過程中對此做過一些相關的調研，比如說「用最簡單的話把你所理解的現代化描述出來」，結果發現大家所理解的現代化都不一樣，其中比較多的還是一直在講的四化——工業現代化、農業現代化、科技現代化、國防現代化。這些當然是對的，但是仔細想一想，「四化」沒有告訴我們什麼是現代化，只是告訴我們要從哪些方面和部類來實現現代化。因此，面對當前現代化擁有巨大魅力而被無數國家追求和嚮往，同時又受到各種抨擊、批判和轟炸的現實，重新審視和剖析現代化的本來含義顯得尤為必要。

從根本上說，現代化是一種積極的價值創造活動，作為一個歷史性的運動，它的關鍵點就是在尋求一種人類文明的高度的發展，在這個發展過程中它遵循很多基本的價值取向，這些價值取向彙集起來，可以概括為「六化」。

（一）理性化——即以宣傳資產階級思想文化為主要內容的思想

革命

　　講到現代化大家可能想到蒸汽機，想到瓦特等發明現代工業和科學技術。實際上，以嚴格意義來講，現代化的思想先驅要回溯到法國十八世紀的啟蒙運動，甚至回溯到十四到十五世紀的文藝復興。在那一段時間歐洲的藝術中有大量裸體的繪畫和雕塑，為什麼會出現這樣的一種現象？實際上它是一段歷史的反叛，反叛什麼？反叛天主教教皇、教權、神權對於世俗、人性、人權的壓抑。在古希臘、羅馬滅亡以後曾經有一段長達一千多年的宗教的統治。教皇高於國王，教權大於皇權，神性高於人性。在這個過程中，人被定為有一種「原罪」，人被看作是醜陋的，人來到世間就是為了贖罪，所以，尤其是女性，是不能見到他人的，一天到晚都要圍著厚重的面紗。到了文藝復興的時候，提出要復興古希臘羅馬文化，實際上就是為了要張揚資產階級的文化。這一場思想革命搞了幾百年，以血與火來張揚人性，而人性中最寶貴的是什麼？是人的理性。這可以從兩句話的差異中看出來。理性主義者說：「我信仰，是因為我理解。」而信仰主義者說：「我理解，是因為我信仰。」對於宗教信仰者來說，只有我信仰的東西我才能理解，而對於理性主義者來說，我要信仰一個東西，首先是要理解它。每個人的內心都有一個信仰和理性雙重的要素，但是誰是最根本的決定性的因素，可能大家會眾說紛紜。資產階級思想家堅定不移地主張一面旗幟，就是理性主義的旗幟，構建一個重要的法庭就是理性的法庭，然後把世間所有的東西都拿到這個旗幟下加以檢驗，這就形成了整個幾百年的思想解放運動。有了理性的解放，去認識自然、發明科學、創造技術、構建工程，這時候就產生了工業化。

　　（二）工業化——以張揚自然科學和技術為主要內容的大機器生

產和與之相適應的工業革命

　　工業化的實質是通過分工使每一個人的能力都得到片面的、高度的發展，然後又通過協作使這樣一些片面而高度發展的能力得到整合，形成全面的生產體系。由於它既全面又高度發展，便形成了一定的有機的高水準的生產體系，建成現代大工業。工業化代表著一個時代，而有了工業化又一定要有一種東西，叫作大市場。

　　（三）市場化——以航海和跨國貿易為主要內容的商業革命

　　工業和農業的最大差別，就在於農民生產的產品可以由生產者自己消費，而工業生產的產品往往是生產者無法消費的，或主要不是為自己消費而生產的。所以工業需要有一個市場，但這裡我們要特別說明，市場並不是資本主義的專利，但是國際市場、航海貿易是它的特殊專利。從《大國崛起》這部大型紀錄片中可以看到近代以來現代化是怎麼走過來的，看到一些小國如何因征服了海洋而征服了世界，看到一些小國如何各領風騷幾十年，推進了近代以來現代化的歷史進程。一九九二年，我第二次出國，正好趕上哥倫布發現北美新大陸五百周年，在加拿大蒙哥里爾，我看到兩支遊行隊伍，他們鮮明的特徵可以說就是現代化衝突的真實體現。一支遊行隊伍是白人隊伍，他們在那裡慶祝感謝哥倫布發現新大陸給他們帶來了一塊美好的土地去開發賺錢；而另外一支隊伍是土著印第安人、因紐特人，他們在那裡抗議哥倫布發現新大陸掠奪了他們的美好家園，將他們趕進了保留地，過著並不如意的生活。所以現代化實際上是一場血與火的戰爭。從這個意義上講，有了市場，還會需要一些東西，就是我們通常講的——大都市。

　　（四）都市化——以生產社會和服務規模化為主要內容的城市革命

大批人群的聚居和交流，大規模的生產活動，在某種意義上說，一定要有一個大的城市作為支撐。城市的作用就是兩個方向：一個方向是使農村勞動力變為自由勞動者，能夠成為出賣勞動力的後備軍；另一個方向就是改變大家的生活狀態，使大家能夠生活得更好，高消費才能夠帶來高生產。今天中國的都市化進程非常之迅速，但是存在著一個巨大的問題，就是我們的戶籍制度妨礙了中國的都市化進程。比如說我們今天有一個特殊的概念叫作「農民工」，照理說人的身分是由他的工作決定的，但是具有農民身分的人做了工人又不能得到工人的身分，所以就有了這樣一個特殊的概念叫「農民工」。實際上，與其呼籲保護農民工的利益，不如從根本上解決中國都市化進程中非常關鍵的問題——戶籍制度管理問題。

　　（五）民主化——以建立資產階級的民主政治為主要內容的政治革命

　　資本主義市場經濟和私有制要求與之相應的政治體制，這就要求了資產階級的民主政治體制。在三權分立的總體格局下建構的民主政治是資本主義現代化的重要政治保障。如何讓每一個生產者都享有獨立的政治權利、經濟權利，包括我們今天強調的文化權利，就一定需要有民主，民主化使資本主義個性得以保障，是現代化的重要政治特徵。

　　（六）法治化——以建立能夠保護資產階級民主政治的法律體系為主要內容的法律革命

　　民主總是和法治連繫在一起的。實際上，沒有了民主，法治有可能會變成專制；而沒有了法治，民主有可能導致無政府主義。民主政治必須通過法律體制來保證，這是西方文明的又一個重要特徵。

以上這「六化」就是現代化的非常核心的要素，它們看起來都是非常好的因素，但既然這六個要素都是好的，為什麼還會有現代化的「圍城」呢？

▌二、現代化的價值二重性

實際上，前面所強調的都是現代化的正面的價值，與此同時，這一切所有的要素都包含著負面的可能性，借用兩個哲學概念叫作「中立」和「價值非中立性」。比如說這裡的一杯水，我和大家喝了都可以解渴，它的功用對我們大家來說都是一樣的，就是中立性。但是一次地震，一顆原子彈，這些事件的意義和價值是絕對不中立的，它們對不同的國家和民族有著非常不同的意義，這就是價值非中立性。從這樣一個角度來考量，現代化的「六化」都包含著非常強烈的價值二重性。

講到這裡要提到一個概念叫作「單向度的人」，《單向度的人》是現代一位學者寫的一本書，已經譯為中文。書中講到，當現代化強調了人的理性以後，人的非理性就受到了壓抑，所以人又變成了片面的人。所以當我們解放了理性以後，我們又出現了理性對非理性的特殊地壓制。例如，工業化可能帶來單一化，市場化可能帶來世俗化，都市化中可能就會出現都市病，民主化可能出現極端的個人主義，法治化關注的主要是程序公正，不一定能夠實質公正，等等。這就要求我們回過頭來看看現代化的六個要素，看看現代化的價值及其雙重性。

前面所說的這「六化」是在比較經典的資本主義時期，到了二十世紀，出現了一個重要的特點，就是現代化走向了全球化。「現代化」

和「全球化」這兩個概念還是有一定區別的，現代化主要是定性的方面，而全球化更有一個規模的擴張。這個擴張在二十世紀大概經歷了以下四個主要階段：

第一個階段是從二十世紀初到第二次世界大戰結束。這一時期最突出的特徵就是法西斯聯盟和反法西斯聯盟這兩大聯盟在全球範圍內的殊死較量。雖然在人類文明史上有過無數次戰爭，但是從來沒有一次是在全球範圍內以全球聯盟的方式進行的。所以這一時期實際上改變了人類的格局，第一次使人類實現在全球範圍內的統一行動。

第二個階段是從二戰結束到二十世紀七〇年代前。一九一七年第一個社會主義國家成立，一九四五年第二次世界大戰結束後社會主義陣營形成，十幾個國家走上了社會主義道路，形成了一個東風壓倒西風的形勢。儘管社會主義國家不能算太多，但是影響非常之大。這個時候我們發現，現代化不再單單屬於資本主義，社會主義也在發展現代化，現代化變得越來越複雜、越來越多樣化。

第三個階段是一九八九年蘇聯東歐事變之前。這段時間通常認為是「三個世界」的劃分。劃分三個世界的標準已經和劃分兩個陣營的標準很不一樣了。劃分兩個陣營的標準是社會主義和資本主義兩大社會政治制度和意識形態，而劃分三個世界的標準是現代化的水準。這段時間還有這樣一種現象，就是東亞所謂的「四小龍」的崛起。

第四個階段就是蘇聯東歐解體之後，出現了「一超多強」的世界格局。「一超」是指美國這個超級大國，無論是經濟、政治還是軍事都處於世界領先地位；而「多強」則是有不同的標準的，比如說軍事，通常認為是兩強——美國和俄羅斯，說經濟，通常認為是三強——美國、歐盟和日本，說政治，通常認為是五強——美國、俄羅

斯、歐盟、日本和中國。中國就在這樣一種背景下登上了世界歷史的舞臺。五強之間在經濟、政治和軍事方面都不太平衡，也就意味著有變化。這裡最重大的變化就是當代資本主義產生了很多新特點。

我們過去對資本主義的理解主要借助於一本書——《帝國主義是資本主義的最高階段》，一直以來列寧這樣激勵我們，資本主義達到帝國主義之後就會垂死、腐朽和沒落，於是我們就期盼著它們的腐朽和沒落。然而經歷了一個世紀，資本主義不但沒有沒落，反而好像仍舊充滿活力。到底應該怎麼解釋這種現象？這對我們中國來說是一個極大的挑戰。我的一個基本看法就是當代資本主義是在與社會主義的比較和競爭中提升了學習能力和發展能力的。關於馬克思主義對整個世界的影響，尤其是對西方的影響，我曾經採訪過美國的一些教授，他們說馬克思主義的成就不僅僅表現在社會主義國家，它的突出成就之一是促進了西方發達國家的健康發展。

這裡提到了一個概念叫「學習能力」，實際上學習能力的含義有狹義和廣義之分。狹義的就是我們讀書看報寫文章，而廣義的是指生命力，是根據對象和外部世界的變化來調試自身的能力。二十世紀，西方發達資本主義國家在與社會主義的比較與競爭中不斷調適自己，充分顯示了自身日漸增強的學習能力。比如說，過去資本主義國家是一種自由資本主義，全部按照市場經濟的原則來運行，遭遇了巨大的災難，尤其是二十世紀三〇年代的經濟危機。但是，西方發達國家及時吸取教訓，二十世紀四〇年代以後，在西方的主導經濟理論是凱恩斯主義，搞國有化，重視政府對於經濟的宏觀調控。在西方發達國家經濟發展中，凱恩斯主義影響了幾十年。凱恩斯主義的核心是強調政府的宏觀調控，這一點恰恰是社會主義應有的優越性。所以直到今天

為止，中國特色社會主義的重要中國特色之一，就是在有了社會主義市場經濟後仍不放棄中央調控。比如說這次應對四川汶川的特大地震災害，我們都前所未有地迸發了熱情，全國一共捐了幾百億，這在中國是史無前例的。如果沒有中央強有力的領導，沒有黨政軍的全面合作，沒有全國人民的特別支持，那後果恐怕很難想像。國家和政府在當代西方發達國家的作用也越來越大，當代資本主義顯現出它的一些活力。這裡有資本主義的自我調適，也有社會主義和馬克思主義從對立面批判的功勞。關於這點，仍有很多非常值得去研究的問題。

這裡我想舉兩個重要的案例來說明現代化和全球化所具有的價值二重性。一九四五年八月六日，人類的頭頂上第一次爆炸了一顆原子彈，這顆原子彈的威力把整個日本廣島夷為了平地。我不知道該以什麼樣的心情去看待這個事件的正義與非正義。首先它是正義的，是反法西斯聯盟的代表者之一——美國把原子彈扔給了法西斯成員國；但是我們又感覺到人類所創造的巨大的毀滅性武器對人類的摧殘還得由人類自身來承擔。

在日本的廣島紀念館裡放置著兩塊經歷了那場劫難的普通的磚頭，旁邊的解說詞寫到「你可以自由地去觸摸」，以手觸之，會讓人感到一種心靈的震撼。因為本來很普通的磚頭，在原子彈的高溫烘烤下已經變得格外堅硬和扎手，可以想像人類的生命在原子彈面前的脆弱。德國一位著名的哲學家黑格爾曾經說過，惡是歷史發展的動力。實際上，二十世紀人類從現代化走向全球化，首要的標誌就是世界大戰，是以人類自我摧殘作為標誌的。日本有一位著名學者池田大作，他在二十多年前寫過一本書叫作《展望21世紀》，他在書裡有一個非常經典的表述，說「人類經過幾千年形成的近乎無限的建設能力，由

於它的不合理使用，正在轉化為近乎無限的破壞力」。當人類用智慧創造出來的力量來摧毀人類自身的時候，應當如何去正視它們？

　　另一個案例就是我前面提到的「九一一」事件。前面我們談到那位美國教授把這個事件連繫到現代化、全球化和美國化。這是否準確可以討論，其中的意味也值得我們深思。我理解，在某種意義上，美國的世貿大廈就是現代化的象徵。第一，從其高度來看，它本身就是當時地球上人造物中的最高物；第二，它是一個非常現代的建築，造型流暢，設計巧妙，結構堅固，是現代科學技術的完美體現；第三，它是世界的金融中心、經濟中心。「九一一」事件給人類一個重大的警示，即如果不能處理好不同文化與種族之間的差異與衝突，人類也許會不斷地遭遇到更大的麻煩。我們已經看到，進入二十一世紀，世界的全球化實際上是以全球性的恐怖主義和全球性的反恐怖主義為標誌的。

　　在整個西方現代化發展的進程中，一方面我們得益於現代化，而另一方面我們又處處感受到現代化給我們帶來的挑戰。實際上當人類進入現代化社會後就進入到了一個高風險的社會，而且現代化的程度越高風險越高，尤其是通訊。比如，在這次汶川地震中，通訊中斷是阻礙抗震救災工作最大的難題。在這樣的背景下，如何應對現代化不斷帶給我們的巨大挑戰，是世界各國必須面對並解決的問題。

▌三、當代中華民族的反思與超越

　　面對現代化、全球化的衝擊，世界各國都不得不做出選擇，而選擇的結果也決定了國家的前途和命運。有的國家選擇加入現代化，加入全球化，比如蘇聯和東歐，但是他們的政黨卻沒有能夠駕馭這樣的

浪潮，以至於這些政黨最終退出歷史舞臺，沒有繼續執掌國家政府的領導地位。有的國家選擇以共產黨執政為最高目的，比如過去的古巴和如今的朝鮮，其結果是政權非常穩固，然而民眾對世界發展態勢知之甚少，經濟發展非常滯後。執政黨的利益與人民利益、國家利益、民族利益之間產生了分裂，雖然確保了執政黨的領導地位，但是難以給人民帶來富裕、幸福的生活。有的國家選擇要開創現代化，比如越南和中國，在保持執政黨的領導地位的前提下，力爭在現代化的進程中把黨的利益、民族的利益、國家的利益、人民的利益保持一致，這就要求執政黨要不斷地更新和發展自己。

面對現代化、全球化我們應該如何做出正確而恰當的選擇？是在「圍城」之中徘徊，還是正確地看待和處理這一「圍城」，勇敢地超越「圍城」？這是我們必須深入思考、認真研究的課題。

這裡我們要深刻地反省一下中華民族對現代化的認識歷程。

首先，畏懼現代化。大家知道我國曾經有過自己的輝煌歷史。有人說唐代的時候中國的GDP占全世界GDP的三分之一。但是從此以後就逐步走向了衰敗，直到西方發達國家發展起來，我們還沉醉在「天朝大國」的美夢中。一八四〇年鴉片戰爭，中國的國門被打開，西方列強仗著洋槍洋炮來欺負我們的長矛大刀，打得我們丟盔棄甲落荒而逃。所以，雖然現代化是個好東西，但是在中國人的眼裡，它卻是敵人的幫兇。因此，從一開始中國人就畏懼現代化。

其次，曲解現代化。儘管中國在十九世紀後半葉以來開始學習現代化，比如說搞洋務運動，但其目的卻是「師夷之長技以制夷」，搞現代化的目的是為了抵制現代化。一直到辛亥革命，尤其是五四運動時期，才開始學習現代化，追尋現代化，但是非常遺憾，那僅僅是先

進思想家的話題而沒有成為時代的主題。新中國成立後，中國意識到要搞現代化，然而，卻錯誤地理解了現代化的含義，認為：什麼是現代化，就是工業化；什麼是工業化，就是重工業化。於是出現了「大躍進」時期全國上下大煉鋼鐵、放衛星、盲目攀比的荒唐場面。「文革」時期，又提出了「反帝、反修、反封建」的口號，曲解馬克思主義和毛澤東思想，抵制現代化，嚴重地阻礙了中國的現代化進程。

最後，創造現代化。以黨的十一屆三中全會為標誌，中華民族開闢了社會主義現代化建設的新時期。經歷了一個多世紀的艱苦摸索，中國終於撥開迷霧，步入了現代化的正確軌道，對現代化的理解也變得更加全面深入，創造了社會主義改革發展的奇跡。隨著中國加入世界貿易組織，中國不僅在現代化的進程中又邁出堅實的一步，同時，也翻開了積極加入全球化進程的歷史新篇章。

中國的現代化是一件前無古人的事情。迄今我們仍然面臨著現代化、全球化的嚴峻挑戰。這些挑戰主要有如下表現：

和平與發展的時代主題。和平是相對於戰爭來說的，什麼情況下會發生戰爭？邊界和主權受到侵犯，這樣的戰爭仍然存在；但是更危險的戰爭是什麼，就是資訊大戰、經濟大戰、文化大戰。實際上這樣的大戰並不少，比如海峽兩岸的問題，這是中國走向世界的一個巨大障礙，是牽制中國的一個很大的因素。

經濟全球化。過去我們以為加入了WTO就一切都好了，但是為什麼近年來中國會被世界各國前所未有地妖魔化？過去只是妖魔化中國的政治、人權、民主、自由、平等，現在甚至妖魔化到中國的商品，出現了「反中國製造」的現象。實際上，是我們沒有讀懂經濟全球化。經濟全球化意味著同樣一個商品在全世界只能賣同樣的價格，

而各個國家生產成本不一樣，越節約就越容易賺錢，在這種意義上，生產力的高低決定了國家在經濟全球化中的表現和收益。卡斯楚總統在其撰寫的《全球化與現代資本主義》中警惕地呼籲：經濟全球化實際上是發達國家掠奪落後國家的一個重大陷阱，落後國家往往在這個陷阱面前失去警覺，而被自願地拉入到一個全球性的掠奪體系中。因此，我們必須要有高度的警惕性，中國在未來三十年的發展很難還會像過去三十年一樣有那麼好的國際環境。要達到大國標準，我們的勞動力價格要提升，我們的技術水準要求具有自主智慧財產權，不可能再模仿。

政治多極化和新技術革命也是如此。中國今天扮演著一個政治大國的角色，但是確實缺少足夠的軍事和經濟力量的支撐。

文明的衝突。美國哈佛大學的亨廷頓教授在《文明的衝突》一書中提出，二十世紀世界的衝突主要來自意識形態，到了二十一世紀，意識形態的衝突將會逐漸淡化，文明衝突將變得更加明顯和突出，成為最大的威脅，基督教、伊斯蘭教和儒家文明這三大文明將要在文明衝突中扮演重要角色。所以儒家文明會前所未有地被人們納入到眼球的焦點。中華文明就是要面臨在這樣背景下的挑戰，發揮我們自己文明的作用。

當前中國現代化有幾個關鍵性的因素、關鍵性的困難，從哲學的角度分為三個層面：第一個問題是人與自然的關係，數量巨大的低素質人口與相對貧乏的自然資源和能源。中國最大的特點就是有十三億人，壞的事情再小乘以十三億就變得巨大，好的事情再大分給十三億就變得微不足道。另一個國情就是，我們九百六十萬平方千米看起來很大，但是真正能用的地方和資源是非常有限的。第二個問題是個性

不夠張揚和社會的民主與法制有待進一步加強的問題。第三個問題就是我們的自我認識和創新意識都有待進一步提升。

所以我們全民族都面臨著巨大的挑戰。在這樣的背景下中國向何處去？我覺得最根本的就是堅持中國特色社會主義現代化。中國特色就是要把社會主義和現代化結合起來，把社會主義與市場經濟結合起來，這就需要貫徹落實科學發展觀。

首先，從科學發展觀的角度來看，過去我們重視規模與速度，現在應當特別重視發展的結構、品質和成本。三十年來我國的改革開放創造了兩個世界奇跡，一個是好的奇跡，就是經濟增長速度世界第一；還有另外一個我們經常忽略的「奇跡」，就是我們的每一個GDP的增長所消耗的資源和能源是國際平均水準的兩倍，甚至兩倍以上。而我們恰恰是一個資源和能源相對匱乏的國家。如何實現全面、協調和可持續發展，是對於執政黨的重大考驗。

其次，要堅持「以人為本」。我們很多人對「以人為本」往往有一個誤解，就是認為「以人為本」是只照顧人的利益，實際上「以人為本」不但包括照顧人的利益，同時也包括發揮人的作用，通過我們的教育，使人們由自然人向社會人轉化，成為一個自覺的主體——不僅僅消費物質資料，而且要生產物質資料，成為一個奉獻者。

再次，構建和諧社會。我們現在強調構建社會和諧，正是因為社會存在著太多的不和諧因素，東部和西部，南部和北部，各個行業和各個部門之間存在如此巨大的差距，超出了一定的程度會帶來很大的社會問題。

最後，對於每一個人來說，這裡最為關鍵的問題是如何成為一個現代人。現代化和全球化最重要的標誌之一是讓每一個人都直接與全

球產生連繫，而且使全球成為每一個人都可以發展的空間。中國的高等教育正在步入現代化的進程，面對這種進程我們應該如何更好地發展我們自身？實際上，無論是從大學角度還是從個人角度來看，今天我們的大學都承受著巨大的使命。我們要承載三位一體的使命——教書育人、科學研究、服務社會，而從功能的角度來看，更為重要的是要突破保守，推進創新。教育本意是要保守和傳承，是要後人跟著前人的思路去學習、去行動、去生活。大學的產生是為了要傳承文化，因此就其功能而言，大學是具有保守性的。但是我們現在要賦予教育以創新的意義，要教會後人繼承前人，又要勇於和善於突破前人。這不是所有的學校、所有的老師都能夠做到的。這對我們的教育體制來說是一個極大的考驗，對教師的水準和素養來說也是一個極大的考驗。為此我們要加強科技創新，提升人類智慧，強化社會服務，創新先進文化。

借用馬克思、恩格斯的話來對我今天的報告做一個小結，那就是，中國特色的社會主義現代化，在當前的運動中同時代表著運動的未來。應該看到，社會主義的命運、現代化的命運和中華民族的命運是密不可分地連繫在一起的。通過不斷深化對於現代化的認識，深化對於社會主義的認識，中華民族將會在思想理論上和實踐活動中變得更加自覺，更加科學合理和有效地走上一條偉大的復興之路，並為人類文明的未來發展做出更大的貢獻。

2009年於華中科技大學演講
歐陽來祿根據錄音整理

墨子與楊朱

易中天　廈門大學中文系教授

　　我今天講的是《墨子與楊朱》，這是一個比較嚴肅的話題。《墨子與楊朱》是我最近在中央電視臺講「先秦諸子百家爭鳴」的一部分。諸子之中，大家比較熟悉的就是孔子、老子、孟子、莊子，對於墨子和楊朱大家都比較陌生，尤其是楊朱。但其實在戰國中期，墨子和楊朱是赫赫有名的。孟子曾說：「楊朱、墨翟之言盈天下，天下之言，不歸楊，即歸墨。」這句話的意思就是孔子之後，孟子之前，我們中國思想文化界最了不起、影響最大的兩位思想家就是墨子和楊朱。

　　孔子是我國歷史上第一位偉大的思想家，孔子生活在春秋晚期，這裡就會有個疑問，為什麼說孔子是第一位思想家呢，不是還有老子嗎，老子不是在孔子的前面嗎？我的看法是：老子這個人存不存在需要商榷。司馬遷《史記》中記載過老子這個人，可能是有，但是如果說司馬遷《史記》中記載的老子就是《道德經》的作者老子，這個卻不一定。《史記》中對老子的記載很不清楚，我們知道司馬遷是一個非常偉大的歷史學家，他的記載應該說大部分是非常確鑿可靠的，經過多方研究、篩選、考證之後，他才會寫下來，但唯獨老子是個例外，他說老子可能活了一百六十多歲甚至兩百歲。我們做學問講究「內證」，就是研究對象本身所提供的證據，那麼對於老子，他的內

證是什麼呢？就是《道德經》這本書提供的證據。我們如果讀一下老子的這本書，就會發現書中很多內容只可能在孔子之後。比如說，老子的這本書很明顯是批判國家的，尤其是它的第三十八章《上德不德》，為什麼說我認為老子這本書是批判儒家的總宣言，因為總宣言講了這樣一句話：「故失道而後德」，就是說道沒有了德就出來了，「失德而後仁」，即德沒有了仁就出來了，「失仁而後義」，仁沒有了義就出來了，「失義而後禮」，義沒有了禮就出來了。這是《道德經》第三十八章中的原文，描述的是從原始社會到國家時代，從西周封建到戰國末年的整個社會發展史。「失道而後德」指的是周公，我們知道儒家《禮記》的說法，我們古代第一個時代叫「大同之世」，「大同之世」的特點是「大道之行也，天下為公」，對於這句話我個人的理解是：第一是財產公有；第二是酋長公選。然後《禮記》中說「大道既隱，天下為家」也就是「家」天下。「家」天下鼎盛的時期就是西周，西周封建制度的特點就是周公提出來的以「德」治國，周公之所以要提出以「德」治國，因為他要解決一個問題，就是政權的合法治理。我們都知道周王侯是通過武裝革命把普天之下的領導權從殷商王侯那裡奪過來的，也就是所謂的武王伐紂。由此就產生了一個問題，這天下既然以前是殷商的，你憑什麼奪過來坐天下呢？一直到孟子的時代都有人問，認為周武王、周文王本是殷商的臣子卻成了君主，這不是弒君篡位、犯上作亂嗎？因此周公就想辦法解決這個問題，周公給大家介紹了這樣一種觀點，用通俗的話解釋就是：我們頭頂上是天，腳踩的是地，天是圓的，準確地說天是一個半球形，地是正方形的，這個正方形的正中是現在河南省的登封市，登封市裡面有座盥洗臺，盥洗臺下面原來有個石頭叫「地大」，它對應天上的天

星，「地大」後來被「文革」的紅衛兵砸了，那不就天下大亂了嗎？傳說這個東西是周公測量的，這就是中心的地方，向東、西、南、北走都是等距離的，而且這個正方形的東西南北各有一個海，叫「四海」，所有我們居住的地方叫「四海之內」，「四海之內」即等於「普天之下」，由此我們可以知道當時我們中國人的天下就是「全世界」，出了這個「方框」就是海，天下就是全世界。所以周推翻了商就意味著取得了全世界的領導權，我們這個全世界就好比一個總公司，這個總公司的董事長是「天」，但是董事長是不管事的，一個好的公司是由總經理來打理的，總經理是誰呢？是天子。為什麼叫天子？即天的兒子，天的嫡長子，天的第一個正妻所生的兒子叫天子。所以天下的領導權是上天授予天子的，這個授權就叫天授。所以我們看後代皇帝的聖旨開頭都是「奉天承運皇帝詔曰」。「奉天承運」也就是說本總經理獲得了「天」董事長的授權。「天」有這個授權，但是如果「天」覺得這個總經理不英明，要撤換他、要換屆，就要通過革命。「革」就是去除，去掉授權就叫革命。革命在周武前發生過兩次，一次是商革夏命，商湯王把夏王的命革掉了，現在我們周革殷命，我們周武王把商朝的命革掉了。革命的理由是什麼？是「德」。「天」這個董事長選總經理的時候看的是德。夏桀失德，天就把這個授命給了商湯；殷紂又失德，天就把這個授命又給了周武。「德」就是道德的「德」，有道德就可以得到天下，既然以德得天下，那麼就要以德治天下，這就是以德治國的含義。

周武王伐紂勝利兩年後就逝世了，攝政的是周公，周公的時代就是「德」的時代。為什麼是「德」的時代？因為大道既隱，天下為家，進入了小康社會。到了春秋的時候這個「德」就沒了，於是孔子

提出了「仁」，熟悉孔子的人都知道，孔子理論的核心就是「仁」，這是春秋晚期。到了戰國中期的時候「仁」不頂用了，孟子就提出了「義」，「孔曰成仁孟曰取義」。孔子與孟子的區別就在於，孔子講仁孟子講義。但是到了戰國末期，孟子講的義也不管用了，於是荀子出來說「禮」。這樣的一個時代就是「失道而後德，失德而後仁，失仁而後義，失義而後禮」的時代。這個發展過程，孔子之前的人，怎麼可能知道呢？而且老子一書明確地以儒家為批判對象，他怎麼可能在孔子之前呢？誰都知道批判者一定是在被批判者之後的，所以我認為老子的《道德經》絕不可能早於孔子。所以老子之書的作者絕不是孔子之前和孔子論過理的老子，我們應該知道「老子」的子就是先生，老子就是老先生，孔子之前可以有個老先生嗎？這個可以有。而且它可能留下了一些東西，到了孔子之後，就有一個人或是好幾個人把流傳的那個「老先生」的隻言片語加上自己新的體會和新的思想編成了一本書，取名老先生。他為什麼不用自己的名字而用老先生的名字？因為老先生的名氣更大！古人寫書經常借用別人的名字，所以我認為孔子是第一位偉大的思想家。

那麼孔子之後走上歷史舞臺的兩位就是墨子和楊朱，墨子可能靠前一點，接下來是楊朱，中國的排名是孔子、墨子、楊朱、老子、孟子、莊子、荀子、韓非，應該是這樣的一個時間表。墨子和楊朱是孔子之後、孟子之前在當時思想文化界影響最大的兩個人物，但是這兩位人物的命運也非常具有戲劇性。秦始皇焚書坑儒、漢武帝獨尊儒術後，先秦諸子的流傳情況是：秦始皇一統天下以後，法家學說被欽定為國家意識形態，以禮為上，秦帝國尊法家。西漢初年道家學說成為國家意識形態，漢武帝以後儒家學說成為國家意識形態，但是實際上

漢武帝以後，歷代王朝統治者統治中國的思想武器有兩個：一個是儒學，一個是法學，或者說一個是儒家學說，一個是法家學說。表面上是儒家的那一套，骨子裡卻是法家的那一套。有人說半部論語治天下那是騙人的，實際上真正治天下的還是法家的那一套，但是用儒家的東西先忽悠讀書人，再讓讀書人忽悠老百姓，所以我的說法是半部論語統天下。因此漢武帝以後，儒家學說和法家學說成為執政黨，道家學說成為參政議政的在野黨，墨家學說就是「地下黨」。墨家學說基本上沒怎麼被研究，一直到晚清才被發掘出來，尤其是西學東漸以後，學西學的人發現墨子很了不起，他的思想和西方的很多思想可以接軌，墨子的書裡面有自然科學和工程學的論文，它有針孔成像和凹凸鏡原理。但是此前的墨家學說是不一樣的，楊朱並沒有留下重要的事件，墨子好歹在《史記》中還有一句話，而楊朱一個字都沒有，墨子的書好歹傳下來了，而楊朱一篇也沒有傳下來。因此我們就會覺得很奇怪，想當年墨子和楊朱都是學術超人，他們怎麼就人間蒸發了呢？我認為原因只有一個，就是這兩個人都有獨特而深刻的思想。因為獨特，所以風靡一時，因為深刻，所以不被理解。因此我們就要問，墨子和楊朱提出了什麼深刻思想呢？簡單地說墨子就是「社會主義」，楊朱是「個人主義」。也就是說墨子提出了社會公平與正義，楊朱提出了個人的權益與尊嚴。墨子和楊朱剛好是相反的，是兩極，一個是左派一個是右派。墨子是左派，楊朱是右派。

我們知道春秋戰國時期為什麼會出現百家爭鳴，一個直接的原因就是天下大亂。天下為什麼大亂呢？我前面講了，當時的天下是一個總公司，總公司的總經理是天子，董事長是天。總公司下面有很多分公司，分公司叫作國。分公司國的董事長是天子，總經理是國君或者

說是諸侯。什麼叫諸侯呢？就是諸多的侯叫諸侯。分公司國下面還有子公司，子公司叫作家，家的董事長是諸侯，家的總經理是大夫。是這樣一個三所有，或者說是三級分權，層層轉包的一個結構，它們屬於集團公司，集團公司裡面的國是獨立經營的，象徵性的交點管理費，比如說楚國當時交的管理費是濾酒的茅草，我們古人是用小米釀酒，釀出的酒是混酒，需要過濾。過濾出的清的部分用來敬神，濁的部分就是酒糟。那個時候沒有濾池，過濾需要我們楚國生產的茅草。但是到了春秋中晚期以後，楚國沒人去交茅草了，所以齊國才去攻打它。春秋時候作戰很有意思，兩國的軍人都是坐在戰車上的，平民背武器和糧食。擺好陣勢以後要先說話，一天之內決出勝負。然後還有規矩，戰敗的一方往後撤退，撤退五十步進入安全區域。所以後來有一句成語叫「五十步笑百步」，這句話的典故來自《孟子》，孟子說：「有一個人逃跑了五十步，有一個人逃跑了一百步。五十步的人笑一百步的人可以嗎？」回過頭講，春秋時期國、家都是獨立經營、自負盈虧的一個狀況。為什麼天下大亂呢？是因為大家都不講規則，以至於到了子公司瓜分分公司的程度。比如說趙、魏、韓三個大夫把晉國給瓜分了，實際上孔子所在的魯國早就被分了。魯國有三個大夫，三個大夫掌握了魯國的國政，然後一個人說我們把魯國給分了吧，這叫私吞國力之財。還有我們所在的楚國，楚國在西周封的是子爵，我們都知道西周封建諸侯都有爵位，公、侯、伯、子、男。公爵為重伯，侯爵為二等爵公伯，齊國、魯國、晉國為侯爵，三等爵伯爵鄭國，楚國子爵四等爵，許國為男爵。但是楚國分法不一樣，楚國成為南方之強後，他把隨國（也就是在湖北隨州市）一起劃分為中原。隨國是周天子同姓的國，都姓姬。楚王說，我聽說你們中國（中原地區

也叫中國）很文明，物質文明、知識文明、政治文明、生態文明建設得很不錯，寡人想去你們中國學習學習，不過我們楚人是野蠻人，封爵喜歡帶槍，為了保證我們見面的時候萬無一失，能不能將我們的爵位提一提啊？周天子不批准，說剛封的什麼爵就是什麼爵，不能動。楚王就說，你不加我自己加，我稱王！楚國是第一個稱王的分封國。實際上也就是原來的一些家變大了，原來的國變大了，比如楚國；原來的一些國變小了，比如魯國，變小了的後來就被消滅了。因此春秋戰國時期所謂的天下大亂是什麼呢？即是資產重組。在這樣的情況下，孔子提出的方案，就是回到原來的自由。儒家是搞「計劃經濟」的，他還是嚴格按照計劃經濟的模式，即大部分的家不能比諸侯國富有，諸侯國不能比天子富有。墨子說，天下為什麼合，資產為什麼能夠重組？難道所有的人都可以來重組嗎？不是，還是誰有實力，誰才能夠重建。因此墨子說天下大亂的根本原因就是弱肉強食，而之所以出現弱肉強食的現象，是因為這個社會沒有公理和正義。這句話怎麼解釋呢？比方說一個人偷了一個桃子，偷了一個李子，大家說他不對，如果這個人偷了一隻雞一個狗，就說明他的錯誤更嚴重，所以墨子說偷雞摸狗的罪過比偷桃子李子大，偷牛偷馬的罪過又比偷雞偷狗的罪過大，那如果是殺人犯呢？當然殺人的罪比盜竊的罪重。可是這個時代的一些國君和諸侯，帶著軍隊侵略別的國家，侵佔別人的土地，掠奪別人的財產，屠殺別人的人民，難道不比殺人犯的罪過大嗎？一個老百姓偷了別人一隻雞，官府就要把他關到監獄裡去，而這些國君與諸侯偷了一個國家，最後反被稱為英雄，天底下哪有這樣的道理呢？墨子說去看看我們現在的國君和大王，天天侵略別的國家，天天打仗。春秋無義戰，從春秋開始，戰爭都是侵略性的戰爭。他們

去侵占別人的土地，屠殺別人的人民，掠奪別人的財產，打了勝仗回來，還要把戰績寫在史書上、著在《禮記》上、刻在石頭上，向自己的指揮軍部顯示誰都沒有我搶得多。那麼請問，一個老百姓可以去鄰居家搶鄰居的糧食，抓鄰居家的狗，殺鄰居家的孩子，然後也寫一個書，作為家譜，傳給自己的孩子子孫，讓他們記住，你們的老祖宗搶得最多，這樣可以嗎？但又為什麼統治者這樣做了，叫英雄業績，而老百姓做了就叫違背天理呢？這說明我們這個社會王權沒有公平和正義。所以墨子對當時的批判力度還是非常大的，墨子說社會不應該這樣，人生而平等，所有人都是平等的，既然這個社會不平等，這個社會弱肉強食，沒有公平和正義，那我們就應該建立一個公平正義的社會。那麼墨子心中公平正義的社會是什麼樣的呢？第一是自食其力，墨子說一個公平正義的社會所有人都得勞動，不能不勞而獲，他也承認腦力勞動，他認為腦力勞動和體力勞動都是勞動，比方說國君的勞動就是治國，大夫的勞動就是幫助國君治國，農民的勞動就是種地，婦女的勞動就是織布，這些都是勞動。但是作為一個國君不治國，作為一個大夫不上朝，那麼就不行，這就不是自食其力。第二是各盡所能，就是每個人適合做什麼工作就做什麼工作，適合做工的就做工，適合務農的就務農，適合教書的就教書，適合治國的就治國，各盡所能。第三是按勞分配，社會分配的原則應該是貢獻大的多得，貢獻少的少得，沒有貢獻的不得，不能無故富貴。什麼叫無故富貴？即有些人根本不勞動，就因為家庭出身好，生下來就是錦衣玉食，榮華富貴。第四是機會均等，要給社會所有人提供一個公平競爭的均等機會，墨子說，官無常貴，民無終賤，就是說，一個人當官不意味著他永遠當官，一個人是打工的不能說他會永遠打工，要看人力、看貢

獻。第五是互利互愛，一個好的社會，人與人之間應該互相幫助、互相疼愛，墨子說，我們要兼愛，兼愛就是平等的愛，給每個人一樣的愛，也就是博愛。墨子說你愛別人，別人也會愛你，你幫助別人，別人也會幫助你，你恨別人，別人也會恨你，你害別人，別人也會害你。所以要在心裡想一想，你是得到愛和幫助合算還是得到恨和禍害合算呢？既然我們每個人都是想得到別人的愛和幫助，那我們也應該愛別人和幫助別人。你也愛別人幫助別人，我也愛別人幫助別人，他也愛別人幫助別人，大家都愛別人幫助別人，最後的結果是大家都得到了愛和幫助，這就是雙贏。墨子是中國歷史上最早提出雙贏觀念的思想家，愛人者人恒愛也，這就是墨子希望的社會，即是一個公平正義的社會。那麼問題就來了，這麼好的理想、這麼好的人為什麼就變成了地下的黨派了呢？很簡單，老百姓不願意，統治者也不願意，統治者為什麼不願意呢？因為墨子的五條標準中有一條是社會均等，而當時的君主制是世襲制，世襲制就能保證自己的兒子以後也能享受這麼好的待遇，因此歷史上那些弱智皇帝多了去了。晉代有個皇帝叫晉惠帝，上朝的時候有人報告聖上，今年災荒，老百姓都沒有飯吃，晉惠帝說他可以吃肉啊。這種人就應該下來。所以統治者當然不願意。那老百姓為什麼也不願意呢？按照墨子的社會理解，墨子為什麼會提出這一套社會理想？因為他有一個哲學上的前提，叫作人是勞動的存在物。什麼叫作存在物呢？墨子定義人是勞動的存在物，荀子定義人是道的存在物，西方國家定義人是理性的存在物。哲學要研究「人是什麼的」這個問題。墨子說人和動物的根本區別在於動物可以不勞動。動物的羽毛就是衣服，自然界的水草蟲魚就是糧食，動物不耕地也能生存，而人不勞動就不能生存。人只能勞動，只有勞動是正常

的，一切勞動以外的事情都是不正常的。墨子有一個學生，入學三年天天勞動，臉黑得像煤炭，手上都是繭，卻一直不敢向老師問一個問題。墨子自己看不過去了，請他吃飯說：「孩子，難為你了，你到我這到底想學什麼？」學生跪下來說想學守城，防守、保衛城池。墨子還有一個問題就是他解決不了平等以後該怎麼辦的問題。我們大家都是平等的，如果有個事情需要做，那聽誰的？每個人都有言論權，每個人都可以發表意見，而我們的意見不可能是一樣的。墨子提到了「尚同」，就是意見不統一則聽上一級的，也就是村民意見不統一聽村主任的，村主任意見不統一聽鄉長的，鄉長意見不統一聽國君的，國君意見不統一聽天子的，最後還是天子一個人說了算。那麼這裡就會出現一個問題即是，這究竟是人民民主還是君主獨裁？它必然會走向君主獨裁。但是墨子解決不了這個問題，他有個說法，即為什麼我們要聽天子的？因為天子是天的兒子，是天選擇的，肯定是精英中的精英。而墨子是草根，他一直為草根說話，但是他的自我理論是精英治國。天選擇最聖明的人當天子，選次聖明的人當國君，然後選再次的人當鄉長，再選最次的人當村主任來統治我們這些老百姓。既然天子是最聖明的，他就要表現聖明，怎麼表現聖明？墨子這樣說，一個農民幹了一件好事或是壞事，他家裡的人不一定知道，他的老鄉們也不一定知道，可是天子卻不一樣，天子可以直接獎勵或是懲罰這個農民，所以所有人都說天子是聖明的。這就很奇怪了，家裡人和鄉裡人都不知道，天子卻知道，這是為什麼呢？所以墨子提出：有耳目。耳目就是所謂的特務，家裡人有些不知道，老鄉也不全知道，但是個別人知道，就向天子彙報了，因此天子是什麼事都知道的。所以墨子的學說沒有被後世採納是有原因的。接下來說楊朱。

楊朱的觀念被簡稱為四個字，叫「一毛不拔」。原文是「拔一毛利天下，不為也」。他和墨子（的學說）是完全相反的，墨子是毫不吝惜，楊朱是毫不利人，以至於楊朱一直被當作歷史上極端自私的典型不斷地被批判。由此會產生一個問題，即如果楊朱真的是極端自私的，那麼他怎麼可能風靡一時呢？我們看歷史提供的材料，《列子》上記錄的話並不是歷史上楊朱的原話，但它也是曾經存在過的一種思想。墨子的學生禽滑厘去問楊朱說，請問先生，拔你身上一根毛來拯救天下，你願意嗎？楊朱說，天下可不是一根毫毛就可以拯救的。禽滑厘說，假如能，你願意嗎？楊朱沒理他，禽滑厘沒辦法就去問楊朱學院的學生，這個學生叫孟孫陽，他對禽滑厘說：你是不理解我先生的良苦用心啊！我來替先生解釋吧！你問先生拔一根毛能不能拯救天下，那我問你，拔你一根，給你一萬塊錢，你幹不幹？禽滑厘說：幹！孟孫陽又接著問，砍掉你一條腿，給你一個國家，你幹不幹？禽滑厘沉默了一會，然後孟孫陽說，是的，我們的一根毛和皮膚比是很微小的，一塊皮和一條腿比微不足道，一條腿和整個身體比也是微不足道的，難道因為它微不足道就不把它當一回事嗎？從中我們可以得到這個道理，即首先不能亂開頭，你說我的毛是可以協助你的，我今天同意拔一根毛，明天你可能就撕我一張皮，後天就會挖我一塊肉，再後天就會砍我一條腿，再後就可能會要我的命，這僅僅就是因為輕易地開了個頭。所以為了我的一條命，我只能一毛不拔。這是第一點。第二點，局部就一定小於整體嗎？沒有局部哪來的整體，我們為什麼有這個身體？是一根毛一根毛積累來的。我們今天拔一根毛，明天拔一根毛，所有的毛很快就會被拔光了，憑什麼？不要說，大河不滿小河乾，這個觀點是錯誤的，正確的說法是小河不滿大河乾。長

江、黃河中的水都是從山裡的涓涓細流彙集而來的，如果我們今天在山上堵住一個泉眼，明天在山上堵住另一個泉眼，那還有長江黃河嗎？我們現在講的環保就是要保護源頭。第三點，楊朱是一毛不拔，雖說楊朱是毫不利人，但楊朱也毫不損人。楊朱的主張是，我一毛不拔，你也可以一毛不拔，所有人都可以一毛不拔，我不讓你拔我的毛，我也不拔你的毛。而且楊朱後面還有一句話，但常常被人忽略，楊朱的原話是：「拔一毛利天下，不為也，悉天下奉一身，不取也。」意思就是把普天下所有的財富給一個人，也是不對的。而當時的社會現實是什麼樣的呢？是統治階級忽悠老百姓，忽悠人民群眾，讓群眾都給他拔毛，拔了給他一個人享用，這才叫極端自私。所以楊朱的應付辦法是，你們統治者想來忽悠老百姓，那我們就告訴你，我一毛不拔！我不上你的當！而且楊朱最後還有一個說法，他說：「人人不損一毫，人人不利天下，天下治矣。」這就是典型的道家思維。莊子後來提到了「相濡以沫」這個相同的觀點，莊子說這是最高的境界，但不是最好的社會，最好的社會是「相忘於江湖」，於是就有了「相濡以沫不如相忘於江湖」這句話。所以有次我在央視做見義勇為英雄的節目時說過這樣一句話，我說我十分崇敬這些見義勇為的英雄，但我絕不希望每個人都有成為見義勇為英雄的機會，因為一旦有了見義勇為，就意味著有兩個前提，不是天災就是人禍，只有出現災難犯罪時，才需要見義勇為，我們不需要這樣，但是我們只能這樣期望。所有我們絕不能否定見義勇為、相濡以沫，但是我們還是要讀出楊朱、莊子他們思想背後的意義，才能保護自己，那就是個人權利和尊嚴。實際上他要表達的是這樣的意思：一個美好的社會，一個和諧的社會，一個理想的社會，一個天下為公的社會，不能以犧牲個人權益為

代價。實際上楊朱不但主張一毛不拔，還主張天下為公，楊朱真正反對的是侵占，他說，自然界不是人類的，小動物不是人類的，我們不能侵犯它們。所以他堅守的立場是毫不損人，但是他的表述方式是毫不利人，這就提醒我們在主張天下為公、主張和諧社會的時候，要有個觀念，就是充分尊重個人權益和尊嚴，只有當每個人的權益和尊嚴得到尊重的時候，整個社會才會得到尊重。這就讓我想起了馬克思和恩格斯在共產黨宣言裡面談到的一些內涵，即他們把共產主義社會稱之為一個聯合體。馬克思和恩格斯說，在那裡每個人的自由發展是一切自由發展的前提，只有當我們每個人充分、自由而全面地得到發展，那樣的社會才是真正美好的社會，才是馬克思和恩格斯所嚮往的共產主義社會。但是這樣的思想的確很難被理解，這也是楊朱最後人間蒸發的原因。但是我要聲明的是，由於楊朱沒有留下研究材料，他只留下一些隻言片語和一度被認為偽書《列子》中的一篇文章，我個人可以肯定地說，我現在解讀的應該就是歷史上的楊朱的思想，但是畢竟是歷史上曾經有過的一種思想，而我對這個思想的解讀也已經很現代了，我不能百分之百地保證我的解讀就是歷史上那個楊朱的思想，但是我想作為我們民族思想歷史上的里程，我們可以用這樣的辦法解讀和繼承，這就是我想向大家報告的墨子和楊朱。

2009年於華中科技大學演講
陳晨晨根據錄音整理

科學・文化・生命
——論科學生活的人文復歸

孟建偉　中國科學院研究生院教授

今天主要講科學。科學哲學是我的本行。我對科學的理解是從文化、生命這個角度來理解的,因而得出科學生活的人文化和科學生活的人文複歸這些理念。這是一些比較新穎的理念。以前我們講科學的時候,很少講到科學生活人文化的問題,覺得科學就是科學,它是邏輯的和實證的,對就是對,錯就是錯。它仿佛同人的生活無關,也不存在人文化問題。

然而,藝術非常不同,它非常關注人的生命,關注個體生命的生存處境和心靈體驗。一個藝術家,除了技能和技巧以外,更重要的是,還要將生命的內容融入作品,將藝術家本身的存在狀態和其創作的作品緊密地連繫在一起。西方文藝復興發現了人,在當時發現了人也就意味著發現了藝術。什麼是藝術?藝術不僅僅只是人對客觀世界的描繪。藝術家與其說在描繪那個客觀世界,不如說其在憑藉客觀世界描繪自己的心靈。沒有偉大的心靈,就沒有偉大的作品!這就是說,藝術和生命是密切相關的。所以,藝術生活的人文化這個問題不用多講,它必然要人文化。沒有人文化的藝術生活,就不是真正意義上的藝術生活。因此,藝術哲學本質上就是一種生命哲學、詩性哲學和人文哲學。

但是反過來說,科學似乎很少關注個體生命的生存處境和心靈體

驗，很少關注科學生活的人文化問題。前不久，我在接受《科學時報》採訪時，提到科學教育的人文化問題。科學教育的人文化同科學生活的人文化二者密切相關。的確，長期以來，科學及其教育往往被認為同人的生命和心靈沒有多大關係，科學仿佛就是做實驗和追求客觀的東西。於是，科學哲學在本質上往往就是實證哲學、邏輯哲學和分析哲學，幾乎無關於任何生命體驗，幾乎沒有任何詩性哲學和人文哲學的色彩。

大家知道，現代西方哲學包括兩類哲學：一類是科學哲學；另一類是人文哲學。這兩類哲學大有實證哲學、邏輯哲學與分析哲學同生命哲學、詩性哲學與體驗哲學的截然區分。科學哲學的主題是「科學的邏輯」，而人文哲學的主題是「詩意地生存」。像尼采、海德格爾等這樣的哲學家都是詩人哲學家，他們講的都是詩性哲學。尼采將藝術世界看作是夢和醉的世界，強調「藝術是生命的最高使命和生命本來的形而上活動」。海德格爾認為，「一切藝術在本質上都是詩」，強調「人，詩意地棲居」。可是，我們在科學中為什麼很少講到「詩意」和「生命」，也很難找到「詩意」和「生命」呢？

我一直在思考，科學與人文到底有沒有關係？我們搞科學的人能不能有更多的人文氣息？能不能有更多的生命的激情、更多的詩意、更多的快樂、更多的浪漫，從而有更多的幸福感？馬克思說，科學是「一種在歷史上起推動作用的、革命的力量」，是「歷史的有力的槓桿」，是「最高意義上的革命力量」。就是說，科學不僅在推動著人類的解放，而且是推動人類解放最偉大的力量。所以我經常在想，我們的科學家是否也需要一種解放，從而讓他們去更有力地推動科學的進步。為什麼在理論上一講科學，就是邏輯和實證，好像同人沒有多

大關係。在科學實踐領域裡，人文氣息也少得可憐，仿佛大家都在做項目，有的同學還把老師稱為老闆；我們的研究狀態有些類似技術作業，就是不斷地勞作，只顧做了多少課題，發了多少論文，影響因數是多少，而不顧人的生命體驗如何，究竟美好不美好、詩意不詩意、幸福不幸福？於是，我提出了這樣的一個問題，即科學生活的人文化問題或科學生活的人文複歸問題。

提出這個問題也同我的自身體驗有關。大家知道，我是搞哲學的，哲學對我的內心世界影響很大。我內心世界嚮往一種純粹的精神高度，充滿著理想主義，並富有激情。我覺得，我的哲學和我的生命是完全緊密地融合在一起的。可以說，哲學就是我內心深處想要表達並且不能不表達的東西。哲學就是我的生命，哲學就是我的幸福。於是，我在想，能不能把我的這種生命體驗跟學科學的同學分享一下。如果有同學因此也有這種生命體驗，並能引起共鳴，那麼，我會感到非常高興和欣慰。

科學生活的人文缺失，這是一個當代科學實踐所要反思的重要問題。也就是說，我們原本搞科學的人能不能更加人文地生活。如果我們把人文擱置一邊不加考慮，不去領悟人文的真諦和精神，那麼，我們走的將會是一條封閉的道路，到頭來我們也很難領悟科學本身的人文意蘊、人文內涵和人文價值，從而不僅影響科學生活，而且制約科學創造。科學和人文的深刻關係一定要搞清楚，因為它不僅有重要的理論意義，而且有重要的實踐意義。

為什麼科學生活會有人文缺失？第一個根源應當歸咎於知識論的缺陷。應當看到，當代流行的、占統治地位的科學觀和科學哲學，是知識論的科學觀和科學哲學。所謂知識論的科學觀，就是用知識論的

觀點來理解科學，將科學看作是一種與生命個體無關的純粹客觀的知識，而不是用文化論的觀點來理解科學，將科學看作是一種由無數生命個體創造的文化，知識只是這種文化的結晶。於是，它所關注的往往只是科學的實證性、邏輯性和分析性，而大大忽視了科學的思想性、創造性和人文性。因此，建立在這種科學觀基礎之上的科學哲學必然是一種實證哲學、邏輯哲學或分析哲學，必然同生命哲學、詩性哲學或人文哲學無關，因而也必然同人文化的科學生活或科學生活的人文化這一主題無關。

其實，科學的內涵遠遠比知識論所理解的要寬闊得多、深刻得多。科學具有深刻的人性。什麼是科學？從某種意義上可以說，那些在歷史上走在科學最前沿的人所搞的科學就是科學，像伽利略、牛頓、愛因斯坦、海森堡、狄拉克等，他們搞的科學就是科學。這同藝術非常類似。什麼是藝術？從某種意義上可以說，那些歷史上走在藝術最前沿的人所創造的藝術就是藝術。什麼時候你能獨立自主地提出你自己的原創性的科學思想，你就是科學家；同樣，什麼時候你能獨立自主地提出你自己的原創性的哲學思想，你就是哲學家。這是你自己原創性的思想，思想是至關重要的。科學是人創造的，而不是神創造的。科學實際上是我們人類在這個領域中最傑出的人所提出的最傑出的思想，這才是科學。所以，科學和個體的生命是緊密地連繫在一起的，是那種最傑出的人和最傑出的思想所依託的生命，決定著其思想及其創造性的高度和深度。從某種意義上說，正是因為科學和人類個體的生命緊密連繫在一起，在很大程度上決定著科學的歷史性和人文性，當然，也決定著科學的可錯性。

知識論的科學觀的最大問題是什麼呢？在於它切斷科學的文化之

根和生命之根來理解科學，切斷知識的文化之根和生命之根來理解知識。於是，知識變成了科學最根本的東西，而創造科學及其知識的人、文化和生命變成了可以忽略不計的東西。殊不知，離開文化之根和生命之根的科學，只是一種沒有文化和生命的科學；離開文化之根和生命之根的知識，只是一種沒有文化和生命的知識；而離開文化之根和生命之根的科學哲學，也只是一種沒有文化和生命的科學哲學。因此，從根本上說，這是一種以知識為中心或以知識為本的科學觀和科學哲學，而不是以人為中心或以人為本的科學觀和科學哲學。今天的科學哲學實際上或多或少地存在著這種傾向。在那裡，我們只看到表面浮現的知識，而看不到深層湧動的思想；只看到人所創造的科學成果，而看不到創造科學成果的人。當然，更看不到創造科學成果的人究竟需要什麼樣的思想文化、什麼樣的精神境界、什麼樣的生命個體、什麼樣的人文環境。我們之所以要提出科學生活的人文化或科學生活的人文複歸問題，關鍵就在於，有什麼樣的思想文化、什麼樣的精神境界、什麼樣的生命個體和什麼樣的人文環境，對於科學創造來說都是至關重要的。

最近，文化問題很熱，中國科學界正在宣導創新文化。創新文化的核心問題有兩個：一是如何最大限度地激勵人們去創新？二是如何讓西方科學在中國的文化土壤中得到創新性的發展？這兩個問題都聚焦到文化和生命這兩個關鍵字之中。如何最大限度地激勵人們去創新？需要切入科研活動的文化和科學家的生命。如何讓西方科學在中國的文化土壤中得到創新性的發展？需要切入中國文化和中國科學家的生命。在這裡，我們也能在某種程度上看到科學生活的人文化或科學生活人文複歸的重要性和必要性。知識論的科學觀和科學哲學造成

的後果是，科學與文化的分離，科學與生命的分離，還有科學世界與人文世界的分離，這不能不說是導致科學生活人文缺失的重要根源。

　　導致科學生活人文缺失的第二個根源是工具論的偏頗。工具論的科學觀和科學價值觀是導致科學生活人文缺失的又一個重要根源。什麼是科學？在工具論的科學觀的視野中，科學就是有用的工具，因此，科學的精神就是「工具理性」的精神。這個浪潮在當今社會表現得非常強烈。所謂工具論的科學觀，就是用工具論的觀點來理解科學，將科學看作是一種與生命個體無關的純粹外在的工具，而不是用文化論的觀點來理解科學，將科學看作是對大多數生命個體有著深切意義的文化，工具性只是這種文化的諸多功能和價值之一。於是，它所關注的往往只是科學的技術價值、經濟價值和功利價值，而大大忽視了科學的思想價值、精神價值和人文價值。這種科學觀和科學價值觀在培根那裡就已經有了比較完備的形態。

　　工具論和知識論是兩種既相互連繫又相互區別的科學觀。我們從培根「知識就是力量」的名言中，不難看出二者的相互連繫：工具論者首先將科學歸結為知識；然後，看到知識作為工具的力量。因此，從某種意義上說，工具論也是一種知識論，或者更確切地說，是以知識論為基礎的。沒有知識論，工具論便無從談起。

　　然而，工具論並不滿足於知識論。二者的根本區別在於，知識論的科學觀往往蘊含著「為科學而科學」或「為知識而知識」的價值觀，它所追求的是科學或知識的真理性；而工具論的科學觀則往往蘊含著「為效用而科學」或「為效用而知識」的價值觀，它所追求的是科學或知識的有用性。也就是說，前者往往將科學或知識本身當作目的，而後者則往往將科學或知識看作是服務於外在效用的工具或手

段。從這個意義上說，這兩種科學觀不僅有所區別，而且甚至是相互對立的。

工具論的科學觀和科學價值觀的最大問題在於：它同樣不是從文化論的廣闊視野中來理解科學及其價值的，即將科學看作是人類的歷史的文化活動，看作是人創造的文化。這種文化既有其內在的目的、意義和價值，又有其外在的目的、意義和價值，而工具性只是諸多外在的目的、意義和價值之一；相反，只是從工具論的狹隘視野中來理解科學及其價值，將科學僅僅歸結為服從外在的目的、意義和價值的手段和工具，從而不僅從根本上抹殺了科學自身內在的目的、意義和價值，而且也從根本上抹殺了科學外在的其他諸如思想、精神和人文等多方面的目的、意義和價值。如果說，在知識論的科學觀和科學哲學那裡，似乎還保留著某些「為科學而科學」、「為知識而知識」的文化氣息和文化色彩的話，那麼，在工具論的科學觀和科學價值觀那裡，連這些文化氣息和文化色彩也已經蕩然無存。

這種科學觀和科學價值觀的後果是，進一步加劇科學與文化的分離，科學與生命的分離，科學世界與人文世界的分離。如果說，知識論的科學觀和科學哲學傾向於將科學歸結為與人、文化和生命無關的「真的經驗命題的體系」的話，那麼，工具論的科學觀和科學價值觀則更進一步將科學歸結為與人、文化和生命無關的外在世界的工具。如果說，前者從知識的角度將人類文化切割成科學（認識）與人文（體驗）兩個截然不同的世界的話，那麼，後者則從工具的角度進一步強化了這兩個世界的區分：似乎科學世界是一個純粹客觀的技術世界，而人文世界則是一個純粹主觀的精神世界。他們的共同點是：二者都從根本上切斷了科學的文化之根和生命之根。不同點是：前者基

本上將科學看作知識理性的世界，而後者則基本上將科學看作工具理性的世界。這樣一來，科學仿佛變成脫離人和文化的客觀存在，變成了脫離生命的邏輯工具；在這個工具理性的世界中，不僅知識是一種工具，而且創造知識的人也變成了一種工具。於是，培根所說的科學「雇傭化的」毛病不僅難以克服，反而被大大強化了。由此可見，這種工具論的科學觀和科學價值觀，也是導致科學生活人文缺失的重要根源。

要實現科學生活的人文化和科學生活的人文複歸這些理念，關鍵是，要深刻理解科學的人文本性。為什麼對藝術和科學的理解有如此之大的反差呢？其根本原因在於，人們對科學與藝術的理解角度不同：前者往往從最終成果及其效用的角度來理解，而後者則往往從人的生存方式或生活方式的角度來理解。於是，許多人認為藝術就是生命，而對科學的理解往往從它的最終成果來衡量，於是，得出知識論和工具論的結論，把科學等同於結果、等同於效用、等同於理性，或者是知識理性，或者是工具理性，而大大忽略了人在科學創造過程的心路歷程。為什麼對科學的理解知識論、工具論會占主導地位？關鍵是，知識及其效用的力量太強大了，以致其客觀性在很大程度上遮蔽了其活生生的人性。的確，科學論文裡面都是客觀的公式，而很少出現第一人稱「我」，於是，科學的主體性被隱匿，論文的語言被修飾了。它好像不是由一個個個體書寫的，而是以全人類的名義書寫的，但其實它還是由一個個個體書寫的。從某種意義上說，科學研究的心路歷程比結果更重要，更接近於探索的本質，更接近於科學的本性。這種心路歷程會激發一個人的靈感、思維、想像力和創造力，它是科學發現和創造的源泉。科學發現和創造過程的心路歷程同藝術發現和

創造的心路歷程是非常相似的。如果超越知識論和工具論的狹隘視野，同樣將科學看作人的一種生存方式或生活方式，從科學的文化之根和生命之根出發來理解科學，那麼，我們就會驚奇地發現，如同藝術一樣，科學也有其深刻的人文本性。

愛因斯坦解釋了他為什麼不選擇數學而選擇物理學的原因，他稱自己在數學領域裡面直覺不太好，但在物理學領域直覺非常好。這種直覺就是生命深處最深刻的感覺。在科學生活中，這種感覺很重要，也許比某種邏輯能力和計算能力更重要，甚至比知識更重要，因為它在很大程度上決定著一個人的創造力。當然，要找到這種感覺很不容易，也許我們能夠比較輕鬆地學到各種各樣的知識，但要培養這種感覺卻難上加難，而世界上那些出類拔萃的創造者大都是一些對某個領域非常有感覺的人。這種感覺有時候在旁人看來好像不可理解，但這種感覺對創造者個人而言是至關重要的，是他們的第二生命。其實，每個人往往都有某一根神經特別發達，也就是對某一個領域特別敏感，特別有感覺，只不過絕大多數人最終沒有找到這根最敏感的神經，所以難以成才。現在人們大多熱衷於學習各種各樣的知識，而不太關注自己那根最敏感的神經在哪裡。當然，找到這種感覺的人並不多，人一輩子如能找到這種感覺是十分幸運的。從這個意義上說，搞科學同搞藝術，甚至搞哲學是一樣的，都需要那根最敏感的神經，也就是生命深處那種最深刻的感覺。如果我們從這個角度去理解科學就會得出不一樣的結論。這就從另一個角度說明了科學的人性，也就是科學的人文本性。

人為什麼要從事科學？其動力是什麼？僅僅是好奇心嗎？我認為，光靠好奇心是遠遠不夠的，因為好奇心顯然沒有那麼強大的持久

力。愛因斯坦曾經對「探索的動機」做過較為深刻的闡述。他認為，在科學的殿堂裡有兩類人：一類是為了娛樂，從中尋求「超乎常人的智力上的快感」，「生動活潑的經驗和雄心壯志的滿足」；另一類人則是為了「純粹功利的目的」。然而，這兩類人還不是科學的中堅力量。光靠他們，科學就根本不會存在，正如只有蔓草就不會有森林一樣。

　　他認為，在科學殿堂裡，只有那種大多「相當怪癖、沉默寡言和孤獨的人」，才是科學的中堅力量。他們通常對科學有兩種動機：一種是「消極的動機」，意圖逃避日常生活的粗俗和沉悶，還有擺脫個人欲望的桎梏。於是，他們選擇了精神世界，投身於科學生活。正如許多畫家、詩人、思辨哲學家一樣，他們往往同世俗的物質世界格格不入，因而要追求一種超世俗的精神世界。從「逃避」和「擺脫」的角度看，這是一種「消極的動機」。另一種是「積極的動機」。在一個超世俗的精神世界裡，無論是物理學家，還是思辨哲學家、詩人、畫家、音樂家，都在描繪世界，都在創造。物理學用數學的語言來描繪世界，而畫家、音樂家則用繪畫和音樂的語言來描繪世界，只不過所用的語言不同而已。從「描繪」和「創造」的角度看，這是一種「積極的動機」。

　　從愛因斯坦的闡述中，我們不難領悟科學的人文本性以及科學生活人文化的最深刻的含義。其一，在人類的精神世界裡，科學同藝術一樣，從根本上說也是人的一種生存方式或生活方式。對於那些偉大的科學家來說，科學是他們唯一的不能不選擇的生存方式或生活方式，他們仿佛就是為科學而生的，科學就是他們的生命；正如藝術是那些偉大的藝術家唯一的不能不選擇的生存方式或生活方式一樣，他

們仿佛就是為藝術而生的，藝術就是他們的生命。其二，選擇科學的生存方式或生活方式，如同選擇藝術的生存方式或生活方式一樣，在本質上是一種精神的和文化的選擇，而不是一種物質的和功利的選擇。儘管科學具有巨大的工具價值和功利價值，但是，那些偉大科學家的內心世界卻是非常人文的。科學對於他們來說，就是令人陶醉和寧靜的精神家園，在那裡，他們以科學獨有的方式盡情地描繪著「世界圖像」，正如藝術家也將藝術看作自己的精神家園，在那裡，他們以藝術獨有的方式盡情地描繪著「世界圖像」一樣。其三，科學的生存方式或生活方式，如同藝術的生存方式或生活方式一樣，其人文意義並非是膚淺的，而是深刻的，都直達生命之根。那些偉大的科學家們並不滿足於將科學當作自己特殊的娛樂，從而從中得到「智力上的快感」、「生動活潑的經驗」和「雄心壯志的滿足」，而是將科學當作自己的生命。尼采說：「藝術家的至深本能豈非指向藝術，更確切地說，指向藝術的意義——生命？指向生命的熱望？——藝術是生命的偉大興奮劑。」其實，科學何嘗不是如此呢？！

總之，正是在生命的最深處，我們看到了科學最深刻的人文動力和目的，看到了科學最深刻的人文意義和人文價值；也正是在生命的最深處，我們看到了科學的生命同科學家的生命的融合，看到了科學的意義和價值同科學家的意義和價值的融合。

雖然從生存論、文化論和生命哲學的觀點來理解科學也只是一個視角和維度，並不能以此來替代別的視角和維度，但是，這是理解科學的一個新的視角和維度，而且是一個十分重要的視角和維度，它比別的諸如知識論和工具論的視角和維度要深刻得多，並更具有根本性的意義。人文的好處是能改變人的心理狀態，甚至是生理狀態。藝術

能夠點燃生命。藝術生命化和生命藝術化，這種生活方式很值得借鑑。人文的生命的狀態對創造很重要，同時對我們的人生很重要。楊麗萍曾說舞蹈是她的生命的表達，科學也應該是科學家的生命的表達。這就是人的自由和解放，而且是最高意義上的自由和解放。

這種理解科學的新視角和新維度，有著十分重要的理論意義和實踐意義：

從理論上看，其一，有助於突破並超越知識論的科學觀和科學哲學的狹隘視野，由追求科學知識延伸至追求整個科學文化，特別是探究科學的文化之根和生命之根，揭示它的人文本性，把文化哲學、生命哲學同科學哲學結合起來，從而孕育一種新的科學哲學。這是一種人文化的科學哲學。其二，有助於突破並超越工具論的科學觀和科學價值觀的狹隘視野，由追求有用的科學知識延伸至追求整個科學文化，特別是探究科學的文化之根和生命之根，揭示科學的人文本性，揭示被科學外在的動力、目的、意義和價值所掩蓋的科學內在的動力、目的、意義和價值，從而孕育一種新的科學價值觀。這是一種人文化的科學價值觀。

從實踐上看，這種新視角和新維度揭示了一個非常重要的現實問題，那就是科學生活的人文化問題。既然科學有其文化之根和生命之根，有其人文本性，那麼，科學生活就應當最大限度地貼近其文化和生命，貼近其人文本性，因而應當最大限度地加以人文化。然而，事實上，由於受狹隘的知識論和工具論科學觀的影響，也由於受科學的越來越專業化、職業化和體制化的影響，加上科學與人文兩種文化的分離等多種因素，科學生活的人文化似乎已經變成了一個問題。其後果是，使得科學生活脫離了文化之根和生命之根，變得越來越外在化

和空心化，越來越離開人的內心世界，離開人的活生生的生命，以致使這個時代難以造就出類拔萃的科學大師，特別是難以造就像牛頓、愛因斯坦那樣的劃時代的頗有哲學家色彩的偉大科學家。有人說，「小科學時代出大科學家，而大科學時代出小科學家」。儘管這種說法未免有些言過其實，但的確從某個角度提出了一個令人反思的問題。為什麼存在這樣的反差？究其根源，顯然同當代科學生活的人文缺失密切相關。

2009年於華中科技大學演講

何丹根據錄音整理

西方啟蒙思想的歷程

趙　林　武漢大學哲學學院教授

　　今天我來談談啟蒙思想在西方的發展歷程。我們一聽到「啟蒙」這個詞，很容易就聯想到法國的一批思想家。因為無論是在中學所學的歷史課，或是在大學所學的政治課裡，啟蒙總是與伏爾泰、狄德羅、愛爾維修、霍爾巴特、盧梭等這樣一些名字連繫在一起。一說起「啟蒙運動」，大家就想起了一批十八世紀比較激進的法國思想家。這些思想家被稱為「啟蒙思想家」，他們最大的特點就是對宗教和對專制進行了猛烈的批判。由於他們批判宗教，批判專制，其結果自然而然就導致了兩個東西比較興盛：批判封建專制就導致了民主，而批判宗教當然就導致了科學。所以我們說五四運動中影響中國人非常深、非常大的那兩個所謂的「德先生」和「賽先生」，就是民主和科學。正是由於如此，我們總是把「啟蒙」跟十八世紀的一批比較激進的法國思想家連繫在一起。但是我們可以這樣說，法國的啟蒙運動並不是說有一批先知先覺的思想家，在某一天早上突然有了一種天才的發現，於是就蹦出來高喊著「民主」、「科學」這樣的口號，開始了理性的啟蒙。事實上，啟蒙運動作為西方歷史上的一個非常重要的文化運動，它也有它的來龍去脈，有它的發展歷程，法國啟蒙運動只是其中的一個環節。大家知道，今天到了二十一世紀，隨著現代工業文明的發展，隨著我們逐漸走向後現代和後工業化時代，西方開始出現

了很多思想家，他們開始對現代化和現代性進行批判，其中就包括對啟蒙思想本身的批判。也就是說，今天是不是已經到了要重新檢討十八世紀啟蒙浪潮的時期，我們過去可能只是看到它的一些好處，它給我們人類帶來的一些正面的、積極的價值，但是我們可能忽略了它本身的一些問題。二十世紀和二十一世紀的思想家們正在對啟蒙運動進行更加深刻的反思，開始對啟蒙理性本身進行一些批判。今天在短短兩個小時的時間裡，我主要想把啟蒙思想發展的歷程梳理一下。如果大家了解了它的歷程，你們自然就會自己獨立地思考對啟蒙本身的價值進行一個綜合的和辯證的評價。

首先我們來談一下背景問題，我們中國人，尤其是二十一世紀的中國人，可能不太埋解歐洲在啟蒙運動之前的整個社會文化背景。首先要從文化背景談起，西方文化的發展有幾千年的歷史，但是自從西元一世紀以後，出現了一種很重要的文化現象，那就是基督教。作為一種新興的文化現象，基督教在西元一世紀以後對西方人產生了越來越重要的影響，尤其是到西元四世紀以後，基督教在羅馬帝國被確立為合法宗教，到了西元四世紀末，甚至被確定為國家宗教或官方宗教。自此以後，雖然歐洲也發生了一些變亂，比如說蠻族大入侵、西羅馬帝國的崩潰滅亡等，但是，基督教反而如魚得水，在亂世中確立了對西歐人意識形態的控制。所以從這個意義上說，從羅馬帝國時期開始，基督教就在西方成了一個非常重要的，甚至是主流的宗教信仰或是意識形態。在漫長的中世紀，基督教的影響更是巨大無比。在宗教改革運動產生新教之前，中世紀的基督教分為兩大分支：西歐為天主教，東歐為東正教。我們通常把西元五世紀西羅馬帝國的滅亡到西元十五、十六世紀文藝復興、宗教改革之間的一千年叫作中世紀，我

們往往用一些負面的形容詞，如黑暗、愚昧、閉塞、落後等來指稱這個中世紀。在這個愚昧、閉塞的一千年裡，基督教幾乎牢牢控制了歐洲的所有人民，繼之成為歐洲人的安身立命之本。正是在這樣的背景下，我們把十五、十六世紀說成是歐洲中世紀與現代社會之間的一個非常重要的文化分水嶺。因為在十五、十六世紀，發生了兩場非常重要的文化運動，一場是文藝復興，另一場是宗教改革。但是這兩場文化運動，無論是文藝復興，還是宗教改革，它們從精神實質上來說並不反對基督教，它們只不過是想讓基督教變得更加人性化，更加純潔，更加具有主體性的特點。

在講啟蒙運動之前，我要簡單地給大家介紹一下文藝復興和宗教改革這兩場運動的差異、特點和它們的共同性。文藝復興和宗教改革之所以發生，實際上是與中世紀後期歐洲比較糟糕的社會狀況有關係的。我們可以借用一種歷史唯物主義的觀點，就是說歐洲社會發展到十四、十五世紀的時候，已經面臨著病入膏肓的困擾了，這時就是非要發生變革不可了。所以從這個意義上說，無論是文藝復興，還是宗教改革，這兩場運動都可以說是勢在必行。因為歐洲社會到了中世紀後期，面臨著一個非常嚴重的問題，是什麼問題呢？即一個方面，所有的歐洲人，上到國王，下到平民百姓，所有人從生到死都處在基督教信仰的影響之下，那個時候人們不知道基督教以外的任何事情。中世紀時期的社會是封建社會，人們的眼光非常狹隘，一個人一輩子可能都離不開自己的莊園，他從生到死所接受的所有文化資訊都來自基督教。在今天的網際網路時代，足不出戶便知天下事，但是那個時候的歐洲人卻是非常閉塞的，除了基督教信仰給他們灌輸的一些東西之外，他們便一無所知。

在中世紀的一千年，尤其是在中世紀中後期，歐洲所有人關心的頭等大事，就是如何能夠將原罪得以赦免，就是怎麼樣能夠贖清自己的罪。因為基督教有一個很重要的觀念，那就是認為我們都是有罪之身，因為我們的祖先亞當、夏娃犯了原罪，偷吃了禁果，違背了上帝的命令。所以從此以後，我們作為他們的子孫，通過某種遺傳作用，我們都成為有罪之身。由於這種原罪是我們生來就具有的，也就是說人性本惡，生而就有原罪，因此僅憑我們的力量是不可能把自己從原罪中解救出來的。這個道理很簡單，誠如你不能扯著自己的頭把自己拽起來一樣。因為你的本性中就已經滲透了罪，你的本性就是邪惡的，一個邪惡的本性怎麼可能自覺地向善呢？那是不可能的，這種罪惡的本性使得人在一個自由的環境中，必定會向壞的方向發展。這就是西方基督教所主張的人性論，這是與我們儒家孟子的「四端之心」正好相反的。基督教宣揚一種觀點，即由於亞當、夏娃所犯的原罪，所以作為他們子孫的人類就被註定了一種罪惡的宿命。這是基督教的一種基本信仰，這種信仰認為，一個人的本性既然已經被罪惡所汙染，那麼他是不可能單憑著自己的力量來使自己向善的，在這種情況下，就只有一個辦法可以使他可以脫離罪惡，那就是上帝的拯救，而上帝在人世間就表現為在十字架上受難的基督耶穌的形象。

當時的歐洲人對這種信仰深信不疑，因此所有人都期盼著通過對基督的信仰來使自己罪得赦免，而所謂罪得赦免就是贖罪。贖罪本身最大的意義就是對死亡的超越，因為基督教裡面有一個基本的假定，那就是亞當、夏娃原來在伊甸園裡是不死的，後來由於犯了罪，被上帝趕出了伊甸園，從此就註定了必死的結局。因此我們作為他們的子孫，通過遺傳獲得了他們的「罪」，也就註定了「死」的宿命，這就

是所謂的父債子償吧！從這個意義上說，我們所有人就會和我們的祖先亞當、夏娃一樣，終究會有一死。大家知道，對死亡的焦慮是人生最大的苦惱。因此在基督教關於贖罪的信仰裡面，就蘊含著一個極具感召力的希望，那就是死而復活和靈魂永生。這樣的一種希望，對於當時的歐洲社會來說，是非常具有感召力的。尤其是中世紀時期，歐洲的生活很閉塞、很愚昧、很落後，人們的生活狀況很糟糕。由於蠻族入侵和自然災害等原因，導致了中世紀的人口大遷徙，傳染病流行，封建社會的整個生產力非常落後，人們的眼光非常狹隘，生產力水準也比較低下，所以人們的物質生活也非常匱乏。再加上英法百年戰爭（十四世紀到十五世紀）的影響，這些天災人禍加在一塊，就使得歐洲人時時刻刻都覺得世界末日可能要到了。通過現代人對中世紀歐洲人的屍骸所做的科學測定，發現整個歐洲中世紀人們的平均壽命不到四十二歲，在某些時代，比如說「黑暗時代」的晚期，即西元八世紀、九世紀，人們的平均壽命還不到三十歲。一般人們的壽命都很短暫，很多人一生下來就夭折了。哪怕是生在帝王家，往往也是短命的。正是由於這種苦難的現實狀況，讓人們總是感覺到世界末日要降臨了。正是由於對末日降臨的這種恐慌，使得人們對基督教關於罪得救免、死而復活的信仰充滿了信心。

　　但是另一方面，當時的羅馬教會，即以羅馬教皇為首的羅馬天主教會，控制了靈魂得救的特權，所有的歐洲人民，包括國王和貴族們，他們的靈魂要想進天國，都必須獲得教會的恩准。而教會由於擁有控制人們關心的頭等大事的特權，就利用這種權力來為自己謀取各種好處。教會是由大大小小的神職人員構成的，其中地位最高的就是羅馬教皇，然後是樞機主教或紅衣主教，再往下就是大主教、主教，

一直到地方教堂裡的司鐸、助祭等。這些大大小小的神職人員，掌握了信徒，即一般老百姓的靈魂上天國的鑰匙，決定著他們最終究竟是上天國還是下地獄。在這樣的情況下，他們就可以利用這樣的一種精神特權，來為自己謀取物質的利益。其結果即是到了中世紀後期就出現了這樣一種情況：羅馬教會的神父們一方面大力宣揚崇高的理想，教導人們應該真誠地信仰上帝，鄙夷現實生活，拋棄肉體的快樂，追求靈性的幸福和死後的永生。但另一方面，大大小小的神職人員卻利用手中的特權來為自己撈取金錢，沉溺女色，他們的行為與他們所宣揚的理想完全背道而馳。這樣就導致教會中出現了一系列的腐敗現象，比如說買賣神職，用今天的話來說就叫作賣官鬻爵，買官賣官，從紅衣主教一直到小助祭的神聖職位都可以買賣，甚至連教皇的位置都可以待價而沽。還有一種腐敗現象就是蓄妾，神職人員表面上不結婚，很聖潔，但背地裡都包養情婦，用今天的話說就是包二奶。按照規定，天主教的神職人員是不能結婚的，但是通過蓄妾，他們照樣可以滿足自己的男女之慾。所以從這個意義上說，中世紀天主教會中存在著大量腐敗、虛偽的現象。大家應該讀過文藝復興時期一位很重要的義大利作家薄伽丘的《十日談》，那裡面即揭露了神職人員表面上滿嘴的仁義道德，實際上幹的都是蠅營狗苟的勾當的社會現實，其言行出現了嚴重的分裂，以及由於這種言行分裂而導致了一種普遍的虛偽。也就是說，每一個神職人員都知道自己說的和自己做的是背道而馳的，但是每個人還是該怎麼說就怎麼說，該怎麼做就怎麼做。一個社會到了這個時候就只能被稱為病入膏肓了，所以無論是文藝復興，還是宗教改革，這兩場運動都是針對中世紀歐洲社會的這種深刻矛盾而發起的文化變革。

這兩場運動共同的地方就是它都要克服羅馬天主教文化所導致的虛偽，都針對這種二元分裂，以及說一套做一套的普遍虛偽。但是這兩場運動它們所採取的應對方式是完全不一樣的，而且它們發生的地域也完全不同，儘管它們的目的是一致的。如果我們把中世紀羅馬天主教會的問題簡單地歸結為「說一套做一套」，就是言行之間的嚴重分裂，以及在這種嚴重分裂的情況下出現的普遍虛偽，將此認為是西方中世紀社會的癥結所在的話，那麼要想克服這種二元分裂，至少有兩種方案，一種方案就是「我怎麼說就怎麼做」，還有一種方案剛好反過來，即「我怎麼做就怎麼說」。這兩種方案實際上都是克服虛偽的有效方法，而文藝復興運動採取的後一種方案，即「我怎麼做就怎麼說」。文藝復興運動的目的就是要使基督教變得更加具有人情味，宣導人們不要為了那些虛無縹緲的天國理想，以及那些莫須有的罪惡觀念而放棄如此快樂的現實人生。文藝復興運動主要出現在義大利，義大利是拉丁文化圈的中心，當時拉丁文化圈的文化水準遠比北方日爾曼文化圈的水準要高得多。文藝復興運動和人文主義的基本主張就是要盡可能地使基督教信仰具有人情味，號召大家不要一味地把眼光投向天國，而應該關注現實生活，熱愛充滿人欲的感性世界。正是由於這樣，所以文藝復興的主要成就即體現在文學藝術方面，尤其是藝術作品，大家只要一說起文藝復興就想起了波提切利、拉斐爾、米開朗琪羅、達·芬奇這些人的藝術作品。這些人都是義大利人，他們的藝術作品充滿了人情味，充滿了有血有肉的感覺，給人一種美輪美奐的享受，這和中世紀的藝術品完全不一樣，它們使基督教充滿了人情味。

與文藝復興運動不同，宗教改革是一場主要發生在北方日爾曼世

界的信仰純潔化運動，它的影響主要在德國、英國、瑞士、荷蘭以及斯堪的納維亞半島等偏北的地區。這些相對偏北的日爾曼人生活的國家和地區，幾乎都發生了宗教改革，而且都成功了。從主觀動機上來說，馬丁・路德、加爾文這些發起宗教改革運動的人，他們之所以要進行宗教改革，其主觀動機並不是想要開創一個新時代。他們的主觀動機恰恰是很保守的，他們要回到早期的基督教時代，回到一個信仰純潔、道德淳樸的時代。如果說文藝復興運動是「我怎麼做就怎麼說」，那麼宗教改革剛好相反，它主張的是「我怎麼說就怎麼做」，也就是我們的行為要真正地符合基督教的理想。由此可見，宗教改革的那些發起者們在骨子裡面是比較保守的，他們主張回到早期基督教信仰的純真狀態。但是他們所發動的這場宗教改革運動卻在客觀上產生了非常重要的歷史影響，它打破了羅馬天主教會一統天下的專制格局，推動了西北歐一些民族國家的迅猛崛起。比如英國、瑞士、荷蘭、德國以及斯堪的納維亞半島上的瑞典、丹麥等國家，由於統治者和人民改信了新教，從羅馬天主教會的一統天下中分離出來，其結果就有力地推動了民族國家的發展，為資本主義的發展奠定了重要的政治、經濟和文化基礎。所以那些後來居上的資本主義強國，都是在宗教改革運動中從北方日爾曼世界中出現的。那些曾經在十五、十六世紀時獨領風騷的拉丁文化圈中的富強國家，比如說義大利、西班牙、葡萄牙，到了十七世紀以後就很明顯地一蹶不振了；而在十五、十六世紀時貧窮落後的英國、瑞士、荷蘭、德國和斯堪的納維亞半島諸國，到了十七、十八世紀以後則迅猛地發展成為新興的資本主義國家。所以從客觀歷史效果來說，宗教改革運動對於促進北部歐洲在政治、經濟方面的發展，起到了至關重要的作用。

在這裡我只是講一個歷史背景，不可能深入地講述宗教改革運動的歷史意義。但是如果從後來的啟蒙角度來看，宗教改革運動也導致了一個非常惡劣的後果，那就是在純潔信仰的同時把信仰本身當作了不可動搖的絕對權威。我們用宗教改革運動的領袖馬丁·路德的一句話（這句話在當時深入人心）來說，叫作「三個唯獨」：即「唯獨信仰，唯獨聖經，唯獨恩典」。簡單地說，即是馬丁·路德所代表的北部歐洲人民，他們之所以要進行宗教改革運動，就是要用真誠的信仰來對抗羅馬天主教會的虛偽的信仰，就是要用信仰的權威來取代羅馬天主教廷和教皇的權威，就是要用內心的真誠信仰來取代外在的繁縟儀式。從這個意義上說，宗教改革確實讓宗教回到了本分，回到了內在的根基，但是由於它過分強調信仰，其結果就可能導致一種負面的結果，那就是一切東西都必須符合信仰，信仰和聖經就成為判定真理的絕對標準。從積極的意義上說，路德用信仰來克服或抨擊了羅馬天主教的虛假和虛偽，他提出了「因信稱義」和「唯獨信仰」的觀點，就是說，一個人的靈魂要想得救，除了信仰之外別無他法。這樣一來，信仰就是成為得救的唯一權威。馬丁·路德的另一個重要貢獻，就是把《聖經》翻譯為德語，使得德國人可以直接閱讀德語的《聖經》，而不必再由那些懂得拉丁文的羅馬神父來解釋了。這樣一來，基督教就真正變成德國人自己的宗教了。但是另一方面，馬丁·路德強調「唯獨信仰，唯獨聖經，唯獨恩典」，其結果就導致了一切東西是不是真理，就要看它符不符合信仰和聖經。比如說哥白尼的「日心說」，哥白尼作為一位十五世紀的科學家，他生前不敢發表自己的天體運行學說。一直到臨死前，他的著作才得以發表，發表之後馬上就遭到了天主教會的譴責。按照基督教的信仰，上帝創造了人，上帝最

喜愛人，所以把人放在世界的中間，放在地球上，因此所有星球都得圍著地球轉動。這就是《聖經》的觀點，而哥白尼的觀點卻與之相反，所以他的學說不僅遭到了天主教的反對，同樣也遭到了馬丁·路德和加爾文這些宗教改革領袖們的反對。因為這種觀點是與信仰相違背的，《聖經》中明明白白地寫著：「大地就堅定，不得動搖。」正是在這樣的情況下，十五、十六世紀雖然在歐洲出現了文藝復興和宗教改革，但是無論是文藝復興還是宗教改革，那些思想家們滿腦子都是舊思想，偶爾會有幾個具有新思想的人，很快就被大眾的成見所淹沒。比如哥白尼、達·芬奇等人，他們都不屬於主流。那個時候的主流思想家，包括文藝復興的大師、宗教改革的領袖，他們滿腦子都是中世紀那套信仰的觀點。正是在這樣的情況下，十六世紀的歐洲，尤其是進行了宗教改革運動的北部歐洲，一般人們都深受路德的「三個唯獨」思想的影響。在這樣強大的信仰氛圍中，科學理性精神怎麼能夠生長起來呢？這就是一個深刻的文化問題了，我們今天就要探討這個問題。

在座各位同學大多是研究自然科學的，也有一些研究人文科學的，大家可以思考一下，為什麼在十八世紀會突然產生出一批好像完全被理性精神所武裝的思想家呢？他們大力主張要用理性來進行啟蒙，來驅除蒙昧，他們是怎麼從「唯獨信仰，唯獨聖經，唯獨恩典」這種濃郁的信仰氛圍中脫穎而出的呢？這就是我們今天要切入的一個背景問題。換句話說，在十六世紀宗教改革運動發生之後，歐洲北部幾乎一邊倒地接受了路德、加爾文等人的信仰至上的觀點，把信仰當作真理的試金石而全盤接受。但是到了十八世紀，理性精神卻在歐洲迅猛發展，乃至於到了法國啟蒙運動時期，當時流行的一個著名口號

就是：「把一切都拉到理性的法庭面前接受審判。」從信仰作為至高無上的權威，到理性成為審判一切的上帝，在這兩百年的時間裡，歐洲人在幹什麼？他們的思想是如何演化的？這就是我們今天要談的問題。

實際上，最初打破信仰的權威、開始有了一種理性萌芽的地方是在英國，而不是在法國。所以今天我們先簡單談一下英國的情況，再談談受英國影響的法國，然後再談談受英國、法國影響的德國，這樣我們大家對啟蒙運動的發展歷程就會很明瞭了。在十六世紀這樣一種「唯獨信仰，唯獨聖經，唯獨恩典」的背景下，人們滿腦子都是舊思想，信仰氛圍非常濃郁。馬克思在評價馬丁·路德的功勞時，曾用了一連串的排比句，我在這裡引用其中的一句：「他打破了對權威的信仰，是因為他樹立了信仰的權威。」過去誰是權威？那就是羅馬天主教會。馬丁·路德之所以能夠打破對權威的信仰，只是因為他樹立了信仰的權威。在路德那裡，信仰成為權威，一切東西都得在信仰的法庭面前為自己辯護，可見馬丁·路德的宗教改革所導致的是一種信仰至上的氛圍。但是，在十六世紀以後的英國，由於經歷了一系列的宗教改革，也進行了社會革命，英國人在思想上開始發生重大的變化，這個變化就是一種理性精神在悄悄萌芽。但是這種理性精神當時還不敢和信仰公開地分庭抗禮，所以這個時候在英國最初出現的理性是以一種信仰的外貌，或者是以信仰的外衣來掩飾自己的。這種在英國出現的披著信仰外衣的理性精神，表現為一種宗教信仰的形式，這種宗教信仰的形式叫作自然神論。

那麼自然神論是一種什麼樣的觀點呢？可以說，在十七世紀，英國幾乎所有的著名的科學家和著名的哲學家多多少少都跟自然神論有

點關係，儘管公開宣稱自己是自然神論者的人是很少的。因為自然神論在十七世紀的英國，還是一個不太有名譽感的詞。儘管現在我們都是無神論者，我們都信仰唯物主義，但是在當時的西歐，一個人對別人說自己是唯物主義者，那就意味著這個人只追求肉體上的快樂。一個人如果說自己是無神論者，則意味著他連上帝都不相信，意味著什麼壞事他都能做得出來。近代如此，甚至到了現代還是這樣。舉例說，美國可以讓黑人當總統（奧巴馬），身為女人的希拉蕊在去年的競選中如果勝過了奧巴馬，也可以當上總統，但是美國絕不可能讓一個非基督徒當上總統。甚至再往後一百年也是這樣，這就是西方的傳統。在十七世紀的英國，自然神論往往被一些正統的基督徒貶抑為無神論。當時人們在宗教見解方面發生了分歧，在相互攻擊時就會指責對方的觀點是Deism，也就是自然神論，就相當於無神論的意思。所以當時很多科學家和哲學家都不願意被人稱為Deism，但是實際上他們的思想跟Deism有著密切的連繫。

簡單地說，自然神論的表現形式是形形色色的，這是個很大的概念。那麼誰是自然神論者？以及自然神論到底是什麼意思呢？這兩者實際上是雞生蛋和蛋生雞的關係，我們要界定哪些人是自然神論者，就要先界定自然神論是什麼意思，反之亦然，所以自然神論一直是一個糾纏不清的概念。但是在十七世紀，特別是在十八世紀，英國的思想家們，他們的思想或多或少都跟自然神論有關係。自然神論的思想概括起來主要就是兩點。第一點就是認為上帝是一個理性的創造者。自然神論者並不否認世界是上帝創造的，而上帝創造世界所用的理性法則，就體現為自然界的規律，因此我們只要通過對自然界的研究，越是發現自然界的規律，就越會讚美自然界創造者的偉大。自然神論

關於上帝存在的證明，就叫作設計論證明，或者叫目的論證明，經典的設計論證明以鐘錶的例子來證明上帝的存在。假若你並不知道世界上有鐘錶這個東西，你也不知道有鐘錶這個行業，但是如果你走在路上發現了一隻鐘錶，你仔細地研究它，你就會發現這個鐘錶的一切設計都充滿了某種目的性，即報時或計時。它的彈簧、它的齒輪，都井然有序，而且都是為了這一個目的而設計的。如果你對鐘錶有了充分的了解，你就絕不會相信，它是偶然出現的。就是說，你走在路上踢出一塊土疙瘩，你不會感到奇怪；但是如果你踢出了一隻鐘錶，你就絕不會相信它是從土裡長出來的，因為它充滿了目的性。以此類比，我們越是研究自然界，越是發現自然界的精美、自然界的和諧、自然界的有序，我們就越不會相信它是偶然產生的，我們就越有理由相信它是由一個高明的設計者創造出來的，這個高明的設計者就是上帝。我們可以把鐘錶和自然界作比較，把鐘錶匠和上帝作比較。當我們面對自然界時，就會發現自然界的精美程度遠遠超過了鐘錶，面對一隻鐘錶，你相信它必然有一個鐘錶匠，那麼面對一個遠比鐘錶更加精美、和諧的自然界，你又有什麼理由不相信這個自然界有一個高明的創造者呢？這樣的一套理論，就是自然神論者論證上帝存在的設計論證明。

這一套理論雖然從表面上似乎證明了上帝的存在，但顯而易見的是此論「醉翁之意不在酒」，它真正的目的是要把上帝趕出自然界，讓上帝不再干預自然界的運動。這個證明引出了一個密切相關的繹理：假設我們面前有兩座鐘，一座鐘運行得有條不紊，自從出廠以來從來不需要人來調整它，它就永遠有條不紊地運行下去；還有一座鐘，它總是需要修理，一會兒調快一點，一會兒又要調慢一點。那

麼，這兩座鐘裡哪一座是好鐘呢？答案是毋庸置疑的。而這兩座鐘是由不同的鐘錶匠製造的，那麼哪一個鐘錶匠是更好的鐘錶匠呢？肯定是第一個。而上帝是最好的鐘錶匠，因此上帝創造了世界之後就不需要再去管它了，世界就會有條不紊地運行下去。如果這個世界需要上帝不斷地干預、不斷地調整，恰恰說明上帝是一個蹩腳的鐘錶匠，這是對上帝的一種褻瀆和貶低。可見，自然神論者對上帝存在的設計論證明其實是明揚暗貶的，其實質就是要把上帝趕出自然界，讓上帝創造出世界之後就不再干預世界。所以，一個高明的上帝在創造了世界以後，就應該一勞永逸地讓它按照自身的規律來運行，而這種規律就是上帝賦予世界的自然法則。這個觀點在當時最典型的代表，就是牛頓的機械論世界觀。牛頓的機械論世界觀最大的特點就在於，世界像一個鐘錶一樣，上足了發條它就能有條不紊地運行下去，上帝的存在只是為了保證這個鐘錶能永遠正常地、和諧有序地運行，而不是破壞它。自然界杜絕奇跡，這是十七世紀英國自然神論不同於十六世紀「唯獨信仰」的最重要的特點。在《聖經》裡記載了很多奇跡，比如耶穌在海上行走，耶穌用五個餅和兩條魚餵飽了五千人，最大的奇跡莫過於耶穌死後又復活了。按照十七世紀自然神論的觀點來看，奇跡就是自然規律的中斷、自然規律的破壞。比如說一個人從樓上跳下來，受重力的影響，摔死了或摔傷了，這都是自然現象。但是如果說他跳到一半又飛起來了，這就叫作奇跡。奇跡是不可重複的，給出完全相同的前提條件它也不能重複。同學們是研究自然科學的，都知道在做科學實驗時，如果給出了同樣的前提條件，結果一定可以重複，這是你們要尋找的自然規律。但是大家想一想，如果你研究的自然界，充滿了奇跡，那麼這個自然界就無法研究了。比如說你要研究重

力作用，今天它起作用，明天它卻不起作用了，這樣的情況下你如何能夠進行研究呢？牛頓力學的那些規律，作用力與反作用力、慣性、重力加速度等，都是放之四海而皆準的自然規律。所以十七世紀自然神論者的目的就是要把上帝趕出自然界，讓自然界杜絕奇跡的存在。

在十七世紀的英國，牛頓絕對是一個大人物，他最主要的貢獻不在於發現了力學三大定理和萬有引力定理，而在於創立了一種機械論世界觀。因此十七世紀有人說，這個世界裡上帝和牛頓分了工，上帝負責世界的創造，牛頓負責世界的運行。因此牛頓去世之後，英國著名詩人蒲柏在牛頓的墓碑上寫下了墓誌銘，引用並改動了《聖經》中的一段話：「上帝說要有牛頓，萬物俱成光明。」可見牛頓在當時社會中的地位之高。但是大家千萬不要以為牛頓以及當時的科學家們會公開地跟基督教分庭抗禮，他們在骨子裡仍然非常信仰上帝，只不過信仰的是一個理性的上帝。著名的科學史家丹皮爾在《科學史》中談到，十七世紀的科學家和哲學家們都是在基督教的思想影響之下來思考問題的，十七世紀的宗教氛圍仍然是很濃郁的，牛頓等人關注的問題就是要在上帝存在的前提下，給這個世界以一個理性的解釋。這是與當時的文化背景相關的，那個時代的人們所受到的基本教養認為，物質是惰性的，物質自身是不可能運動的，物質的動因一定是來自某種非物質的、精神性的因素，而物質運動的最終動力只能是上帝。這就是自然神論的第一個主要觀點，即認為上帝是自然界的理性創造者。

自然神論的第二個主要觀點，就是強調基督教的要義就在於道德。這也是在當時的宗教分裂的時代背景下提出來的。自然神論主張，一個真正的基督徒不在於他屬於哪個教派，而在於他是否有道

德。這就把基督教的要義確立為一種實踐理性即道德,而不再拘泥於各種複雜的煩瑣教義。道德在康德那裡被叫作實踐理性,它也是理性的一個方面。理論理性是指認識世界的理性,而實踐理性就是指導我們道德行為的理性。因此自然神論的一些思想家們在闡述第二個方面的時候,就把耶穌看作是一個偉大的道德導師,他們拒絕談論耶穌的奇跡,而只關注耶穌的道德楷模意義。基督的啟示不再是一般意義上所理解的肉身的死而復活,而是德性生命的再生。這樣一來,不僅上帝成為一個充滿理性精神的創造者,基督也成為一個實踐理性或者道德的楷模。自然神論者披著基督教信仰的外衣,實際上卻充滿了理性精神,它弘揚的就是理論理性和實踐理性,即科學與道德。

一個嚴格遵循自己創造世界的法則的上帝,才是一個理性的上帝。如果天上有一個遵循自然法則的上帝,人間就必定要有一個守法的國王,這就是社會契約精神。作為制定社會契約的人,也必須要遵守契約。這樣一來,在十七世紀的英國,社會契約理論也就與自然神論的機械論世界觀相互呼應,經過一番艱難的政治文化衝突,最終形成了英國的君主立憲政體。當然,英國之所以在西方近代的憲政民主進程中成為領頭羊,與英國的文化傳統有著密切的關係。從十三世紀開始,在英國形成了一種「王在法下」的共識。此外,也與英國人注重經驗的實踐精神,以及英格蘭人的島國意識和民族性格有關係。一直到今天,英國都對歐洲大陸採取不太認同的態度,它始終保持自己的獨立性。

如果說在信仰氛圍濃郁的十七世紀,英國自然神論還只能採取一種「猶抱琵琶半遮面」的羞怯姿態,那麼到了富於批判精神的十八世紀,自然神論已經羽毛豐滿了,很多思想家也開始公開宣稱自己是自

然神論者了。

　　如果說十七世紀是由英國人來引導歐洲的文化精神，那麼到了十八世紀，就由法國人來扮演主角了。法國和英國的差別非常大，首先在於它的文化氛圍和政治氛圍不同。宗教改革運動席捲了北部歐洲，但是從北向南到了法國就終止了，法國成為宗教改革運動的終結地。所以南部歐洲到今天仍然保持著強勁的天主教信仰，像義大利、西班牙、葡萄牙和法國這些拉丁語系的國家，仍然是以天主教信仰為主。十六世紀的宗教改革浪潮從北向南席捲，到了法蘭西，經過一場宗教戰爭，即胡格諾戰爭，就被終止了，從而使天主教在法蘭西站穩了腳跟。

　　當時的法國在歐洲大陸上，可謂是野心勃勃。雖然當時歐洲大陸最強大的國家是西班牙，但是它屬於傳統意義上的王朝國家，而不是新興的資本主義國家。法國從十七世紀開始便處心積慮地謀發展，它利用宗教改革的亂局，把天主教和君主專制結合在一起。於是在法國出現了一種非常有意思的現象，一方面法國通過加強君主專制削弱了封建勢力，使得法國的中央集權得到了加強，從而在中央集權的推動之下，法蘭西的資本主義經濟開始迅猛發展，並在十七世紀中葉以後開始超過西班牙，成為歐洲大陸上最強大的國家；另一方面，法蘭西君主專制通過加強王權推動民族國家發展所借用的一個重要的工具，就是天主教，法國王室利用天主教來對抗胡格諾派（加爾文教）的封建勢力，與羅馬天主教廷結成了沆瀣一氣的關係，從而又以天主教作為精神支柱來加強中央集權。這是很矛盾的一種現象：一方面，加強中央集權超越封建專制，加強君主專制，推動法國資本主義的發展，這是進步的一面；另一方面，借助天主教來加強中央集權，實行思想

專制和政治專制，這又是反動的一面。在十七世紀的法國，西南部信奉胡格諾派的封建勢力阻撓了法國的中央集權和君主專制，因此法國要完成君主專制，就要通過天主教來壓制新教。其結果就導致了十八世紀法國的中央集權極大地得以加強，但是另一方面，當時法國的思想氛圍卻非常地壓抑和沉悶。總的來說，天主教信仰是比較落伍的，而新教信仰則相對比較開放，和西歐的現代化國家接軌。所以在十八世紀的法國，整個精神氣氛是非常壓抑的，而奇怪之處就在於，它既壓抑又強大，它是一種政治專制主義和思想專制主義之下的雙重壓抑，所以法國的先進知識分子普遍具有一種強烈的不滿情緒，與英國知識分子的寬容心態截然不同。

十八世紀初期的法國思想家們都非常嚮往英國，法國人最初的啟蒙思想就是效法英國的。法國的啟蒙運動主要是兩批思想家，老一代的思想家有培爾、伏爾泰、孟德斯鳩等，年輕的一批有狄德羅、霍爾巴赫、愛爾維修、盧梭等。老一批思想家中伏爾泰是最著名的，他是一個大文豪，出身高貴，文采飛揚，嬉笑怒罵皆文章，許多權貴都要懼怕他三分，而且成名較早。伏爾泰成名以後大力推動啟蒙運動，以至於成為年輕一批思想家如狄德羅等人的精神領袖。伏爾泰本人也深受英國思想的影響，他在十八世紀二十年代的時候由於思想激進，得罪了法國當局，遭到了通緝，因而逃亡到了英國。伏爾泰來到英國以後，受到了洛克和牛頓思想的影響。我們講英國啟蒙思想的兩個代表人物，科學方面主要是牛頓，民主方面主要是洛克。在天上有一個理性的上帝，這主要表現在牛頓的機械論世界觀中；而在人間有一個守法的國王，這主要表現在洛克的社會契約論中。這樣一來，洛克和牛頓就成為十七世紀在英國影響最大的兩個人，他們一個開創了西方的

科學，一個開創了西方的民主。伏爾泰自稱是牛頓和洛克的學生，主要就是受到了他們自然神論思想的影響。伏爾泰回到法國以後就高舉自然神論的大旗，以自然神論來抨擊法國的天主教。英國當時的宗教氛圍比較寬容，而法國則非常保守，所以伏爾泰等老一輩啟蒙思想家還不敢公然反對基督教信仰，他所慣用的手法是「打著紅旗反紅旗」，首先說自己是信仰上帝的，然後打著上帝的旗幟來對天主教會以及神職人員進行猛烈攻擊。伏爾泰有一句名言：「即使沒有上帝，也必須捏造出一個。」伏爾泰認為社會秩序和階級差異仍然需要一個上帝來維護。儘管伏爾泰的著名口號「粉碎一切卑鄙無恥的東西」響徹歐洲，但是他卻仍然被歐洲各國統治者奉為座上賓。伏爾泰一生都在抨擊天主教，但是他臨終前卻還是找了一位天主教神父來做臨終懺悔。在伏爾泰的傳記中，這位天主教神父問伏爾泰：「你信不信上帝？」伏爾泰說我信。接著神父又問：「你信不信耶穌？」伏爾泰不回答。神父仍然固執地問他同樣的問題，於是伏爾泰狠狠地打了神父一拳，說道：「看在上帝的份上，從此不要再跟我談這個人！」

　　如果說十七世紀是屬於兩個英國人的，一個是牛頓，一個是洛克，那麼十八世紀就是屬於兩個法國人的，他們一個是伏爾泰，另一個是盧梭。從十七世紀開始，法國的知識分子就成了最能夠標新立異的一批人。到了十八世紀，百科全書派的啟蒙思想家們不再那麼保守，開始劍走偏鋒。義大利人在文學藝術和思想解放方面都堪稱「近代歐洲各民族的長子」，義大利人在十四世紀以後就敢為天下先，標新立異，從而開創了燦爛輝煌的文藝復興運動。相對於北部歐洲愚昧閉塞的日爾曼民族，義大利人更多地從事商業活動，對東方文化了解較多，眼界開闊、思想開放。在當時的北部歐洲人眼裡，義大利人文

明開化，但是卻信仰虛假、道德墮落。在莎士比亞的劇作裡，壞人往往都是義大利人，比如《奧賽羅》裡的伊阿古，《威尼斯商人》裡的夏洛克（義大利的猶太人）。當時英國有一句諺語：「一個義大利化的英國人就是一個魔鬼的化身。」到了十七世紀，法蘭西異軍突起，繼義大利之後開始引導歐洲文化潮流。用著名藝術史家丹納的話來說，「十七、十八世紀的法國人教會了歐洲一切開化和半開化民族一套說話、行禮和微笑的方式」。歐洲近代上流社會中的許多時髦事物，如戴假髮、佩花劍、說法語等，都源於法國。

到了十八世紀，法國年輕一代的啟蒙思想家公開地舉起了無神論的大旗。那些受伏爾泰影響的百科全書派的思想家們，公然承認自己是唯物主義者、無神論者，並以此為時髦。這些激進的啟蒙思想家甚至連自然神論的最後一層面紗也撕掉了，狄德羅和霍爾巴赫公然反對上帝，他們認為世界就是從物質裡面生長出來的，就像雞蛋裡孵化出小雞一樣。整個自然世界就是從一個坩堝裡進化而來，基本的物質在裡面不斷變化，最後進化成今天的樣子。他們不僅認為一個理性的世界根本不需要上帝來保證和維護，而且也反對自然神論的第二個觀點，公然認為基督教本身就是不道德的，認為基督耶穌是一個騙子，西方歷史上所有不道德的事情都是假借著耶穌的名義幹出來的。霍爾巴赫甚至表示自己與上帝有私仇，認為宗教是被那些野蠻的民族杜撰出來的，但是至今仍然統治著文明的民族。他們認為宗教是被一些江湖騙子杜撰出來的，並被別有用心的國王和貴族們加以利用，然後被愚昧無知的老百姓所信仰。宗教的關鍵就是無知加欺騙，而啟蒙就是要用理性驅除蒙昧，用教育開啟理智。因此，在百科全書派看來，宗教就是一場徹頭徹尾的大騙局。

但是盧梭卻與百科全書派的其他思想家不同，他堅持強調自己是信仰上帝的，並因此而導致了與百科全書派的分道揚鑣。盧梭年輕時，機緣巧合地在朋友的介紹下為伏爾泰的一部歌劇譜曲，這讓他受寵若驚。成名後的盧梭寫了幾本著作，特別是《論人類不平等的起源和基礎》，寫好後他懷著崇敬的心情把書寄給伏爾泰，結果遭到了伏爾泰的冷嘲熱諷。盧梭在此書中表達了一個觀點，即他認為人類科學技術的進步導致了道德的墮落。應該說，盧梭是最早對現代性提出批判的思想家。但是伏爾泰在回信中卻寫道：「拜讀大作，使我不禁產生想四腳著地爬回原始人類中的想法，但是由於我已經告別這個習慣六十多年了，所以這本書還是留給年輕人來讀吧。」

兩個人真正公開反目成仇的原因是一七五五年發生的里斯本大地震，此次地震引起了海嘯，里斯本大量無辜生命死於地震和海嘯。伏爾泰借題發揮以攻擊基督教信仰，當時英國大詩人蒲柏（為牛頓作墓誌銘者）有一首詩叫《凡事皆屬公義》，詩中宣揚，我們不能因為世間存在著苦難就懷疑上帝的公正性。同樣，德國大數學家、哲學家萊布尼茨也提出了一種神正論，認為我們所在的世界是一切可能的世界裡最好的世界，頗有點為現實塗脂抹粉的味道。於是伏爾泰借一七五五年的里斯本大地震攻擊蒲柏的「凡事皆存公義」和萊布尼茨的「神正論」，他寫了一首長詩《里斯本的災難》，裡面寫道，當這麼多無辜的民眾在地震的斷壁殘垣中痛苦地輾轉、受難時，我們還有什麼理由相信一個公正的天公？這實際上是借題發揮對上帝的正義發起攻擊。這種言論激起了盧梭的反對，他公開寫信與伏爾泰辯論，指責伏爾泰是一個養尊處優的思想家，認為他是一個在人民痛苦的傷口上撒鹽的不道德的人。盧梭認為，在地震中受難的人民此時最需要的

就是一個上帝，而伏爾泰卻在幸災樂禍、冷嘲熱諷，泯滅了人民心中的最後一絲希望。兩人因為此事而弄得形同水火，勢不兩立。正是由於這樣，法國的啟蒙運動達到高峰後就認為理性和宗教勢不兩立，理性的崛起要求消除宗教，要把人民從「傻子」的狀態中啟蒙出來，使之變成有知識、有文化、有理性的人，徹底擺脫宗教的影響。這種觀點正是我們大家比較熟悉的觀點，即認為宗教是一種蒙昧和欺騙。但是這畢竟是兩百多年前的觀點，而且比較膚淺。如果我們把宗教僅僅看成是傻子遇到了騙子的結果，那麼我們很可能就在歷史的騙子面前扮演了一個傻子的角色。

十九世紀的德國人就比較深刻了，黑格爾有一段話頗為發人深省：「一個千百年來無數人為之而生、為之而死的宗教，豈是『欺騙』二字可以概括的？」這雖然不是一種駁斥，但卻深刻表達了對宗教的理解。十八世紀的德國與法國的情況大相逕庭，德國嚴重的分裂狀況導致了專制的削弱，思想氛圍相對比較寬鬆。德國啟蒙運動得益於一位思想開明的君主——普魯士的腓特烈大帝，正是在他統治的四十多年間（1740-1786年），德國的啟蒙運動蓬勃發展起來。腓特烈大帝明確地表示，什麼觀點都可以說，只要不用行動來反抗。所以當時德國思想家們的思想氛圍非常活躍，但他們在行動上卻極為謹慎。這一現象在後來也遭到了馬克思的嘲諷，馬克思把歌德、黑格爾等偉大人物說成是「思想上的巨人，行動上的侏儒」。馬克思這樣評論當時的德國：「英國和法國的政治、經濟革命，一到了德國就變成了哲學革命和宗教革命。」也正是因為這樣，造成了德國人精神上的狂妄。德國人面對法國大革命、英國工業革命的反應，首先是自慚形穢，但是很快他們就把這種自慚形穢轉變為自鳴得意，認為最偉大的革命乃是思

想上的革命，最偉大的批判乃是思想上的批判、哲學上的批判，而不是現實的批判。英國出現了一位大文豪拜倫，歌德就在《浮士德》中把拜倫寫成浮士德的私生子；法國出現了一位叱吒風雲的統治者拿破崙，黑格爾就在其著作中認為拿破崙只不過是騎在馬背上的絕對精神，而黑格爾本人則操控著整個絕對精神。一直到俾斯麥時代，德國才崛起為強大的國家，思想一旦轉化為實踐，便讓整個世界為之震驚。

此外德國還有一個傳統，即馬丁‧路德開創的德國的虔敬主義傳統。路德為德國奠定了很重要的精神根基，所以海涅說，如果沒有馬丁‧路德，德國人至今仍然生活在愚昧之中。路德開創的因信稱義、唯獨信仰的精神，使得德國人把外在的宗教信仰變成了一種精神上的自由。正因為這樣，德國人非常注重內在的精神自由，而不在乎外在的現實世界。馬丁‧路德之後繼承其精神真髓的一派，稱為虔敬主義，或者叫敬虔主義，他們認為信仰是第一位的，這一派別控制了德國思想界很長一段時間。哈勒‧維滕貝格籌資創辦了哈勒大學，使之成為德國虔敬主義的大本營。但是在十七世紀下半葉到十八世紀上半葉，德國出現了另外一種思想，即萊布尼茨-沃爾夫的理性主義。萊布尼茨主要受法國、荷蘭的思想家如笛卡爾、斯賓諾莎等人的影響，他開始推進一種理性精神，在哲學上叫作唯理論。萊布尼茨的衣缽繼承者沃爾夫進一步把萊布尼茨的理性精神推到高峰，乃至於要用理性精神來解決一切問題，包括上帝的存在也要用理性來證明。當沃爾夫在哈勒大學執教的時候，他的理性主義激起了虔敬主義一派的強烈不滿，他們認為理性是不能把握上帝的，並集體指控沃爾夫有無神論的嫌疑。這種指控得到了當時普魯士的統治者弗里德里希一世的支持，

弗里德里希一世勒令沃爾夫在二十四小時之內離開哈勒大學，離開普魯士。但是隨後沃爾夫受到了馬堡大學的聘用，英國皇家科學院、彼得堡科學院也紛紛聘用他，沃爾夫得以繼續發表自己的觀點。弗里德里希二世（即腓特烈大帝）上臺後，隨即請回沃爾夫來主持哈勒大學的哲學講座，這樣一來，哈勒大學就由虔敬主義的大本營變成了理性主義的大本營。由於沃爾夫的影響，整個普魯士乃至於廣義的德國都是把萊布尼茨的唯理主義當作是不可顛覆的典範，一直到康德一七八一年發表《純粹理性批判》，才終於打破了萊布尼茨體系的禁錮。萊布尼茨的理性主義對德國的重要影響就在於，其極大地推動了思想的啟蒙，而其阻力則是虔敬主義，這兩者之間具有很強的張力。

一七五〇年腓特烈大帝把伏爾泰請到普魯士，將這位名滿歐洲的大文豪、法國啟蒙運動的精神領袖供奉在王宮中達兩年之久。另一些法國啟蒙思想家如拉美特利等人也被請到普魯士，從而使德國的知識分子或多或少都受到了法國啟蒙思想的影響。但是德國人比法國人保守得多，他們不像法國人那樣偏激，劍走偏鋒。理性主義與虔敬主義之間的分歧也只是理性和信仰孰重孰輕的問題，而不是只要其一不要其二的問題。一方面德國人受到了英國、法國啟蒙運動的理性精神的影響，另一方面他們又有著馬丁・路德以來根深蒂固的信仰主義傳統，他們不可能像法國人那樣徹底地與傳統決裂。因此，如何把握理性與信仰之間的平衡，就成為德國人所要面對的重要問題。這和我們今天的現實狀況有點相似，即如何將普世性的理性精神和民族性的文化傳統相結合，這是一個大問題。

這樣的狀況就形成了德國啟蒙運動的兩條路線，一條是康德所代表的理性主義路線，包括稍早的萊辛、孟德爾松等人，他們更多地偏

向於理性主義。在康德的思想中虔敬主義的影響比較小，其整個哲學的出發點就是不僅要理性地批判一切，而且要理性地批判理性。康德的三本重要著作《純粹理性批判》、《實踐理性批判》和《判斷力批判》都是關於理性批判問題的。但是康德並沒有用理性來徹底否定信仰，他認為理性本身也是有局限的，他試圖在科學之外為信仰留出一塊地盤。康德哲學最後的結果就是科學和信仰涇渭分明，互不干涉。另一條路線則是和康德哲學相對立的，這一派我們了解得比較少，他們包括哈曼、赫爾德、耶可比等思想家，他們比較強調德意志的民族傳統，強調虔敬主義的信仰精神。他們認為接受英、法普世性價值必須在德意志信仰的基礎之上，科學理性並不是最高的原則。這兩派之間雖然存在著分歧，但二者的最終目的都是為了達成理性與信仰的妥協，只不過妥協的方案不同罷了。康德的妥協方案最具有代表性，他主張在科學研究的領域裡是不需要信仰、不需要上帝的，康德在《純粹理性批判》裡通過對自在之物和現象的劃界，把上帝、靈魂這一類的東西都放到了認識的彼岸，不可知也不要知，否則就會發生矛盾。但是，上帝雖然不屬於知識的對象，上帝卻仍然存在，我們在探索科學知識的時候不需要上帝，但是在確立道德的時候，一個上帝的存在是必要的。當道德和幸福發生矛盾的時候，我們將何去何從？靠什麼東西來保證道德和幸福之間的統一呢？只有靠上帝。如果沒有上帝，道德和幸福就是分離的，所以一個上帝的存在是必要的，但不是必然的。一個人信仰上帝，他在道德上就有了支撐，有了底氣。從這種意義上說，一個上帝的存在對於主觀道德來說是必要的，但是對於客觀自然來說卻並非是必然的。這樣一來，康德就在科學之外又解決了信仰的問題，一個專心研究自然界的科學家仍然可以在面對自己內心世

界的時候，承認一個上帝的存在。上帝的存在不再是一種客觀的必然，而是一種主觀的必要。今天許多有知識的西方人仍然對上帝持這種態度。

今天的西方世界，科學和技術毫無疑問地處在很高的水準；但另一個方面，西方至今仍然是一種基督教的文化。根據最新的統計資料，到二〇〇九年為止，全世界六十九億人口，大概有近二十三億是信仰上帝的，而美國人中間仍然有百分之八十一左右的人是信仰上帝的，西歐也有百分之七十六左右的人信仰上帝。從這個意義上說，基督教已經成為西方人的一種基本信仰，一種廣義的文化屬性，它已經與科學達成了妥協，形成了一種互補的關係。這就是西方啟蒙運動一波三折的發展過程，它的最終結果並不是徹底顛覆了宗教，而是形成了新興的科學理性與傳統的宗教信仰之間的協調與互補。

2009年於華中科技大學的演講
馬瑩根據錄音整理

讀《莊子·齊物論》品哲學與人生

陳　怡　東南大學教授

　　大家都知道，文化課的開設已經有十幾年了，我們也已經受到了文化的薰陶。學理工科的同學要多學些人文，學文科的同學應多學點科學。不管什麼專業，都應該學習中國優秀的傳統文化，接受優秀的文化。所以在這些方面我自己也是通過補課，學習了以前沒有學習過的東西，然後將我的體會與大家進行交流。現在我已經在學校辦了正式的退休手續，成了一名自由的知識分子。自由在這裡具有雙重的含義，一個是沒有了固定的身分，可以自由地選擇我的興趣愛好。第二個是我的精神更加自由了。所以我現在除了在教育部兼任一個學術雜誌的主編職位（每個月必須到北京工作一個禮拜）之外，其餘的時間都在各個高校開設文化選修課。這兩年我在清華大學開了一門兩個學分的《莊子哲學導讀》課程。然後每個學期到澳門科技大學開設《論語精讀》、《莊子精讀》和《莊子淺讀》三門課程。還有的時間就是在各個高校做短期的交流。昨天和前天在武漢大學，第一次的講座，也就是去年我在華中科技大學講的，昨天在武漢大學講了一樣的題目。不過對象多半是學哲學的同學。我剛剛問了有沒有同學去年聽過我的講座，本來應該是有點連繫的，如果有了上次的基礎，那麼今天來聽，就更加好懂了。不過沒有聽過，問題也不是很大。但是我還是想了解一下，在座的各位同學有多少讀過莊子的《齊物論》，讀過的

請舉手。看來寥寥無幾。那我還想問一下，在座的同學喜不喜歡莊子。這就出現一個矛盾了：喜歡莊子，又沒有讀過他的《齊物論》。那你們讀了什麼？《逍遙遊》？《逍遙遊》讀全了沒有？還是唯讀了前面的一半。所以你們自己都回答不清楚。很多同學就讀到了「小大之辯也」這裡。所以我覺得這就是我們教育中的問題。我們很喜歡莊子這個人，但是卻沒有讀過他的書，沒有看過他的文章。現在出現了一股國學熱。這個名稱我認為不是很合適，也名不副實。一是叫「國學熱」這個名字，容易引起誤解，應該叫對傳統文化比較感興趣。第二個名不副實是因為沒有真正地熱起來，浮在表面，可能我們的電視臺請一些大家講一講，比如易中天、傅佩榮、于丹稍微講一講，而且他們出了書，很多人去買，就以為熱起來了。實際上並沒有熱起來。那些講座只是一種宣傳和發動，而沒有真正引導我們的老百姓和大學生讀原文。如果沒有讀原文，只有講座，那就只能浮在表面。所以我關注的是如何讓經典進入課堂，進入到我們大學生的頭腦中，甚至化為你們的生命。

讀經典我認為有三個層次。第一個層次是讀，第二個是讀懂了，第三個是把它化為自己的生命。這需要一個很長的過程才能達到，但是首先要做到去讀，然後才能把它讀懂。作為標誌我就選了一個公認的最難的一篇文章《齊物論》來作為對我們每個大學生的考驗。我們每個人都喜歡看比賽，比如奧運會。為什麼呢？因為它是對人類極限的一種挑戰。要人類做到更高、更快、更強。可是還有一種挑戰，對我們每個人的智力也是一種挑戰。我在清華講這個問題的時候，很多清華的同學也有同樣的感慨。二千多年前莊子寫的文章，竟然會讓今天作為天之驕子的清華的同學都讀不下去，所以他們覺得對他們來說

就是個挑戰。所以我今天也想帶著大家去讀讀這樣的文章，看看大家對它有什麼樣的理解。同時也把我讀了這麼多年得到的一些理解分享給大家。總共分為三個部分。第一，一起來看看《齊物論》。第二，讀了《齊物論》之後有什麼收穫。第三，如何來看待哲學？哲學的真諦到底在哪裡？如何來看待人生的最高境界？

　　莊子留給我們的文章原來是五十二篇，後來經過郭象整理之後是三十三篇。分為三大部分。第一部分是內篇，有七篇：《齊物論》、《大宗師》、《逍遙遊》、《養生主》、《人間世》、《應帝王》、《德充符》。內篇的七篇是莊子的精華。外篇有十五篇，雜篇十一篇。最精彩的是內篇的七篇，所以講也只講這七篇。在七篇中最精華的是前三篇《逍遙遊》、《齊物論》、《養生主》。這三篇是一個有機整體，我們先來看看這三篇的具體內容。

　　我們先簡單地回憶一下《逍遙遊》。一開始就把大家引入了一個廣闊的天地。「北冥有魚，其名為鯤。鯤之大，不知其幾千里也。化而為鳥，其名為鵬。鵬之背，不知其幾千里也，怒而飛，其翼若垂天之雲。是鳥也，海運則將徙于南冥。南冥者，天池也。」一下子就把我們帶入了一個廣闊的天地。然後繼續描述，它飛到南冥的時候要「水擊三千里，搏扶搖而上者九萬里，去以六月息者也」。這裡就包含了我們熟識的成語：大鵬展翅、鵬程萬里、風生水起，這些成語都是從這裡出來的。它通過與小的東西的對比，比如和蜩與學鳩的對話展示出很大的區別。最重要的是要引出後面哲學的觀點。總結為三句話：至人無己，神人無功，聖人無名。然後用堯讓天下給許由，許由不受，來體現聖人無名。接著用山上的神人來展示什麼叫神人無功。最後證明什麼叫至人無己。這是一個很難理解的概念。他用了正反兩

個故事，第一個是宋人的故事。商滅亡之後，將商的後人安置在宋。有一個商人就想了個辦法，以為將宋國的帽子運到越國去賣，一定會賺一大筆錢。沒有想到越人斷髮文身，不需要帽子。越國在現在的浙江一帶，那地方是水鄉。有一個習俗，即頭髮剪得很短，身上有刺青，有龍的圖案。為什麼呢？比較適應當地的生活。他們在水底作業，頭髮長了容易出事故。又怕水中的生物傷害他們，就在身上文上龍的圖案，以示他們是龍的同類。所以越人都不戴帽子，這個想去賣帽子的宋人的帽子自然都賣不出去了。第二個故事是堯在吳越之山見了四位高人，都表揚了他的禪讓。所以就是一正一反，什麼叫至人無己：宋人從自己的角度出發，以為會這樣，結果適得其反。而堯能把天下都忘掉。但是無己是很難做到的，所以我們今天來看也很難理解。接下來就講了兩個惠子和莊子討論的故事。第一個講的是大樹，所有人都認為它沒有用。我們能破除有用的這個偏見，才能夠認識到無用的價值。然後才能夠做到無為，才能夠做到無己，才能夠達到逍遙的境界。這就是整個《逍遙遊》大體的情節。

由此我要問一下大家，如何理解《逍遙遊》中的「逍遙」二字？我們在讀《逍遙遊》的時候最大的誤區就是以為逍遙就是自由自在，很瀟灑得意，隨心所欲。其實這是一種誤解。逍遙兩個字，我的體會是：遙者，遠也。遙代表遠，逍代表高。大鵬正是要從北冥飛到南冥，這是遠；然後它搏扶搖而上者九萬里，這是高。所以莊子的人生境界就是要追求高和遠。接著追求無己、無功、無名，從無用到無為。這一切都說明，我們要超越人的偏見，還需要一個極其扎實的功夫，才能夠達到所追求的境界。

講完了這個主題之後，《齊物論》就進一步展開來，到底怎麼才

能做到無己。什麼叫無己？因為這個概念實在是太抽象了。莊子的文章有幾個特點。第一個特點：他在寓言中講述道理，寓言和直言相互利用。一邊講故事，一邊講道理。道理中有故事，故事中有道理。將形象思維和抽象思維辯證地結合起來，做到了天衣無縫。這就是莊子的魅力。第二個特點是始終若環，即一些故事好像是一個連環無縫的。一個文章的開頭和結尾可以有相互的對應。同樣的，一個文章的結尾和下一篇文章的開頭也可以連接起來。所以從這方面來說，這七個小圓環又組成了一個大圓圈。大家有時間可以好好地去把這七篇文章讀一讀，仔細體會這裡的特點。從這裡面或許可以真正地理解莊子、了解莊子，了解莊子的偉大之處：他既是偉大的哲學家，又是偉大的文學家。在歷史上沒有第二個人能夠像莊子那樣，能將文學和哲學達到如此的高度，結合得如此的巧妙。這必須靠我們認真地去讀，認真地去體會才能感覺得到。而其最關鍵的篇章就是《齊物論》，所以齊物論的開頭就接著《逍遙遊》，來解釋什麼叫無己。

「南郭子綦隱機而坐，仰天而噓，荅焉似喪其耦。」一開始就描述了南郭子綦這樣的一個形象。南郭是一個姓氏，即住在城市南邊的一個人，名字叫子綦。讀《莊子》要注意，經常會出現南和北。為什麼？這就是莊子的南方情結。司馬遷在《史記》中講，莊子是蒙人。蒙在今天河南的南部，安徽的北部。但是我們看莊子的文章，就會知道他具有南方的文學特色，經常會出現宋人楚學的現象。為什麼會出現這樣的矛盾的現象？學者考證，莊子的祖先是楚國人。歷史上有莊姓是從楚莊王開始的。中國人的姓來源有很多種，其中就有很多是根據這些著名的人的諡號而得來的。大家都知道楚莊王在歷史上是很著名的，春秋五霸之一。有一個非常著名的典故：三年不飛，一飛衝

天；三年不鳴，一鳴驚人。還有問鼎中原。這都是從楚莊王這裡而得來的。正是因為有這個著名的人物，所以他的後代就以莊為姓。後來由於楚國內亂，很多人就流散到別的國家。其中，莊子的祖先就到了宋國，但是他心裡始終有一個南方的情結。在他的文章中經常提到南和北，前面提到的《逍遙遊》中，大鵬是從北冥飛到南冥。還有一些是從南方回到北方。著名的人物都有一個南字。郭是指城邊上，再遠的叫郊。每一個字都有它特定的含義。就這麼一位姓南郭的先生在那天他隱機而坐，沒有桌子，只有小茶几。古時老師給學生上課的時候都是坐著的，然後靠著几，學生都站著。不像現在，現在是學生坐著，老師站著。其實老師也應該站著，表示對學生的尊敬。然後同學們之間的交流也會更好一點。古時幾個人站著圍成一圈，互相都能看見。但是在今天，這麼大的教室，老師要是坐著，學生就看不見了，沒有辦法交流了。但是在這天老師和平時不一樣，他頭仰著望著天，他的外形好像一個人癱掉了一樣，好像整個人都沒有了精神氣。所以他的弟子，顏成子游站在他旁邊就覺得很奇怪。顏成子游並不姓顏，而是姓顏成，名叫子游。他就問老師：「何居乎？形固可使如槁木，而心固可使如死灰乎？今之隱機者，非昔之隱機者也？」他的意思是說今天我們看到的老師和以前看到的老師好像不一樣，一個人外表可以像一個槁木，難道精神也像槁木嗎？他觀察得很仔細，很敏銳的觀察到了老師和以前的不同，而且提出了一個問題，後來這個問題也經常被我們用來形容一個人的狀態，叫形如槁木，心如死灰。蘇東坡在晚年的時候就引用了這個典故，就是：

心似已灰之木，身如不繫之舟。

問汝平生功業，黃州惠州儋州。

蘇東坡對莊子非常喜歡，他就是在讀了《齊物論》之後寫了這首詩。雖然有點悲觀，但也抓住了莊子的特點：形如槁木，心如死灰。子綦就問：「偃，不亦善乎而問之也！今者吾喪我，汝知之乎？」意思是子綦說：你問的這個問題不是很好嘛？今天我是做到了吾喪我。這裡就有點奇怪了，「吾喪我」是什麼意思。吾就是我，也就是說我把我自己丟掉了。正因為這樣，這三個字很難理解。而下面又把話鋒一轉，轉到「女聞人籟而未聞地籟，女聞地籟而不聞天籟夫」！這個「女」念汝，意思就是你有可能聽說過人籟但是沒有聽說過地籟，你可能聽說過地籟你沒有聽說過天籟吧。一下就轉到了人籟、地籟、天籟。籟，是一種竹子做的樂器。這裡指竹管樂器發出的聲音，也可以稱為籟。人籟就是人發出的聲音，地籟就是地發出的聲音，天籟就是天發出的聲音。為什麼會有三籟？他的學生肯定不知道，就問「敢問其方」，就到底是什麼道理。老師就回答他了：夫大塊噫氣。請注意，這裡的噫不讀yi，要讀成ai。噫氣就是胃裡發出的氣體。很多人都讀錯了。大塊代表的是大地，大地也會發出像胃發出的氣體。「其名為風。是唯無作，作則萬竅怒號。」一下雨的話萬竅都會發出聲音。「而獨不聞之翏翏乎？」你難道沒有聽到過這種聲音嗎？然後他就形容這種聲音的千奇百怪。「山陵之畏佳，大木百圍之竅穴，似鼻，似口，似耳，似枅，似圈，似臼，似窪者，似汙者。激者、謞者、叱者、吸者、叫者、譹者、宎者、咬者，前者唱於而隨者唱喁，泠風則小和，飄風則大和，厲風濟則眾竅為虛。而獨不見之調調之刁刁乎？」山裡長了大樹，樹上有各種各樣的孔，可以用人的感官來形容。講完之後他的學生子游就知道了，原來地籟就是眾竅。然後他就聯想到了，人籟是什麼呢？「人籟則比竹是已」，然後不懂的就是天

籟，於是「敢問天籟」。什麼是「比竹」呢？就是我國以前的一種樂器，十八根竹管排成一列，長短不一，就是這種形狀的樂器。這就是學生的理解，他認為自己已經懂了。然後他就只關注什麼是天籟。「夫天籟者，吹萬不同，而使其自己也。鹹其自取，怒者其誰邪？」這句話就解釋了什麼是天籟，即萬種不同的聲音，但是都出於自己，是自然而然發出的，而不是靠別的東西發出的。下面就有很長的一段話來描寫什麼是人籟。老師所理解的人籟和學生理解的人籟是很不一樣的。這裡他沒有直接點出來說學生的這個觀點不對，或者片面。而是說「大知閑閑，小知間間。大言炎炎，小言詹詹。」這就是說大的智慧會很悠閒，小的智慧會斤斤計較，大的言論像太陽一樣，小的言論囉哩囉唆。所以這裡講大智。莊子也講過：小知不及大知，小年不及大年。下面就寫人和人之間的各種複雜的情況，如勾心鬥角。所以他說：「其寐也魂交，其覺也形開。與接為構，日以心鬥。縵者、窖者、密者。小恐惴惴，大恐縵縵。其發若機栝，其司是非之謂也；其留如詛盟，其守勝之謂也；其殺如秋冬，以言其日消也；其溺之所為之，不可使複之也；其厭也如緘，以言其老洫也；近死之心，莫使複陽也。喜怒哀樂，慮歎變蜇，姚佚啟態——樂出虛，蒸成菌。日夜相代乎前而莫知其所萌。已乎，已乎！旦暮得此，其所由以生乎！」這實際上就是人籟。他把這樣的狀況描述了出來。人間的各種聲音的各種表現，然後分析他們產生的原因。

「一受其成形，不亡以待盡。」人一旦有了形體之後，就在這種形體中一天一天地走向死亡。不管跟外物是相離還是相若，是順還是逆，結果都是無盡的奔跑，所以他把這種狀況理解成非常悲哀的狀態。「與物相刃相靡，其行盡如馳而莫之能止，不亦悲乎！終身役役

而不見其成功，苶然疲役而不知其所歸，可不哀邪！」前面是悲，後面講哀。「人謂之不死，奚益！」人雖然活著但是不能死，有什麼用呢？「其形化，其心與之然，可不謂大哀乎？人之生也，固若是芒乎？」人怎麼會這麼糊塗呢？「其我獨芒，而人亦有不芒者乎？」還是說只有我比較愚昧，別人都不愚昧呢？然後再進一步，為什麼人會愚昧，為什麼活得這樣的悲哀，所以就一步一步地分析原因。「夫隨其成心而師之，誰獨且無師乎？」如果誰都把自己的成心成見當作老師，那麼誰沒有老師呢？「奚必知代而自取者有之？」難道只有懂得了這樣的道理才會有這樣的私心嗎？「愚者與有焉！」再愚蠢的人都有自己的看法。「未成乎心而有是非，是今日適越而昔至也。」如果沒有自己的成心而有是非，那麼這種人就很奇怪了。就好像今天要到越國去，但是昨天就到了一樣。這是矛盾的，是不可能存在的。是以無有為有。「無有為有，雖有神禹且不能知，吾獨且奈何哉！」下面就繼續分析，人的成見導致了是非。那麼到底要怎樣來去掉這樣的成心，來進一步消除是非呢？「夫言非吹也，言者有言。」人說話不像是吹風，就像是不能夠定的。「其所言者特未定也。果有言邪？其未嘗有言邪？其以為異於鷇音，亦有辯乎？其無辯乎？」莊子的文章很奇特，經常是正面問一個問題，然後反面又問一個問題，以便加深印象。如你真的講了話了嗎？還是昨天沒有講話？你說的話和初生的小鳥的聲音有不一樣，還是沒有不一樣呢？接著進一步來提問。「道惡乎隱而有真偽？言惡乎隱而有是非？」「道」為什麼分歧了，出現了真和偽。受到隱蔽後，有了是和非。「道惡乎往而不存？言惡乎存而不可？」分析其原因就是他們的「道」被隱蔽了，所以才出現了真偽、是非。「道隱于小成，言隱於榮華。」道和言都是真正有意義、

有規律的。由此就產生了儒家和墨家的對立。「故有儒墨之是非，以是其所非而非其所是。欲是其所非而非其所是，則莫若以明。」「以明」這兩個字是歷來讀《齊物論》的人所最迷茫的，且有爭論的。所以導致從古至今，所有研究莊子的人，都會對這兩個字感到迷惑不解。關於這兩個字，有很多很多的解釋，北京大學的盧雨列教授就在前幾年發表過專門的文章來討論。他把歷來的解釋搜集了，分為幾大類。但認為這些解釋都不合適，於是提出了自己的理解。我看了之後，對於他的解釋我也不贊同。所以我就寫了文章，把這個問題拿出來了。這篇文章發表在二○一一年北京大學的學報上，大家有興趣可以去查查這篇文章。我覺得這個地方是很容易理解的，「以明」就是以道明之。道被隱了，導致我們看不清楚，所以我們只能明，讓明和隱相對。用不著繞很大的圈子來，而是要通過道的角度來把他們看清楚。接下來文中又論述了為什麼要用「以明」，「以明」是什麼意思。所以這段話還是請大家好好地讀一讀，雖然讀起來還是比較難的。「物無非彼，物無非是。自彼則不見，自知則知之。」從我的這個角度沒有看清楚，但是在你的角度可能就可以看清了。

　　「故曰：彼出於是，是亦因彼。」所以彼和是是相對出現的。「是」也是因為有彼的存在而存在的。彼是方生之說也。「雖然，方生方死，方死方生；方可方不可，方不可方可。」死的東西同時也在生，生的東西同時也是在死。如果沒有死就沒有所謂的生，沒有生就沒有所謂的死。所以任何的東西既是生也是死。我們人一生下來可以說是生的，但是同時他也在走向著死亡。「因是因非，因非因是。是以聖人不由而照之於天，亦因是也。」聖人正是知道了這一點就不會用一般人的那種是非觀念來看待事物，而把這些東西用天籟關照著，

就看得很清楚了。「是亦彼也，彼亦是也。彼亦一是非，此亦一是非。」所以彼和此的是非都是無窮無盡的。「果且有彼是乎哉？果且無彼是乎哉？」是真正的有彼此還是沒有彼此呢？「彼是莫得其偶，謂之道樞。」彼此都不要追求它的對立面。這樣才能抓住道的關鍵和樞紐。抓住了道的樞紐之後，就好像站在一個圓環的中間，就可以應付無窮。如果我們站在一個圓上面，那麼我們看到的就是一個或近或遠的東西，但是如果我們站在一個圓的中心，我們就會看見圓心到圓周的點都是一樣的。可以看得清清楚楚，達到以不變應萬變的目的。所以文中說，「是」是無窮的，「非」也是無窮的。「道」就是讓我們看清楚，而不至於讓我們感到迷惑的東西。「樞始得其環中，以應無窮。是亦一無窮，非亦一無窮也。故曰：莫若以明。」

下面講了一些更加抽象的話：「以指喻指之非指，不若以非指喻指之非指也；以馬喻馬之非馬，不若以非馬喻馬之非馬也。天地一指也，萬物一馬也。」不知道我們在座的各位同學看到這樣的話是不是感到不知所云。其實這裡有一個背景，即當時公孫龍「白馬非馬」這個著名的觀點。說白馬不是馬，我們一般人認為是謬論，但是他們講的是很有道理的。所謂的馬是有這種形體的動物，所謂白是顏色是白的。所以白馬是一個具體的顏色是白色的馬。但是，它不是馬，為什麼不是？因為馬是一個概念，是我們在看完了大馬小馬所有的馬之後提出的一個概念。這個馬是什麼樣子，我們每個人都是說不出來的。比如同學們你們頭腦中想到的馬是什麼樣子的？一定會想到一個具體的馬，不會說是想到一堆術語。所以具體的白馬就不是我們提出的概念的白馬。這是很有道理的，是邏輯學要解決的問題。所以很多學派就積極地否定它，但是莊子卻不這樣。他看到了這個智慧，同時又超

越了它。他認為白馬雖然不是馬，但是到底怎麼能把這個問題說得更好，需要站在更高的角度。用一個白馬的概念來說明馬不是馬的概念，不如用馬的概念來說白馬不是馬。這個話有點彆扭，意思是以白馬來說白馬不是馬，還是以馬的概念來說白馬不是馬，哪個更好？莊子覺得後一個更好。用能指的概念來說明所指，這樣會更為清晰。要抓住抽象層次更高的這個東西來說明這個問題。看懂了這一點，再來看人間萬物，其實他們也都是一樣的概念。這就是莊子所講的《齊物論》，即人到底怎麼來看待它。莊子指出人就需要站在更高的層次上來看待事物。人站在更高的層次上，問題就看得更清楚，內容也就會更廣泛。我聽過我們學校的楊叔子院士講過一個故事。他在讀小學學數學的時候，老師教一加一等於二。就解釋說一隻雞加一隻雞就等於兩隻雞。下課之後小朋友就開始問問題了，問老師一隻雞加一隻鴨等於幾呢？一個同學說不能加，又有人說怎麼不能加呢？等於兩隻家禽。如果不能加，那麼一隻公雞和一隻母雞也不能加啊。所以抽象的層次越高，能包納的東西就越大。人的思維水準就取決於個人思維的層次，所以任何東西都可以加，莊子強調的就是這樣的思維方式。如果我們把這點理解透了，那麼就一點都不奇怪了。二千多年前的莊子就已經體會到了這些內容，他的這種思維才成就了道。如果我們最先把馬叫作牛，那麼今天的牛就會被稱為馬了。所以文章後來接著論述：「可乎可，不可乎不可。道行之而成，物謂之而然。惡乎然？然於然。惡乎不然？不然於不然。物固有所然，物固有所可。無物不然，無物不可。故為是舉莛與楹，厲與西施，恢詭譎怪，道通為一。」莛是一種細小的草梗，楹是大廳的兩個大柱子之間的部分。楹上面寫的對聯叫作楹聯。一個很大的柱子和一個草梗相比，當然會有

很大的差別。我們人站在人世中，總覺得差別很大。但是站在九霄之外來看這些，還會有這麼大的差別嗎？所以道就可以說為是一個很高很高的支點。如果站在那個支點上看人間，就不會覺得有那麼大的差別，在他看來都是一樣的。但是我們人呢，都認為自己很聰明，可以進行區分。但是分的同時，既有得也有失。分了之後會成就一些事情，如我們的大學裡劃分了很多的學科，化學、地理、數學等。但是我們也應該看到成就的同時也會喪失一些東西。比如把一個有機連繫的整體割裂開，我們看不到它的整體，所以我們也就會毀了一些東西。這樣的觀點看問題是非常深刻的。所以在道家看來，所有的東西都可以化作一個整體。這樣的觀點可以用於我們生活當中的每一個事情。「庸也者，用也；用也者，通也；通也者，得也。適得而幾矣。」這句是我認為後來的人為了解釋什麼是「庸」加進去的話。古代的經典經常會出現這樣的情況。順便我們可以介紹一下，中國有一部著名的作品叫《中庸》。中庸是什麼意思？朱熹解釋為不偏是為中，不易之為庸，不易就是不變。其實我覺得這個解釋是有問題的，莊子的解釋倒是比較好。庸就是用，不是我們理解的中庸的人就是一種沒有原則的人，好好先生。這樣來理解就完全錯了，他強調的是中。中就是和，不要走極端，達到一個和諧的效果。然後把這個道理用於所有的情況之中，所以前幾年我就寫了一篇文章，題目是《中庸的教育學意義》，就把它解釋為和諧哲學及其應用。我覺得這樣來理解中庸會比較合適。這樣來做就能夠看清人世間的很多問題。而且已而不知其然，這就是道。很多事情原本就是這個樣子，但是我們人不知道其中的原因。我們經常說一個人知其然不知其所以然。這個地方就強調了道的神祕性。道使得萬物出現這個狀況，使得呈現這個樣子。但是我

們不知其所以然，這就是道在起作用。但是我們人總會認為自己很聰明，費心地去追求一個極端，而不知道它們本質上是相通的。這樣的行為我們稱之為朝三，我們知道有個著名的成語叫朝三暮四，就是從這裡來的。莊子講的原則是什麼樣的呢？何謂「朝三」？狙公賦芧。狙公就是養猴子的老頭，芧就是一種食物。曰：「朝三而暮四。」早上給你們三升，晚上給你們四升。眾狙皆怒。曰：「然則朝四而暮三。」那早上給你們四升，晚上給你們三升。眾狙皆悅。我們看到這個故事覺得很好笑，會想猴子為什麼這麼蠢。「名實未虧而喜怒為用，亦因是也。」為什麼會這樣，就是因為站的角度不一樣，眼界很淺才會導致這樣的結果。所以朝三暮四原本是這樣的意思。我們後來用此形容人的想法多變，早上一個想法，晚上一個想法，容易變。其實我們應該想想自己，又何嘗不是這樣呢？我們總是認為自己很聰明，認為人是萬物靈長，認為其他的物體都是為自己服務的。其實我們做的很多事情也是蠢事。所以西方有一種說法：人類一思考，上帝就發笑。為什麼會出現這樣的說法呢？因為西方人把上帝想成是一種高高在上的、全知全能的神，實際上跟中國古代的道是一樣的。上帝很冷靜地看著世間的一切，人類以為自己很聰明，可是一旦他開始思考問題，在上帝看來卻是很好笑的。同樣，莊子也是在講這個道理，如果站在道的高度，站在九霄雲上來看人間的這些事情，一樣會覺得很可笑。所以聖人就不會像我們一樣。「是以聖人和之以是非而休乎天鈞，是之謂兩行。」聖人不會去追求是非，而是追求天然的均平。大自然有自己的規律，所以莊子說天地有大美而不掩。天地的大美，用康德的說法，就是無目的的合乎目的性。它沒有任何目的，但是它的效果就合乎目的。這是由它自身的規律所造成的。所以莊子把這樣

做稱之為兩行。其實是和非都有各自的道理，都是可以成立的，用不著我們人類刻意地去追求是和非。然後莊子就指出我們人類的認識，是有一個變化發展的過程的。

「古之人，其知有所至矣。」古人們的智慧達到了一個很高的高度了。達到了什麼樣的高度呢？「有以為未始有物者，至矣，盡矣，不可以加矣！」最早認為天地無物，這個無就是道家所說的無為。所以莊子也是強調無名、無功、無己、無用、無為。無不等於什麼都沒有，是已經達到了一個很高的高度。無中可以生有，萬物都是從無中生長出來的。這樣的看法和我們現在研究宇宙的生成、大爆炸的學說是很相似的。宇宙是怎麼來的？現在認為是由於黑洞某一天大爆炸而來的。「其次以為有物矣，而未始有封也。」封就是分，後來是有，但是有還沒有分。再其次是有了分，但是沒有是非。等到我們的是非很明顯了，道就虧了。「道之所以虧，愛之所以成。果且有成與虧乎哉？果且無成與虧乎哉？」到底是有成和虧還是沒有成和虧呢？「有成與虧，故昭氏之鼓琴也；無成與虧，故昭氏之不鼓琴也。」昭氏是當時非常擅長鼓琴的人，他可以演奏出很好的樂曲，這是他的成就，但是同時成也有虧，因為當他演奏這個樂曲的時候其他更好的聲音是沒有辦法發出的，所以昭氏就可以鼓琴，無成與虧那麼昭氏就不可以鼓琴。「昭文之鼓琴也，師曠之枝策也，惠子之據梧也，三子之知幾乎皆其盛者也，故載之末年。」這三個人的成就是很高的了，所以歷史把他們記載下來，但是他們的這種做法也帶來了問題。「唯其好之也以異於彼，其好之也欲以明之。」正是因為這個問題，所以他們一生都在堅持自己的觀點。一個石頭又堅又白，那麼這是一個石頭，但是堅只有靠我們的手去觸摸才能知道堅還是不堅，白需要我們的眼睛

去看，到底是白還是不白。石頭的這三者是分開的。這個觀點有一定的道理，但也有一定的問題。所以正是因為他們這樣做了，好像有成就感，但是也就有了他的虧。「而其子又以文之綸終，終身無成。」卻是一代不如一代，終身無成。如果是這樣可以看作是成嗎？如果這樣就可以成的話，那我也可以成。「若是而不可謂成乎，物與我無成也。」所以任何事情都是有相對性的。這種東西就會引起我們的疑問和疑惑。「是故滑疑之耀，聖人之所圖也。為是不用而寓諸庸，此之謂『以明』。」什麼叫作「以明」？那就要抓住道通為一，道能夠讓萬物相通成為一個整體。但是這樣的一個概念依然很抽象，所以要進一步地將道通為一的道理加以說明。

「今且有言於此，不知其與是類乎？其與是不類乎？類與不類，相與為類，則與彼無以異矣。」今天的看法，到底和是是不是一類呢？還是說跟是不是一類呢？是一類還是不是一類都是和道相比的。因此就沒有差別了。儘管這樣莊子還是要進一步來說明一下。「雖然，請嘗言之：有始也者，有未始有始也者，有未始有夫未始有始也者；有有也者，有無也者，有未始有無也者，有未始有夫未始有無也者。」從現有往前推，永遠可以推下去。「俄而有無矣，而未知有無之果孰有孰無也。」所以人的認識是發展的，是無窮無盡的，追根溯源談得很多很多。「今我則已有有謂矣，而未知吾所謂之其果有謂乎？其果無謂乎？」這些東西我是講了，但是真的是有這些東西還是沒有這些東西呢？所以莊子把自己的東西也加以否定，加以超越，就在於他也怕人陷入了這些觀念當中。然後就引出了「道通為一」真正的含義。

所以就得出結論：「夫天下莫大於秋毫之末，而太山為小；莫壽

乎殤子，而彭祖為夭。天地與我並生，而萬物與我為一。」所以我們把前面的東西看了之後就會知道天下什麼東西是大，什麼東西是小。我們正常的想法是很不一樣的。莊子認為天下最大的是秋毫之末，即秋天馬身上的毫毛，其實是小之又小的，但莊子認為是很大的。我們認為天下最大的是泰山，但在莊子看來泰山反而是小的，為什麼呢？因為事物都具有相對性。雖然秋毫之末小，但是有比它更小的東西，是沒有窮盡的，如果站在這樣的角度來看，秋毫之末就是最大的。泰山雖然大，但是比泰山大的東西多得是。有我們的地球、太陽系、銀河系，永遠是說不完的。所以站在這個大的角度來看，泰山就是小的。這種看法是非常深刻的。剛出生的小孩就夭折了，可以說壽命很長了，因為世界上還有比活一分鐘更短的生物。彭祖雖然在我們看來長壽，但是比他長壽的仍有很多。所以莊子在《逍遙遊》裡說：「楚之南有冥靈者，以五百歲為春，五百歲為秋。上古有大椿者，以八千歲為春，八千歲為秋。此大年也。而彭祖乃今以久特聞，眾人匹之，不亦悲乎？」這裡他就講了一個很極端的例子，說明事物具有相對性。我們站在一定的角度來看，就會差別很大，站在另外的角度就會得到另外的結論。所以如果我們站在更高的角度來看的話，天地與我同歲，萬物和我是一個整體。但是我們認識這個問題是很困難的。「既已為一矣，且得有言乎？」那我們是不是不說呢？這又是個很難的問題了。既然已經是一個整體了，我們還需要去言說嗎？「既已謂之一矣，且得無言乎？一與言為二，二與一為三。」客觀存在的「一」和我們所說的「一」是不一樣的。這個例子是很難理解的。在禪宗裡有講到這個例子。唐朝有一個人叫魏鑫，他說：三十年前老僧未參禪時，見山是山，見水是水；三十年後參禪，見山不是山，見水

不是水。而今老僧見山依舊是山，見水依舊是水。什麼意思？即沒有參禪的時候看見山就是山，看見水就是水。參禪時看見山就不是山，水也不是水了。這個時候已經把人和山、水完全分開了、對立了。參禪之後把人和山、水又連繫在一起了，所以他看山就是山，看水就是水。所以有著名的詩句：我見青山多嫵媚，料青山見我應如是。兩者之間有了相互的作用，然後又上升了一個臺階。依舊見山是山，見水是水。為什麼？因為他又重新讓自己回歸到了大自然。但是這裡的見山是山和前面的見山是山就不一樣了。螺旋上升之後又回到這個地方。「自此以往，巧曆不能得，而況其凡乎！」那這樣說，再會說的人也很難將此說清楚。更何況一般的人呢？「故自無適有，以至於三，而況自有適有乎！無適焉，因是已！」天下的事物要是這樣說下去那不就沒有窮盡了嗎？永遠不能說完。所以他說不要這樣去做了，就讓他這樣吧。沒有我就說不上他，沒有他也就說不上我。所以人為是有一個相互的連繫。但是我們不知道什麼東西讓我們成為現在這個樣子，好像有一個真主讓我們這樣了，但是我們沒有把握住他的真。據說我們人身上有一百塊骨骼，實際上是不止這麼多，有九竅，這是人的典型象徵。但是我們人和哪個器官親近呢？還是說我們會有私心呢？我們人體的器官最終都組成了我們人類的整體。人是沒有辦法區分誰貴誰賤，誰主誰君的。我們天下萬物不都是這樣的關係嘛？但是我們人又自己以為很聰明，把從來沒有分別的道加以區分，有了界限。我們因為追求是非，所以有了界限。「六合之外，聖人存而不論；六合之內，聖人論而不議；春秋經世先王之志，聖人議而不辯。」所以聖人們那種超然的態度，聖人對於六合之外的事物承認它的存在但是不論。六合之內的東西聖人是論而不議。到了春秋先王經

世之治的時候，聖人是議而不辯。所以莊子是不太同意辯的這種態度的。「故分也者，有不分也；辯也者，有不辯也。」那我們應該怎麼辦呢？「眾人辯之以相示。」眾人是用辯來表明自己的聰明，而聖人是用懷疑。把這些東西都理解為客觀存在，能夠理解，但是不去辯論它。凡是辯就肯定有看不見的東西。現在很提倡大型的辯論賽，可以看到這個辯論實際上是有很多的弊端的。當然了我們要承認它的好處，比如可以鍛鍊人的口才，從思維上去挑別人的漏洞可以為自己的觀點進行辯護。實際上越是堅持自己的主張，就越是凸顯了自己的缺陷。本來會很容易看到的東西就會看不到。所以莊子的觀點是不辯，即辯無勝。那麼他主張什麼樣的態度呢？「大道不稱，大辯不言，大仁不仁，大廉不嗛，大勇不忮。」真正會辯論的人不會去跟人爭辯，大道不會去需要自己去稱道。大仁，仁者愛人。芻狗是什麼？是以前祭祀的時候用草紮起來的一個動物或者人的形狀的對象。這個東西在祭祀的時候非常的重要，沒有的話祭祀就沒有辦法進行。但是祭祀結束後人們就會將其隨意扔掉。所以你們認為它是重要還是不重要呢？說不清楚。所以說是無所謂重要也無所謂不重要。聖人將萬物都看作是芻狗這樣的東西。說它重要，都很重要，說它不重要，則都不重要。這就叫作天地不仁。聖人把百姓都看作是芻狗一樣，那麼聖人也就不仁了。

所以，無所謂仁還是不仁，都要一視同仁。去年的五一二汶川大地震，有記者寫報導說「天地不仁」，說天地不愛惜生命，天地不愛人。其實是恰恰把《道德經》理解錯了。所謂真正的大仁不仁，就是無所謂仁還是不仁，都是一視同仁的。如果萬物一體，那麼重要的都是不重要的，不重要的都是重要的；愛就是不愛，不愛就是愛，類似

于墨家的兼愛。大廉不嗛，真正的廉潔不會刻意地去謙遜。大勇不忮，真正勇敢的人不會真正地去傷害別人。這就是莊子所推崇的大仁、大勇、大廉。言當我們去辨別的時候肯定有所不及，言如果停留在某個人的身上肯定會做到不周。年輕如果自己顯示出來，別人就不相信了。勇敢如果去傷害了人，那麼也不是真正的勇敢了。所以這五者就像一個圓一樣，這就是真正的道了。所以我們要知道自己的缺陷，要知己所不知。《道德經》裡有一句話叫「知止不殆」，就是我們要知道在什麼時候停下來，才不會發生危險。所以道家有一個主張，人應該「知止其所不知」，這就是智。可是我們總是認為自己是萬能的，我們可以用科學推出科學理論的時候，認為科學萬能，可以把所有的問題都能解決。這是錯誤的觀點，人必須「知止其所不知」，是科學無法去完成的。我們就需要別的東西，而不能一味地靠科學。這個問題康德在兩百多年前就看得非常清楚了。大家對康德了解多少？可能就知道名字。但是康德是人類歷史上非常重要的哲學家，非常了不起。他一輩子活了八十歲，但是一輩子沒有離開過他出生的那個小鎮。他讀大學的時候因為家裡貧寒，沒有畢業就離開了學校，當了家庭教師。然後有了一點經濟基礎之後，回到學校發表了論文，同時因為他的優秀成績，成了學校編外的一個教師。所謂編外教師就是沒有編制的，靠學生上課，有多少學生能上課就給他多少工資。所以他一直是比較貧窮的，後來通過了很多年的奮鬥之後，終於成了正式的教師，然後當了教授，最後當了格里斯堡大學的校長。而且因為他的出名，後來普魯士的皇帝想請他到柏林大學當校長，被他拒絕了，他說自己身體不好，不願意再離開家鄉。也因為這個原因，他一輩子沒有結婚。因為他之前一直很窮，他自己總結說「當我需要

的時候，我沒有能力；當我有能力的時候，我不需要了」。他的生活習慣一輩子從未改變，不管春夏秋冬，在早上五點差一刻的時候讓他的老僕人把他叫醒，五點鐘坐到書房裡，工作一個小時，六點鐘開始吃早餐，之後如果有課就去上課，如果沒課就繼續坐到書房看書寫作。中午的時候必定是要請幾位朋友一起到他家吃午飯。人數三個以上，七個以下。吃完飯以後三點一刻開始散步，散步的路徑是一致的，什麼時候走到哪個房子，什麼時候走到哪個街，時間一點都不差。當地的人說他們都不需要鐘錶，只要看到康德先生走到哪個地方，就知道是什麼時間了。這就是康德，一個經歷普普通通、非常簡單的人產生了這麼大的影響。他用他的一輩子創建了批判的哲學，即三大批判：純粹理性批判、實踐理性批判、判斷力批判，都是了不起的理論。純粹理性批判是用純理性的界限，說明不能用理性和科學解決所有的問題。所以康德有一個結論：在自然界裡自然界的律法可以認識自然界，但是人也必須用知識給知識劃定地盤，給信仰留出空間。信仰不是科學能解決的問題，所以有了後面的實踐理性批判。人的道德不是科學，是自己給自己立法，注重內心的修練。還有就是判斷力批判，什麼叫美呢？合乎目的性就叫美，就是大自然的無目的的合目的性。這三種批判把人的認識分為三個區域。所以我們人對真善美有著永恆的追求，就是在每個領域有不同的追求、規律、法則，因此就符合莊子所講的「知止不殆」。故我們認識世界，必須看到世界是多元的，不能搞一元論。一個人如果知道了「不言之辯，不道之道」，那麼就是達到了天府的境界。我們將四川稱為天府之國，天府就是一個天然的府庫，什麼東西往裡面放都不會溢出來，不會滿。「注焉而不滿，酌焉而不竭，而不知其所由來，此之謂葆光。」即指

一種隱藏的很深奧的光輝。這就是南郭子綦回答他的學生什麼是天籟。認識道，道通為一，天地與我並生；然後不用言，不用辯。這樣才能到達天府和葆光的境界。這個境界就是天籟的境界。從文字上看後面再也不提天籟了，可是從內容上看，全文都涉及這個主題。所以人籟就是兩種不同的表現：一種是自己的成心，只會導致事事紛爭，永無窮盡。人就是一輩子的不知疲倦地追逐，沒有任何的意義。如果認識大道，就可以達到天籟的境界。道就是自然而然，我們人類要按照自然規律去做，才能夠達到人與自然的和諧。讀莊子我們有三個境界：第一個是霧裡看花；第二個是隙中窺月；第三個是酩酊纜山。讀莊子的《齊物論》則讓人豁然開朗，當然，這需要一個很長的過程。我也是看了這麼久才看到了這一點。

接著他講了五個故事。

第一個是堯和舜的故事。

堯問於舜曰：「我欲伐宗、膾、胥敖，南面而不釋然。其故何也？」舜曰：「夫三子者，猶存乎蓬艾之間。若不釋然何哉！昔者十日並出，萬物皆照，而況德之進乎日者乎！」

那舜到底贊不贊成攻打這個國家呢？不贊成！而且是明捧暗貶。以此就可以看到萬物都有它的合理性，不要以為是大國、文明水準很高就可以隨隨便便的攻打那三個小國家，從而破除了堯的個人中心主義。舜巧妙地提醒堯不要這麼做，認為這三個國家雖小，但有其存在的理由。

第二個故事是堯的老師齧缺和齧缺的老師王倪的故事。

齧缺問乎王倪曰：「子知物之所同是乎？」曰：「吾惡乎知之！」「子知子之所不知邪？」曰：「吾惡乎知之！」「然則物無知邪？」

曰：「吾惡乎知之！雖然，嘗試言之：庸詎知吾所謂知之非不知邪？庸詎知吾所謂不知之非知邪？且吾嘗試問乎女：民濕寢則腰疾偏死，鰍然乎哉？木處則惴慄恂懼，猨猴然乎哉？三者孰知正處？民食芻豢，麋鹿食薦，蝍蛆甘帶，鴟鴉耆鼠，四者孰知正味？猨猵狙以為雌，麋與鹿交，鰍與魚遊。毛嬙麗姬，人之所美也；魚見之深入，鳥見之高飛，麋鹿見之決驟，四者孰知天下之正色哉？自我觀之，仁義之端，是非之塗，樊然淆亂，吾惡能知其辯！」齧缺曰：「子不利害，則至人固不知利害乎？」王倪曰：「至人神矣！大澤焚而不能熱，河漢沍而不能寒，疾雷破山、飄風振海而不能驚。若然者，乘雲氣，騎日月，而游乎四海之外，死生無變於己，而況利害之端乎！」

我們都是用人類中心主義來看什麼是美什麼是醜的。用這個思想可以破除人類中心說。人自己認為是萬物的靈長，不顧及其他的想法。正是因為這樣，西方的後現代就是解構人的這種思想，超越死和生。

第三個故事很長：

瞿鵲子問乎長梧子曰：「吾聞諸夫子：聖人不從事於務，不就利，不違害，不喜求，不緣道，無謂有謂，有謂無謂，而遊乎塵垢之外。夫子以為孟浪之言，而我以為妙道之行也。吾子以為奚若？」長梧子曰：「是皇帝之所聽熒也，而丘也何足以知之！且女亦大早計，見卵而求時夜，見彈而求鴞炙。予嘗為女妄言之，女以妄聽之。奚旁日月，挾宇宙，為其吻合，置其滑涽，以隸相尊？眾人役役，聖人愚鈍，參萬歲而一成純。萬物盡然，而以是相蘊。予惡乎知說生之非惑邪！予惡乎知惡死之非弱喪而不知歸者邪！

人對生死的看法都是樂生惡死，但其實人對生死的看法也是迷惑的。

有一個麗姬悔泣的故事：

麗之姬，艾封人之子也。晉國之始得之也，涕泣沾襟。及其至於王所，與王同筐床，食芻豢，而後悔其泣也。予惡乎知夫死者不悔其始之蘄生乎？夢飲酒者，旦而哭泣；夢哭泣者，旦而田獵。方其夢也，不知其夢也。夢之中又占其夢焉，覺而後知其夢也。且有大覺而後知此其大夢也，而愚者自以為覺，竊竊然知之。「君乎！牧乎！」固哉！丘也與女皆夢也，予謂女夢亦夢也。是其言也，其名為吊詭。萬世之後而一遇大聖知其解者，是旦暮遇之也。

莊子還有一個很有趣的故事，有一天他在路邊看到了一個骷髏頭，他就用馬鞭敲打這個骷髏頭，問了一大堆問題，但這個骷髏頭沒有回答他的這些問題。然後莊子就把這個骷髏頭拿回家當枕頭用了。到了半夜骷髏頭出現在他的夢裡，跟他說話。說你們活著的人認為我們死了就一定很痛苦，很慘，但是其實我們也有我們的好處，你想聽麼？莊子說想聽。骷髏頭說我們死了之後世界裡就再也沒有了君臣之分，冬夏秋冬沒有事情操勞，我們這些人的快樂在人間的王都得不到。結果莊子不相信，就說，我讓主掌生死的人來讓你恢復骨肉和生命，讓你再次來到人間，和你的親人相聚，你願意嗎？然後骷髏頭就說不願意，不願意再回到人間受苦。人總是覺得死就是極大的痛苦，其實不然。孔子也有學生問生死的問題，在課堂上孔子覺得不好講生死，事後子貢在私下問他，問人死了之後有沒有知覺。孔子說如果有，那麼子女們就會去送東西；如果沒有，那些不肖子孫就不會送葬了。由此就形成了宗教，宗教就是要造出一個來世。基督教講求天

堂，佛教不僅有後世還有前世。所以這些話都是很怪異的話，只有在萬世之後有一個大聖人出現，才能來解答這個問題。其實辯論是沒有輸和贏的。如果我勝了你，你覺得我一定正確嗎？我讓什麼人將這個事情說清楚呢？我和你和人都不可能將這個問題講清楚。這是一個相對的觀點，不能把事情擴大化。「『何謂和之以天倪？』曰：『是不是，然不然。是若果是也，則是之異乎不是也亦無辯；然若果然也，則然之異乎不然也亦無辯。化聲之相待，若其不相待。和之以天倪，因之以曼衍，所以窮年也。忘年忘義，振於無竟，故寓諸無竟。』」

第四個故事，是影子和人的對話。

罔兩問景曰：「曩子行，今子止；曩子坐，今子起。何其無特操與？」景曰：「吾有待而然者邪？吾所待又有待而然者邪？吾待蛇蚹蜩翼邪？惡識所以然？惡識所以不然？」

有待是萬物所必需的，所以萬物都處於有待之中。這是一個非常辯證的觀點。我們年輕人追求絕對的自由，這是不可能的，莊子所提倡的自由也是一個相對的、消極的自由。我認識到客觀性，我可以不做，不做就可以讓你感覺到更自由了。以此來看待莊子的自由，才是比較符合其本質的。正是因為人破除了本質之後，才達到境界，做到無上我。

最後一個故事是有名的莊周夢蝶。

昔者莊周夢為蝴蝶，栩栩然蝴蝶也。自喻適志與！不知周也。俄然覺，則蘧蘧然周也。不知周之夢為蝴蝶與？蝴蝶之夢為周與？周與蝴蝶則必有分矣。此之謂物化。

這個故事我們很熟悉，但要真正的理解卻不容易。這個「昔」通「夕」，即是一個晚上。不知道是莊子做夢變成了蝴蝶還是蝴蝶變成

了莊子。我們現在的人也做夢，但是不會問這樣的問題。「物化」，就是萬物都是變化的，相互之間可以變化，所以莊周可以變成蝴蝶，蝴蝶也可以變成莊周。物我兩忘就是至人無己的境界，所以這就是莊子所追求的最高的境界。這篇文章我們算是很粗略地看了一遍。這篇文章在文學和哲學上都達到了很高的境界。現在對此有所研究的有中山大學陳京龍教授所著的《齊物論及影響》，這是他的博士論文。還有一位四川民間學者陳學成所寫的《禪說莊子——齊物論》，整本書就是在談《齊物論》，大家有興趣可以去讀一讀。

讀完這篇文章，我現在想到了兩個最關鍵的問題：哲學的真諦到底是什麼？現在，我們對哲學已經有了一個偏見，認為哲學是一個玩弄概念的學科，其實哲學不應該是這樣的，而應該是像莊子所闡述的一樣，道通為一。這是哲學最根本的問題。哲學到底應該抓住什麼東西。道通為一有兩點內涵：道是天地相通為一體。所有的道在本質上都是相同的。庖丁解牛的故事我們都聽過，他解牛的動作非常熟練，因為他追求的是道，剛開始看見牛就只是看見一個牛，後來看到的是牛的局部，之後就看到了牛身體中的各個關節，最後，牛的筋骨都慢慢地展現在他的眼前了。文惠君之後讚揚他：「善哉，吾聞庖丁之言，得養生焉。」大家就有疑惑了，為什麼看見解牛就知道怎麼養生了呢？因為道通為一。庖丁解牛就是依乎天理，存乎自然。所有的東西都是這樣的。

下面我來講講道通為一有什麼價值：第一，它消解了個人中心主義，消解了孤立主義，讓人知道了人存在的價值。馮友蘭先生把人的境界分為四種境界，即自然境界、功利境界、天地境界、道德境界。莊子追求萬物一體，與天地齊平，是達到了天地的境界。第二個意

義，知道了人的價值。人的生命是有限的，而知識是無限的，用有限的生命去追求無限的知識，所以就很疲憊。知道了很累還去追求知識，其實這是一種智，而且是一種小智。大智就是大道。治理國家不能靠小聰明，而是要看大的方面，靠大智慧和大道。莊子指出我們應該要去追求大智慧、大道，而不要去追求具體的意義。我們每個人都有一個專業，需要用專業謀生，但是每個人要昇華到道的境界，才能把工作做好。我們不反對智，但是要追求大智，這樣會讓我們的智慧上升一個境界。境界浩如大海，無窮無盡。所以把注意力放在什麼地方，是需要一個境界的。那麼哲學有什麼意義？哲學就是求道求通。究天人之際，通古今之變，成一家之言，這是中國古今都在追求的境界。所以一個通字就幾乎概括了哲學的真諦、精髓和最高境界：通古今、通精髓。中西方哲學之間的相互挑剔這都是偏見。我們需要打通古今，打通中外，學問是沒有古今中外之分的，這是哲學應該追尋的。哲，知也。哲學是讓人知道如何知道自己是人的一個智慧的科學，哲學是提升人生真理的學科。如何來提升人的境界？我們每一個人有自己的人生，就會有每個人的哲學。早日思考，就會有自我的提升。那麼我們如何來品味自己的人生境界呢？王蒙認為人生的最高境界就是成為化蝶的境界。但是我們怎麼才能達到化？一種無上我的境界，通過庖丁解牛將忘無我化，達到化境。莊周夢蝶即達到了物我兩忘，達到了一種至人無己的境界，把自己融入自然。從這一點而言，儒家和道家是相同的、相通的，即將心融入萬物之中。我們今天講的老百姓的境界，其實是一樣的，該喜則喜，該怒則怒。所以理學家程顥有一首詩：

萬物靜觀皆自得，四時佳興與人同。

道通天地有形外，思入風雲變態中。

這樣的儒學大師，對道的看法也是一樣的。真正的大師肯定承認普遍的價值，後來的宋明理學正是由於兩者的結合才成為博大的文化。我們不應該偏廢一方，我們不會因為唯讀了哪一家的學說就會去自殺，更不會走向極端。

2009年於華中科技大學演講

陳玉蓉根據錄音整理

中國與世界

英美國家崛起的經驗及其啟示

張文木　國際戰略問題專家、

北京航空航太大學戰略問題研究中心教授

今天過來想就我做國際政治研究的一些經驗和體會，尤其是對英美國家崛起過程中的一些經驗教訓的研究心得與大家交流。

我讀書的最大感受是學問要與國家的前途共命運，只有如此，我們的學問才能有可持續的深入。中國傳統文化講「格物致知」，也講正心、修身、齊家、治國、平天下。前者講的是「是什麼」的問題及發現和解決問題的「實事求是」的方法，就是說，發現的真理一定是具體的，即「格物」後的「致知」，而不是不經過「格」的具體事物的普世真理；後者講的是「為什麼」的問題及改造主觀世界和改造客觀世界的關係，要求人在改造客觀世界前要有立場，無立場，學問研究就無以深入，就不可持續。心正，學問才有內心的根基，主觀世界有了根基才可改造客觀世界即修身齊家治國平天下。具體說到國際政治學研究，我們的研究更要「格物致知」，不能脫離實際，要為中國的國家命運思考，要立足於為中國解決實際問題。

學習有「大學」和「小學」之分，「四書」中第一篇就叫《大學》，說的就是做學問的大方法，這個方法是什麼呢？就是「致知在格物，格物而後知至」[1]，用現在的話說，就是理論結合實際和實事

---

[1] 《大學》，山東友誼書社1992年版，第14頁。

求是。我們是大學生，就要學大方法。這個大方法要求我們「致知在格物」，那對我們來說，這個「物」是什麼呢？就是我們的國家。學習是為了我們的國家，為了中華民族的偉大復興，這不是小本事，而是本事之本。有國才有家，沒有一個民族在它失去國家後還能夠有尊嚴，有發展。所以，《大學》中「家」與「國」是連為一體的，「家齊而後國治，國治而後天下平」[1]。

大家知道猶太民族是相當聰明的，但在第二次世界大戰前他們也只是小聰明，上紀元初猶太民族被羅馬人屠城，而後便失去國家，流浪於世界，因此也就沒有了國家的觀念。二〇〇七年咱們有一個長期僑居法國的學者叫高行健，得了諾貝爾文學獎，我記得他當時說祖國是隨他走的。猶太人的「祖國」也是隨個體猶太人一起走的，可結果走到哪裡了呢，走到納粹的焚屍爐裡去了。猶太人的耶和華大神，是在猶太人命運最悲慘的時候出現的，但這個救世主並沒有從納粹集中營中救出多少猶太人。就個體而言，猶太人是相當聰明的：馬克思是猶太人，愛因斯坦、佛洛伊德都是猶太人。猶太人不僅學問做得好，而且能賺錢。但是錢也沒有能夠拯救他們。這說明再聰明的人，那只是小聰明，如果沒有國家，那他們的命運將是很悲慘的。

前兩天有一個朋友給我打電話時講到現在香港人很講實惠的事情，實惠到什麼程度呢，你說找工作，人家說「找事做」；你要「說相聲」，人家說要「搞笑」；可以說香港人看問題一下就看透了。我說這說明英國的殖民文化是有戰略的。英國給自己的民族講的是莎士比亞，講唐璜，講拜倫，講雪萊，有主義，有理想；但是對香港人講

1　《大學》，山東友誼書社1992年版，第14頁。

的是什麼呢？他們讓香港人在物質上和精神上只能向西方人討「飯」吃，自己不能有自主的物質和精神生產。英國人統治殖民地的方式是把殖民地人變為「找食」者，而把英國人自己變成「造食」者。造食者要有造食的文化，這個文化是什麼？就是他們的莎士比亞、拜倫和雪萊，就得要有一系列這樣的人物，就得要有邱吉爾。至於殖民地，英國人告訴那裡的人民：你們是出不了——當然也不允許——這些人物的；你們沒有偉大、崇高、英勇、正義等，這些東西只能去西方找。

目前流行於東亞地區的一些功夫片，其中的主角形象多是一些好勇鬥狠的地攤俠客，只講義氣而無主義。相反，像霍元甲、李小龍這些有理想和主義並為中國人打出威武和正義的拳手，則沒有活得太久。比如李小龍只活了三十三歲，決心繼承父業的李小龍的長子李國豪在其事業初有聲色的時候，也隨一起「誤擊事件」而英年早逝，死時年僅二十八歲；清末曾多次打敗洋人的愛國武術大師霍元甲也是在年僅四十二歲時便「不意中毒身亡」。這些同類人物同命運的結局使我們不能不懷疑其後是否有著某種連繫。我們再看看曾經歷過英國、法國和日本殖民統治的東亞國家和地區的言情片，其中許多片子中的三角苦戀都以一方「已買了去紐約的機票」或另一方在機場目送天空中剛起飛往西方某國的飛機為解脫。這樣的結局其實是在暗示：西方才是人生的「伊甸園」，到了西方也就找到了道德的制高點。

我們再看看英國在印度的文化戰略。英國給印度塑造了一個最大的「英雄」，他就是甘地：一個「非暴力不合作」的乾瘦老頭，任你怎麼打，也絕對不還手，不反抗。二○○○年我曾從印度北面新德里一直走到南面的海邊，一路只見人吵架卻不見打架。這可能是英國鼓

吹甘地精神的結果，這樣做在處理人民內部矛盾時是好的，但在民族矛盾上升的時候就不好了。英國人不會在香港鼓勵毛澤東精神，正如美國人不會在美洲鼓勵格瓦拉精神一樣。甘地很像中國那個靠乞討辦教育的武訓，放棄武裝，一天坐在那裡「阿彌陀佛」，但靠這些並不能解決被壓迫人民的解放問題。《武訓傳》在中國受到了批判[1]，而甘地在印度則被尊為「聖雄」。印度什麼東西都保留著，就是放棄了革命。這對印度的未來來說，其後果是災難性的。這個道理，連美國佛蘭克林·羅斯福總統也看得明白。在德黑蘭會議期間，羅斯福對史達林說：「議會制政體對印度是不適合的，最好的解決辦法是在印度創立某種類似蘇維埃的制度，從下面開始，而不是從上面開始，也許這個就是蘇維埃制度。」這句話一語雙關，一方面他想暗示史達林印度是蘇聯的勢力範圍，另一方面是說自主創新的社會制度沒有革命是建立不起來的。史達林同意並接過羅斯福的話說：「這意味著走革命道路。」[2]黑格爾對印度文化的概括更為精闢，他說：「大體說來，印度文化的分布只是一種無聲無息地擴張，那就是說，沒政治行動。」[3]

革命，對一個民族的進步是如此重要，以至馬克思說「革命是歷

1　《武訓傳》講武訓以「修個義學為貧寒」的理想，靠出賣苦力掙錢，甚至不惜自殘自賤，爭取施捨，靠行乞三十八年，最終在柳林、臨清、館陶建起了三處義學。1951年5月20日，毛澤東親自撰寫並發表《應當重視對電影〈武訓傳〉的討論》，嚴厲批評說：「承認或者容忍這種歌頌，就是承認或者容忍誣衊農民革命鬥爭、誣衊中國歷史、誣衊中國民族的反動宣傳，就是把反動宣傳認為是正當宣傳。」《建國以來毛澤東文稿》第二冊，中央文獻出版社1992年版，第316頁。

2　《史達林與羅斯福的會談記錄》（1943年11月28日），載沈志華主編：《蘇聯歷史檔案選編》第17卷，社會科學文獻出版社2002年版，第402-403頁。

3　（德）黑格爾著，王造時譯：《歷史哲學》，上海世紀出版集團、上海書店出版社2001年版，第141頁。

史的火車頭」[1]。美國也曾是英國人的殖民地，但早期的美國人有反抗和革命的精神，這種精神的人格化身就是華盛頓，儘管華盛頓在獨立戰爭前也沒有多少獨立意識。他曾給英國的殖民地官員寫信說「我對我的國家真是太熱愛了」[2]，「我不求別的回報，但圖為國效勞的滿足」[3]，表示對英國在美國的殖民利益，「我將盡力維護之，直到生命的最後一刻」[4]，以此忠心乞求「讓我留任現職」。虧得當時的英國殖民官員忽視了在殖民軍中只是小小「上校」[5]的華盛頓的乞求，沒有給華盛頓予以重用，不然美國歷史上就少了這個開國總統。英國不允許在美國出現英雄，但美國革命卻將普通的一個英國殖民軍的「志願軍」[6]上校，變成了美國獨立戰爭的英雄和開國總統。

美國人深受英國的壓榨，更懂得剝奪殖民地的自主生產能力是英

1　馬克思：《1848年至1850年的法蘭西階級鬥爭》，《馬克思恩格斯選集》第一卷，人民出版社1972年版，第474頁。

2　注意，這裡的「我的國家」指的是英國而不是後來獨立後的美國。見華盛頓：《致理查·柯爾賓》（1754年1月28日）。（美）約翰·羅德哈梅爾選編，吳承義等譯：《華盛頓文集》，遼寧教育出版社2005年版，第32頁。

3　華盛頓：《致羅伯特·丁威迪》（1754年5月18日）。（美）約翰·羅德哈梅爾選編，吳承義等譯：《華盛頓文集》，遼寧教育出版社2005年版，第35頁。

4　華盛頓在《致威廉·菲茨休》（1754年11月15日）一信中表示對他的上司要他「繼續留在軍中並保留我的上校職務」表示不滿。（美）約翰·羅德哈梅爾選編，吳承義等譯：《華盛頓文集》，遼寧教育出版社2005年版，第34頁。

5　華盛頓：《致亞王》（1754年4月24日）。（美）約翰·羅德哈梅爾選編，吳承義等譯：《華盛頓文集》，遼寧教育出版社2005年版，第45頁。

6　「我仍然恭請大人您繼續讓我留任現職，就算是一種特別的恩惠；關於我的職責，我將欣然作為一名志願軍人員來履行，而絕不會領取現在的薪金。」華盛頓：《致羅伯特·丁威迪》（1754年5月18日）。（美）約翰·羅德哈梅爾選編，吳承義等譯：《華盛頓文集》，遼寧教育出版社2005年版，第36頁。

國實現對殖民地壓榨的奧祕。華盛頓上臺就任時，特意穿著本民族的服裝，這意在告訴美國人民，我們以後不能再做「找食」的民族，而要成為「造食」的民族。我們要有自己的生產，我們得穿自己的衣服，有自己的文化和文明。

文明是怎麼產生的？文明就是在反抗壓迫中產生的。西方文明也不例外，西方地緣政治學先驅麥金德在其《歷史的地理樞紐》的講演中曾告訴那些持「歐洲中心論」觀點的同行說：「正是在外來野蠻人的壓力下，歐洲才實現它的文明。因此，我請求你們暫時地把歐洲和歐洲的歷史看作隸屬於亞洲和亞洲的歷史。因為在非常真實的意義上說，歐洲文明是反對亞洲人入侵的長期鬥爭的成果。」[1]

今天許多人講「全球化」，認為似乎只有西方文明才有全球化，這不符合辯證法，也不符合事實。連黑格爾都說「世界歷史從『東方』到『西方』，因為歐洲絕對地是歷史的終點，亞洲是起點」[2]。確實，在今天的工業全球化之前歷史上曾有過農業全球化。中世紀時，率先進入農業生產的國家較快崛起——這與近代率先進入工業生產的國家較快崛起是一個道理。那時，最為先進的農業生產方式在世界上居於統治地位。當時的價值是以土地來衡量：有土地就有糧食，有糧食就有兵丁，有兵丁就能打仗，有了戰爭的勝利就有更多的稅賦。最後其他行業及其意識都歸屬於農業及其意識形態。

國家也是一個生命體，它本身也要吸取外部資源以供養人民。一

---

1 （英）哈‧麥金德著：《歷史的地理樞紐》（中文版），商務印書館1985年版，第52頁。

2 （德）黑格爾著，王造時譯：《歷史哲學》，上海世紀出版集團、上海書店出版社2001年版，第106頁。

個國家汲取資源的能力越強大，這個國家的發展就越有動力。

農業全球化也造成了那時農業民族向世界的擴張。當時我們中國是順應農業全球化時代潮流崛起的有世界影響力的大國。在這個崛起的進程中，華夏先民也曾有過世界性的「遠征」。印第安人就是從東亞經白令海峽到美洲的。所以較早發現北美大陸的是咱們華夏先民，而不是哥倫布。後來進入美洲的歐洲人又幾乎殺光了北美印第安人，美國文明就是在這個血淋淋的基礎上建立起來的。真是諷刺，美國人幾乎把印第安人殺光了，他們現在卻成了人權衛士。

漢武帝時期，北方的游牧民族南犯中原，但那個時候的西漢是很強大的，把匈奴人打敗後他們就向西逃，這樣便產生了多米諾效應，結果西去的匈奴人把羅馬帝國衝垮了。現在的匈牙利人實際上就是我們東方人的後裔。

接著就是十三世紀蒙古人對歐洲的遠征，這次遠征對歐洲，尤其是對今天的俄羅斯文化產生了重大的影響。馬克思說，俄羅斯人的性格中有蒙古人的彪悍特徵。蒙古人衰落後，其空間就被俄國人占去了。彼得大帝改革奠定了俄羅斯近代文明的基礎，而這種文明的出現當然也有蒙古人的反面貢獻，馬克思乾脆說：「莫斯科公國是在蒙古奴役這所恐怖而卑賤的學校養育和成長起來的」；「彼得大帝終於把蒙古奴才的政治手腕和蒙古主子繼承成吉思汗征服世界遺志的狂妄野心結合在一起了」。[1]

農業全球化時代，東方人對西方這一撥又一撥的大衝擊，使西方

---

1 馬克思：《十八世紀外交史內幕》（1856年），《馬克思恩格斯全集》第四十四卷，人民出版社1982版，第320頁。

人對東方人──確切地說就是中華民族直至十九世紀中葉都敬畏有加，以至西語「東方」（古法語、拉丁語oriens；英語orient[1]）一詞，均與「珠寶」、「定向」、「目標」等意思相連繫；而在西方人的東方觀中，西方人長期無法征服的中國──與印度相比──則被賦予更多的敬意，以致黑格爾說「假如我們從上述各國（即四大文明古國──筆者注）的國運來比較它們，那麼，只有黃河、長江流過的那個中華帝國是世界上唯一持久的國家。征服無從影響這樣的一個帝國」[2]；黑格爾還說「太陽──光明──從東方升起來」[3]，「歷史開始於中國和蒙古人──神權專制政體的地方」[4]。

中世紀西方人對我們中國頂禮膜拜，為什麼啊？因為那個時候我們是在農業全球化中領先的國家。當時馬可波羅來到中國的感覺，就像我們今天有些人去美國的感覺一樣。我們那個時候是世界強國，用現在的話說就是超級大國。我們農業發達，在農業全球化的時代，不採用農業生產的民族是不行的。在農業全球化的過程中，中國為世界文明做出了很大的貢獻，這自有公論，不必多說。

但是，風水輪流轉。近代工業文明從西方興起，工業文明戰勝了農業文明，工業文明以市場、礦物資源等而不僅以土地為價值體現載

1　Websters，Second College Eddition，p.1002.

2　（德）黑格爾著，王造時譯：《歷史哲學》，上海世紀出版集團、上海書店出版社2001年版，第117頁。

3　（德）黑格爾著，王造時譯：《歷史哲學》，上海世紀出版集團、上海書店出版社2001年版，第106頁。

4　（德）黑格爾著，王造時譯：《歷史哲學》，上海世紀出版集團、上海書店出版社2001年版，第114頁。

體，這樣曾以東方為主流的世界逐漸讓位於西方。值得注意的是，在這個農業文明向工業文明轉變的歷史進程中，幾乎所有建立在以農業文明基礎上的帝國都衰落了，只有中國在這個過程中完成了自身的轉型並於二十一世紀再次崛起。現在大家都知道，羅馬帝國沒有了，阿拉伯帝國沒有了，哈布斯堡帝國沒有了，就連蘇聯帝國也在我們眼前消失了，而我們中國卻在東方延了幾千年，它不僅安然實現了從農業文明向工業文明的轉型，而且還使中華文明更加燦爛。

毛澤東同仁說過：「一個民族能在世界上在很長的時間內保存下來，是有理由的，就是因為有其長處及特點。」[1]深究起來，中華民族及其國家——中國——幾千年能延續下來且能數度回春，大概有地理和心理兩方面的原因。

國家面臨的地緣政治環境與人出生面臨的不能選擇而只能接受的環境一樣，是決定國家政治的先天條件。歷史經驗告訴我們，地理版圖過於破碎的國家，其發展的可持續性及其文明的延續能力都會受到天然的制約。大家看一下地圖，中世紀四大文明古國中最早消失的是「巴比倫王國」，為什麼？因為中亞兩河流域的國家太多且對等破碎。歐洲文明的源頭是希臘文明，古希臘文明與古巴比倫文明一樣較快消失，其原因也在於希臘城邦過於對等破碎，這使得北方的馬其頓很容易征服了希臘全境，最終是更大版塊且沒有周邊制衡的羅馬征服了處於破碎地帶的馬其頓。儘管歐洲文藝復興拯救了希臘文明，但歐洲人非但沒有消除而且還繼續了希臘文明消失的地緣因素。

西元八百年，也就是在我們唐朝的時候，歐洲也曾被查理大帝統

1　《毛澤東西藏工作文選》，中央文獻出版社、中國藏學出版社2001年版，第113頁。

一過，但到西元八四三年歐洲被查理大帝的三個孫子用一紙《凡爾登條約》而一分為三了，自此，歐洲大陸的地緣政治就被植入了一個因對等破碎而極難修復的根基，這種破碎性又導致歐洲大陸成了兩次世界大戰的主戰場，而這一切又反過來為處於歐洲大陸邊緣的小島國──英國最終成長為世界大國提供了天然的地緣政治條件。歐洲大陸的地緣政治版圖的破碎化使英國獲得了巨大的戰略利益，這也使英國人天然學會並熟悉了用製造分裂的手段來弱化其對手國家的經驗。

有人會說，那印度和埃及不也是保留下來的大版圖國家嗎？

其實，它們與中國有很大的不同，中國的大版圖是中國人根據自己的需要捍衛出來的，而印度和埃及的大版圖是英國人根據自己的需要保留下來的。如果比較一下中國、印度、埃及這三個國家的內部結構，我們會發現，印度和埃及其實也是破碎的國家，與破碎的歐洲大陸國家不同的是，它們的破碎性是內在的。二〇〇〇年一整年，我在印度訪學，發現印度版圖很大，但內部到處都是類似中國長城那樣的長長的護城，中國也有護城，但這些護城之外還有一個更大的長城護著，而印度則沒有。印度的這些小「長城」將印度分割得七零八碎。印度從骨子裡就是天然破碎，只不過是英國為它包了一張很大的皮。

有人會說，亞洲不也是破碎的地區嗎？

沒錯，中國也是大陸國家，亞洲大陸國家也有破碎性；但與歐洲不同，亞洲是不對等破碎，有中國這個主體版塊，這就決定了中國在東亞的主體地位，中國是這麼大一個國家，不要說南邊的小國，就是最強大的日本也是從哪來回哪去，沒有成什麼氣候。這說明東亞以中國為主體版圖的地緣政治狀態有利於地區的穩定。歐洲人到現在還懷念古羅馬，因為古羅馬使歐洲統一；拿破崙也羨慕中國在亞洲的主體

版圖，據傳他說中國是沉睡的雄獅，不像法國，與其他國家對等地堆在一起，僅是報曉的雄雞。有人說民主和平，那怎麼兩次世界大戰都在民主國家間爆發？怎麼民主國家打起世界大戰來還那麼有勁？沒有辦法，它的地緣政治特徵使其無法脫離「向量的夾角越大，合力越小」的原則。歐洲國家政治是破碎的，破碎就沒有合力。英國之所以能成為大國，就是因為它面對的歐洲是一個破碎性的板塊。英國與日本的地理位置相似，但歐洲大陸的破碎性讓英國人大獲其利。英國在歐洲扶弱抑強，讓歐洲內部無休止地內耗。而日本則做不到這一點，因為它三面都面臨的是一個整體性的大陸。到今天歐洲還在想著統一，但是不行。

正是基於這樣的經驗，美國開國領袖華盛頓在卸任的告別講演中坦承，他對美國未來最大的憂慮就是美國不幸陷入歐洲式的分裂及由此產生的長期內爭。他以歐洲作比較分析說：「我國各部分都從聯合一致中感覺到直接的和特殊的好處，而把所有各部分聯合在一起，人們會從手段和力量之大規模結合中，找到更大力量和更多資源，在抵禦外患方面將相應地更為安全，而外國對它們和平的破壞也會減少。具有無可估量價值的是，聯合一致必然會防止它們自身之間發生戰爭。這種戰爭不斷地折磨著相互鄰接的國家，因為沒有同一的政府把它們聯成一氣。這種戰事，僅由於它們彼此之間的互相競爭，即可發生，如果與外國有同盟、依附和串通的關係，則會進一步激發和加劇這種對抗。」[1]華盛頓對美國未來的期盼就是「政府的統一，使大家

1　（美）丁・艾捷爾編，趙一凡、郭國良主譯：《美國賴以立國的文本》，海南出版社2003年版，第365頁。

結成一個民族」[1]。他告誡美國人民:「最重要的乃是大家應當正確估計這個民族團結對於集體和個人幸福所具有的重大價值;大家應當對它抱著誠摯的、經常的和堅定不移的忠心;你們在思想和言語中要習慣於把它當作大家政治安全和繁榮的保障;要小心翼翼地守護它。如果有人提到這種信念在某種情況下可以拋棄,即使那只是猜想,也不應當表示支持,如果有人企圖使我國的一部分脫離其餘部分,或想削弱現在連繫各部分的神聖紐帶,在其最初出現時,就應當嚴加指責。」[2]正是基於這樣的經驗,毛澤東在新中國成立之初就告訴我們:「國家的統一,人民的團結,國內各民族的團結,這是我們的事業必定要勝利的基本保證。」[3]

當然,中國人幾千年不分散也有其心理上的原因。中國文化重綜合,輕分析,在處理物人矛盾時,其方法也是總是「勸和不勸分」。在中國文字中,一個中心為「忠」,兩個中心為「患」;中國人說,止一為「正」,不正為「歪」;「貧」非不富,分財是也;「富」,家有一口田,不分財也。總之,中國人的觀念永遠是整體大於局部,「一」總是高於「二」,統一總是高於分裂;這與西方「微積分」式的思維正好相反。正是在這樣的文化背景下,中國明末思想家李贄

1　(美)丁・艾捷爾編,趙一凡、郭國良主譯:《美國賴以立國的文本》,海南出版社2003年版,第363頁。

2　(美)丁・艾捷爾編,趙一凡、郭國良主譯:《美國賴以立國的文本》,海南出版社2003年版,第364頁。

3　毛澤東:《關於正確處理人民內部矛盾的問題》,《毛澤東選集》第五卷,人民出版社1977年版,第363頁。

（1527-1602）因堅持「天下萬物皆生於兩，不生於一」[1]的觀點，被迫長期流浪並終以「敢倡亂道，惑世誣民」[2]的罪名被捕入獄而自殺。而比李贄晚一個多世紀提出「二律背反」定律[3]的德國哲學家康德（1724-1804）則一生不離鄉土，在大學教書而善終。康德主張的「二律背反」在歐洲打倒了宗教權威並譽滿全球，而中國李贄主張的「執一便是害道」[4]的觀點則在中國被宗法權威所打倒且迄今遇冷。如果聯想起與李贄同期的義大利哲學家布魯諾（1548-1600）被宗教裁判所燒死的結局，我們很難做出東西方社會「民主」與否的價值判斷，因為不管什麼社會制度它都有自己特定的「民主」範圍。李贄與康德的人生悲喜劇產生的原因，大概是在於康德哲學比較適應將「分離」原則看作自由的絕對前提的歐洲人的文化特徵，而李贄的觀念則與中國文化中的統一高於分裂、整體高於局部的絕對原則格格不入。好在德國黑格爾在將康德強調事物對立方面的「二律背反」納入了強調事物統一方面的「對立統一」範疇並由此凝聚了德國的力量，這為德國後來在俾斯麥的領導下從分裂的弱國轉變為統一和強大的國家奠定了思想基礎。如果說康德使德國人精神獲得了自由，那麼，黑格爾則使

---

1 李贄：《焚書》卷3《夫婦論》。

2 《明神宗萬曆實錄》卷369，轉引自鄢烈山、朱建國著：《李贄傳》，時事出版社2000年版，第8頁。

3 「二律背反」是德國哲學家康德的用語。指兩個相互排斥但同樣是可論證的命題之間的矛盾。康德認為當理性企圖對本體有所認識時，就必然陷入這種不可解決的矛盾。他舉出四組二律背反：1.世界在時間上和空間上是有限的；世界在時間上和空間上是無限的。2.世界上一切都是單一的、不可分割的；世界上一切都是複雜的、可分割的。3.世界上存在著自由；世界上不存在著自由，一切都是必然的。4.世界有始因；世界無始因。

4 李贄：《藏書》卷32《孟軻》。

德國人獲得力量。從這個意義上說俾斯麥時期的德國是康德和黑格爾先後共同完成的作品。黑格爾使德國成為在西方世界中觀念最接近東方哲學整體性思維的國家：東方國家並不否認李贄、康德等強調的事物的對立性，而只是強調這種對立性隸屬於事物的統一的原則。這是中國文化中的大智慧，大學問。

歐洲不是也崛起了嗎？

要知道，歐洲崛起的歷史條件是世界農業文明普遍處於衰落階段。正是這種衰落才使歐洲比較容易地先征服了拉丁美洲，再征服了非洲。這樣就把兩大洲的資源都掠奪來供給歐洲的原始積累。這真的是歷史的一個特例。即使有這兩大洲的資源供給也沒有解決它由極度的資本原始積累帶來的極度的社會兩極分化及由此產生的革命問題。

之所以說歐洲資本主義誕生條件是一個歷史的特例，是由於歐洲是世界最初的資本主義發源地且無任何積累鋪墊，因而它比後來的資本主義需要更多的原始積累，它不僅榨乾了拉丁美洲，還榨乾了非洲，最後發動了亞洲戰爭。為什麼歐洲在一八四〇年到亞洲發動了鴉片戰爭？這是因為歐洲資本的原始積累在掠奪拉丁美洲和非洲之後還是不足以解決歐洲資本主義可持續發展的問題。它在無法掠奪北美洲之後，只能再到亞洲掠奪。一八四〇年時歐洲兩極分化已很嚴重，正因此，一八四八年歐洲誕生了馬克思的《共產黨宣言》。《共產黨宣言》之所以有強大的生命力，是因為它揭示的是資本主義發展中出現的規律性的現象，這種現象不僅西方有，東方也有，不僅過去有，現在也有。總結為一句話，即是有資本就會有窮人，有窮人就會有革命。大家看看馬克思《資本論》第一卷的最後一章提供的大量反映無產階級貧困化的資料，使人不能不相信馬克思的關於資本主義的喪鐘

要敲響了的預言，這說明歐洲當時的發展已不可持續。但是，歐洲的喪鐘響是響了，但就是到現在也還沒有結束。這是為什麼呢？這是由於歐洲從十九世紀開始又征服了亞洲，尤其是亞洲的印度和中國。亞洲財富在暴力征服下回流歐洲，這樣，歐洲就出現了一個和平發展的時代，當時叫維多利亞時代。維多利亞時代為什麼會有和平與發展？就是因為整個世界的資源都流向了歐洲。結果是歐洲富了，而中國和印度為主的亞洲則陷入了貧困並由此衰落下去。

中國的「錢」字形象地反映了財富與暴力的關係：金戈相架，凶相。英文中的Money即出自古羅馬神話的主神朱庇特妻子朱諾的名字（Juno Moneta），他的兒子阿瑞斯是戰爭之神，主要職責是向人們發出戰爭警報。這些都與馬克思對資本的本質描述是一致的，馬克思說：「大家知道，在真正的歷史上，征服、奴役、劫掠、殺戮，總之，暴力起著巨大作用」[1]；「暴力本身就是一種經濟力」[2]。

俗話說，瘦死的駱駝比馬大，與印度不同，當時的中國並沒有垮下，它只是被西方殖民強權壓彎了腰，且中國人的大規模激烈抵抗一直沒有停止。有人說西方給我們帶來了文明，這種說法沒有錯，但這並不是西方人帶給中國的主要東西：西方人在帶來他們文明的同時，也用暴力強加給中國以掙錢為目的的規則。財富是按規則分配的，規則是由暴力的勝負決定的。不是生產的人能夠致富，而是定規則的人才能夠致富。世界究竟打什麼呢？並不是單純為了打輸贏，而是為了打規則。規則定後，勝利者就不允許別人來改變這個能給他帶來不盡

1　馬克思：《資本論》第一卷，人民出版社1975年版，第782頁。

2　馬克思：《資本論》第一卷，人民出版社1975年版，第819頁。

財富的規則。立規則的人在文化上就要為這個規則造「神」，西方人為東方人立的神是什麼呢？當然不會是毛澤東，不會是格瓦拉，更不會是馬克思，他們只能醜化東方人民的反帝反霸的英雄，比如他們——當然還有我們一些不明真相的知識人——醜化在中國近代史上通過抵抗帝國主義侵略成功阻止中國陷入印度那樣完全殖民地地位的偉大的義和團運動。西方人也可以接受東方的英雄，但底線只能是像甘地那樣的「聖雄」，英國人不怕「不合作」，只要你「非暴力」就行。毛澤東不同意甘地道路，他說：「沒有一個人民的軍隊，便沒有人民的一切。」[1]這句話是對中國人民反帝反霸鬥爭成功經驗的高度概括。

尼赫魯從英國人手中和平接過政權，低成本「革命」的結果，換來的卻是高成本的發展。印度獨立後，從封建社會到資本主義社會的生產資料所有制基本沒有改變，這些龐大的利益集團糾結在議會中，錯綜複雜的利益網使政府什麼都搞不下去。在印度搞基本建設的成本要比中國大得多：凡事都不能繞過多如牛毛的產權。雁過就得拔毛，沒有錢你就什麼也不能動。我們可以看看它的鐵路系統，都老化得不成樣子了，但還是動不了。當時尼赫魯沒有從政治的角度去看待經濟問題，他認為只要搞生產——用現在的話說就是「只要GDP上去了」——國家就會強大。結果他發現越生產窮人越多。一九六〇年八月二十二日，尼赫魯在人民院中提出了這樣一個問題：印度「一五」、「二五」計畫期間國民收入增加了百分之四十二，這些增長的收入都到哪裡去了？經過調查發現，都是資本家和各式各樣的產權

---

1 毛澤東：《論聯合政府》，《毛澤東選集》第三卷，人民出版社1991年版，第1074頁。

壟斷者將財富的主要部分瓜分了。[1]尼赫魯後來又來中國學社會主義，但是他的國家沒有經過革命，怎麼學？印度現在海軍浩浩蕩蕩，又有航空母艦，但它沒有自主技術，全是買人家的。沒有技術，所擁有的也只能是一堆廢鋼。所以我說英國使印度內部破碎了。印度相當於「下身癱瘓」，作為國家基礎人口的勞動者沒有消費能力，沒有消費能力，市場就不能擴大，這樣國家創新技術就不能通過民用途徑孵化並在此基礎上形成本民族的技術能力，結果就只有依靠國外技術。

中國的情況是怎樣的呢？當時中國多虧有了毛澤東領導的共產黨搞了革命，將整個中國中與直接生產無關的「產權」一掃而光。如同人的身體來了個大清洗，什麼高血脂、高膽固醇、贅肉等病狀全沒了，一身輕鬆，其經濟發展真是多快好省。

有一次我去醫院體檢，醫生拿來兩張檢查結果表，一張是我的，另一張是我旁邊的一位殘疾人的。檢查表顯示這位殘疾人主要指數都比我健康，但他是一個下半身癱瘓的人，幾乎沒有行動能力。所以我們看問題不能單看指標，要看內部結構是否合理。這表現在國家經濟上就是不能建立像拉美國家那種失去自主創新能力的經濟模式。一九五〇年，中國建立的是獨立自主經濟模式，而印度則走上了一條拉美式的經濟道路。這是中印比較的關鍵。[2]

印度人是極其聰明的，印度的教育也是不錯的。印度人發明了「零」這個概念，這很有智慧，西方人比較難以理解這個概念。重於

1　參閱孫培均等：《印度壟斷財團》，時事出版社1984年版，第47頁。

2　關於此，可參閱張文木著：《印度的發展潛力及其評估—與中國比較》，科學技術文獻出版社2005年版。

分析的西方人要麼是一，要麼是負一，對處於一和負一過渡狀態的「零」很難理解。微積分由西方人發明是必然的，生生地將圓弧線上時刻處於變動中的每個點變成不變的直線，將變定格為不變，這樣才能進行計算，這是一種低智商的表現。所以西方人碰到國際矛盾，首先考慮的——當然也有英國在其間的忽悠——是分而不是和，其結果是將歐洲的版圖掰成「微積分」。

如果完全將西方認識方式看得一無是處，似不客觀，長於分析弱於綜合的形而上學的認識論還是使西方在物理世界坐上了頭把交椅。西方數理邏輯對世界文明的巨大貢獻在於實體層面的技術進步。比如電腦的出現，是它的物質成果：電腦大大壓縮了所有機械重複性操作，比如文檔檢索、數學運算等的時間。但電腦（甚至機器人）最終還是解決不了思維的本原問題，它只能給出「命令」程式，而不能製造程式及「命令」本身，而沒有命令，電腦就不能工作。命令的製作最終需要的不僅是程式，更是辯證思維，而後者已越出「物理」的層面。沒有人的辯證思維，任何技術都會一籌莫展。事物——比如可持續發展、環保等——的本質性存在，一定也是辯證的綜合存在。對事物本質的判斷需要的是辯證思維，辯證思維則是形而上學力所不及的領域，解決這類問題恰恰是我們東方思維的優勢。但僅有辯證思維，技術進步也不可能有大的發展。只有辯證法加形而上學才能造成技術的絕對大進步。從這個意義上說，西方文化中的缺點也是它的優點，正如東方文化中的優點也是它的缺點一樣，缺點只不過是優點的過度伸展，而缺點自身的極致表現有時也會轉化成為優點。西方人形而上學思維缺點的極致表現便是近現代的技術革命和由此帶來的工業文明——而完成這樣的革命，單靠東方擅長於綜合辯證的思維優點是不

足以勝任的。但這種文明到今天的過度伸展又使其進入自我否定，從而需要東方文化的自我矯正階段。反者道之動，在不同時期的不同文化間的相互矯正恰恰是人類文明進步的必然形式。

那西方人有沒有辯證法呢？也是有的，比如黑格爾，但是黑格爾在西方只是有名聲沒有地位，遠沒有善於以「二律背反」分析世界的康德有名。東方人這種「勸和不勸分」的思維定式，使我們國家的大版圖幾千年來始終保持至今。黑格爾明白這一點，他說：「歷史是有一個決定的『東方』，就是亞細亞。那個外界的物質的太陽便在這裡升起，而在西方沉沒那個自覺的太陽也是在這裡升起。」[1]

印度人也未必都是逆來順受的，他們也曾出現過主張暴力趕走英國殖民者的政治家，這個人是錢德拉·鮑斯[2]，但這個人沒能活到印度獨立。這可能對印度來說是個損失，我在印度訪學時發現有些青年學生還在懷念他。尼赫魯是個秀才，書寫得老厚，一九四八年中國和印度都面臨分裂的局面，但結果是印度從統一走向分裂，中國由分裂走向統一。為什麼呢？關鍵在於中國共產黨絕對地掌握著軍隊，這使得毛澤東能頂住蘇聯阻止解放軍過江的壓力，而印度的軍隊則掌握在英國人而不是印度國大黨手中，這使得尼赫魯在面對印度和巴基斯坦分裂的局面時，只能順從英國的「建議」。這種差別，導致了中印在

---

1 （德）黑格爾著，王造時譯：《歷史哲學》，上海世紀出版集團、上海書店出版社2001年版，第106頁。

2 錢德拉·鮑斯（Subhash Chandra Bose，1897-1945年），印度的激進獨立運動家、政治和社會活動家，原印度國民大會黨左派、印度民族解放運動的領導人之一。第二次世界大戰中投入軸心國陣營，試圖利用德日力量驅逐英國殖民者。日本投降後，錢德拉·鮑斯在1945年8月18日搭機前往日本，飛機在我國臺灣地區上空出事，次日死於東京。

新國家成立之初就面臨著不同的合分形勢。這時期的歷史經驗——如果再連繫蘇聯解體的教訓——告訴我們，黨對軍隊的絕對領導的原則，對在世界大國博弈中總體上處於弱勢的第三世界社會主義國家來說，至關重要。

印度曾是大不列顛世界帝國的關鍵支柱。英國人幫助印度保留下大版圖，但將其內部徹底碎化了；可謂是「金玉其外，敗絮其中」。大版圖是為了大不列顛世界帝國的「長治」，破碎的內部社會環境是為了英國世界霸權地位的「久安」。對印度殖民統治的結果是將印度從內到外，從物質到精神都碎化了：宗教是破碎的，區域是破碎的，社會是破碎的，破碎就沒有希望。馬克思對此評論說：「印度失掉了他的舊世界而沒有獲得一個新世界，這就使它的居民現在所遭受的災難具有一種特殊的悲慘的色彩，並且使不列顛統治下的印度斯坦同自己的全部古代傳統，同自己的全部歷史，斷絕了連繫。」[1]

被美蘇趕出世界霸壇的英國人為了將來重返亞洲，在離開印度前就給印度留下了一個沒有希望的未來。英國人在印度時，碎化了印度的社會結構，離開印度前又肢解了印度，搞出來一個巴基斯坦。面對印巴分裂，尼赫魯——或許是由於國大黨沒有武裝力量在手的原因——無奈地說：「統一總比分裂好，但是一種強迫的統一是一樁虛偽而危險的事情，充滿了爆發的可能性。」[2]這實際上是認可了印度的分裂。據說英國當時有人想把分裂的地方選在位於印度中部的海德

1　馬克思：《不列顛在印度的統治》，《馬克思恩格斯選集》第二卷，人民出版社1972年版，第64頁。

2　賈瓦拉哈爾·尼赫魯（Jawaharlal Nehru）：《印度的發現》（The Discovery of India），世界知識出版社1956年版，第699頁。

拉巴，這裡都是伊斯蘭人，我曾經去過那裡。若果真如此，今天的印度將會有兩個「心臟」，兩個中心就是「患」。大不列顛島上的英國人對世界是有長遠布局的，儘管在二戰後英帝國土崩瓦解，但英國人還要為重返印度洋做好布局，為此就得留點什麼在北面牽制印度，不能讓印度一己獨大。

英國人將西方的議會制硬塞給印度，從而使印度政府失去了應付重大事變的行動能力。一九六二年，印度與中國發生邊界衝突。當時中國是弱勢的一方，天高地遠，後勤補給十分困難。即便如此，印度跟中國交手還是輸了。毛澤東是長征路上走過來的「戰爭」人，尼赫魯是從英國劍橋大學走出來的讀書人，對政治本質的理解遠不如毛澤東深刻。一九五○年，尼赫魯看到了侵蝕西藏的時機，他原本計畫小步前進蠶食中國的領土。但很快被毛澤東發覺，毛澤東隨即出兵，一舉拿下了西藏。一九六二年，尼赫魯老病重犯，不聽中國警告侵犯中國邊界，結果又挨了中國重重的一拳，此後中國西南無大事。毛澤東明白，主權拿到手裡才是自己的，沒在手裡，總是說「自古就是」誰的，是沒有用的。

整個二十世紀前半葉，中國人民不僅進行著反帝反封建的革命，同時也在進行著反分裂的鬥爭。與印度不同，中國的鬥爭贏得了完全的勝利。

二十世紀初，世界帝國主義掀起瓜分中國的狂潮。中國就出現了大規模的義和團反帝愛國主義運動。一九一四年，歐洲爆發世界大戰，歐洲列強對中國無暇顧及，中國國共第一次合作並取得北伐統一戰爭的勝利。一九二七年國共分裂，日本利用中國國內戰爭之機大舉入侵中國。二十世紀四○年代初期，日本根據自己的戰略需要有意識

地將中國版圖分裂成好幾塊，亞洲的地理政治版圖日趨接近歐洲的破碎形勢。

明治維新以來，日本一直把自己當成東方不列顛，但它缺少英國的外部地緣政治環境。英國面臨的是破碎地帶，而日本面臨的都是些大塊頭國家：東邊有山姆大叔，西面有他「皇叔」，北面還有俄羅斯北極熊。在這幾個「大塊頭」中，日本人如若不乖些，還能怎麼混？但是日本人還是有些能耐的，他們用了五十年（1895-1945）的時間竟將中國由外及裡地分裂了：一方面是將中國國土分裂：在東北建立「滿洲國」，在華北又搞出一個「自治」，然後又在華中華南扶起一個汪精衛偽政權，從而讓這些板塊在與重慶和陝北的抗衡中相互牽制。日本人明白，保證日本崛起的前提是要把亞洲變成歐洲式的破碎模式。另一方面是將中國經濟碎化。他們在中國殖民區按照英國的方式，強化東北的重工業，培養天津的輕工業，至於中國南方原本很有優勢的紡織業等，則被日本人全部摧毀。日本人是侵略軍隊走到哪裡，商人就跟到哪裡，一切為日本本土的經濟服務，日本將其本土作為亞洲經濟的資本中心，其餘都被作為週邊地區。

但是，日本人最終還是失敗了。它敗在哪裡呢？在我看來，它敗在了戰略哲學上。日本人的戰略是沒有哲學可言的。我把戰略稱作「刀尖上的哲學」[1]，戰略不僅是研究打仗的學問，更是研究國家張力底線和極限的學問，解決這方面的問題沒有哲學是不行的。刀子容易打造，而哲學卻不能一蹴而就。古今國家的失敗多不是沒有刀子而是

1　張文木自序：《戰略是刀尖上的哲學》，張文木著：《全球視野中的中國國家安全戰略》，山東人民出版社2008年版。

沒有哲學，其創傷恢復的速度更是取決於該國公民哲學素養的高低。同樣的戰敗創傷，在黑格爾的故鄉就容易平復，而在富士山腳下迄今仍在頻頻作痛。尼克森是美國少有的懂哲學的領袖，為了撫平越戰創傷，他到了北京說要與毛澤東討論哲學問題。蔣介石與日本人打交道的歷史較長，對日本政治家的認識和評價比較深刻，一九三八年日本戰爭潛力已近極限，可日本仍舊宣布要擴大對華戰爭。當年一月十五日，蔣介石在日記中感嘆「日本無政治家，無領袖，其國之危，亦可惜哉」[1]；十月，日本占領中國廣州、武漢後，準備停止對南方的戰略進攻。十一月十一日，蔣介石在日記中說：「倭人氣量短窄，事尚徹底，非生即死，絕無對弱者中途妥協與讓步之理。」[2]這就是說日本人是有戰無略、有刀子沒哲學的，他估量日本不會就此止步，還會擴大戰爭。蔣介石希望日本將戰火燒向美國並由此將其拖入戰爭。後來的事實證明蔣介石對日本人性格的判斷是準確的。

哲學是講邊界的，戰略哲學是講力量的極限和底線的。好的軍事方案是敵人越打越少，壞的軍事方案是敵人越打越多。當年日本人的擴張似乎是沒有極限的，對手無限增加：先與中國結怨，後又北上與蘇聯結怨，與蘇聯修好後南下攻打南京又與英法結怨，最後直衝珍珠港，終與世界最強大並有巨大戰爭潛力的美國結怨。

美國的外交策略歷來是只與強者分紅。美國曾與日本分割東亞，讓東北亞於日本，自己僅得東南亞的地區，這樣可以將亞洲陷於歐洲對等破碎的局面中，這有利於將來在美國、日本、中國和蘇聯之間搞

1　張秀章編著：《蔣介石日記揭秘》（下），團結出版社2007年版，第496頁。

2　黃仁宇著：《從大歷史的角度讀蔣介石日記》，中國社會科學出版社1998年版，第248頁。

平衡。但當時的日本人真的印證了蔣介石的話：「氣量短窄，事尚徹底，非生即死」，只知道擴張戰果，結果因消化不良，硬是被這些「戰果」噎死了。其與德國相比，還多承擔了兩顆原子彈的後果，即使如此，日本人到現在也沒有明白，仍舊抵死不認二戰的罪行，還要改變其憲法的非戰原則。而德國人與日本不同，承認罪行並為此道歉，歐洲便接納了德國。

戰略家在設計戰略目標時，不在於目標的邏輯合理，而在於目標所涉對手數量的合理：如果有兩個或兩個以上的對手，這個目標就不可行了。道理很簡單：「一減二等於負一」。當年俾斯麥為統一德國，在南方打敗奧地利後，皇帝身邊的將軍還要直搗維也納，俾斯麥死活不答應。原因即在於如果如此做了，也就意味著德國要在奧地利這個對手之上再添加法國和俄國，這是德國國力不可承受的結局。俾斯麥在回憶錄中說他當時「情緒極壞」，真想跳樓以死相諫。[1]俾斯麥是距離拿破崙帝國失敗並不遠並從這場大劫難中悟出戰略哲學的大政治家。基辛格說俾斯麥「由於他了不起的建樹，使得他所締造的德國經歷了兩次世界大戰的失敗、兩度遭到外國占領及國家分裂達兩個世代之久，卻仍巍峨屹立」[2]。與大和民族不同，德國是有哲學素養的民

---

1 「在我看來，軍人方面滋長的不願中止勝利進軍的情緒在國王陛下身上已占優勢。根據我的見解，我必須抵制國王陛下利用軍事上的勝利和要繼續勝利進軍的意圖，這使國王異常激動，致使我們之間的談話不可能再繼續下去。我的印象是我的解釋已被拒絕，於是我走出房間，打算懇求國王允許我作為一個軍官回我的團隊去。我回到自己的房間時情緒極壞，一個念頭油然而生，覺得不如從四層樓打開的窗口跳下去。」(德)奧托·馮·俾斯麥著，楊德友、同鴻印等譯：《思考與回憶—俾斯麥回憶錄》第2卷，三聯書店2006年版，第42-43頁。

2 (美)亨利·基辛格著，顧淑馨、林添貴譯：《大外交》，海南出版社1998年版，第116頁。

族，他們的戰略有彈性，所以很快就平復了戰爭的創傷。

列寧曾經說過，被打敗的軍隊很能學習。[1]將這句話修改一下也可以說被壓迫的民族很能學習，也很善於學習。至少在第二次世界大戰之前的美國人也是有哲學的，因為二戰前的美國人還受著歐洲霸權的壓迫。二戰爆發時美國的戰略目標是不僅要打敗希特勒，更要弱化歐洲。因為長期以來美國人受著歐洲人的壓迫，美國要利用這場戰爭擊敗歐洲霸權並取而代之。面對雙重目標，美國先是縱容德、義、日全面衝擊英、法的世界霸權，在英國和法國被打倒後，美國又聯合蘇聯、英國和中國擊敗德、義、日。最終，在軸心國接近失敗之際，美國為稱霸世界又連袂蘇聯而擊倒歐洲。為此，美國拒絕了邱吉爾從義大利登陸的意見，主張從諾曼地登陸，這樣就把東歐讓給了蘇聯，並以此換來蘇聯和美國的聯手。蘇聯占領東歐後，歐洲就被擠壓成了小「西歐」。在蘇聯的壓迫下，小「西歐」就只能唯美國馬首是從。所以，真正打敗歐洲的就是美國人，一九四六年三月邱吉爾說「鐵幕」拉下來了，誰拉下來的？是羅斯福和史達林一塊拉下來的，目的就是收拾英國人。所謂雅爾達體系，就是蘇聯和美國而非他們和英國共治的世界和平體系，在這個體系中，昔日的大英帝國成了一種並不遙遠的傳說。

當時想分裂中國的不僅只有日本一家，美國曾想與日本分割遠東，而日本則想獨吞，日本與美國開戰並戰敗後，美國便聯合蘇聯瓜分遠東。解決歐洲戰場並分割了歐洲之後，美蘇便轉向中國。他們都

1　《史達林在克裡姆林宮紅軍軍事院學員畢業典禮上講話的簡要記錄》（1941年5月5日），沈志華主編：《蘇聯歷史檔案選編》第16卷，社會科學文獻出版社2002年版，第203-204頁。

希望中國大陸破碎，但也不能過於破碎，但無論如何不能統一。一九四五年七月史達林對蔣經國說「只要你們中國能夠統一，比任何國家的進步都要快」[1]。當時美蘇是想以長城為界限分裂中國：長城以南留給美國，長城以北為蘇聯勢力範圍。這種想法最終體現在美蘇拉著英國共同簽署了並為蔣介石國民黨政府承認的《雅爾達協定》。但是毛澤東就不信這個邪，他不僅不聽史達林不要過江的「建議」，而且要「宜將剩勇追窮寇」，最終，中國人民解放軍勝利打過長江，《雅爾達協定》也瞬間變成一紙空文。為此，我們真要感謝毛澤東那一代的共產黨人，並向他們致以崇高的敬意。

新中國建立之初，西南邊陲就有了危機，尼赫魯抖抖索索地要打西藏的主意。一九五〇年的新中國處於百廢待興的狀態，理論上來說應該以經濟建設為中心。但毛澤東真是一位偉大的戰略家，在國家統一問題上他主張「一萬年太久，只爭朝夕」。一九四九年十月一日建立中華人民共和國，十一月二十三日，毛澤東在出訪莫斯科前夕[2]迅速致電並責成彭德懷等人「西藏問題的解決應爭取於明年秋季或冬季完成之」；毛澤東在電文中斷定「解決西藏問題不出兵是不可能的」。[3]

1　史達林對蔣經國說：「非要把外蒙古拿過來不可！我不把你當作一個外交人員來談話，我可以告訴你：條約是靠不住的。再則，你還有一個錯誤，你說，中國沒有力量侵略俄國，今天可以講這話，但是只要你們中國能夠統一，比任何國家的進步都要快。」轉引自梁之彥、曾景忠選編：《蔣經國自述》，團結出版社2005年版，第112頁。

2　1949年12月6日，毛澤東登上北上的專列前往莫斯科，1950年2月17日結束訪問，同周恩來等人登上回國的專列。他在沿途參觀了一些蘇聯城市和工廠。進入中國境內，又在哈爾濱、長春、瀋陽視察。3月4日回到北京。毛澤東訪蘇隨行人員有陳伯達（以教授的身分）、師哲（翻譯）、葉子龍、汪東興等。蘇聯方面由蘇聯駐華大使羅申、蘇聯援華專家總負責人柯瓦廖夫陪同。

3　毛澤東：《責成西北局擔負解放西藏的主要責任》（1949年11月23日），《毛澤東西藏工作文選》，

西藏當局於十一月初、十二月初分別向美國提出「援助」要求。一九五〇年一月二日，毛澤東再次致電彭德懷等人，強調「西藏人口雖不多，但國際地位極重要，我們必須占領」；同時敦促「如沒有不可克服的困難，應當爭取於今年四月中旬開始向西藏進軍，於十月以前占領全藏」。[1]就這樣，中國人民解放軍揮師西藏，西藏由此回到祖國的懷抱。

　　試想如果毛澤東當時顧及史達林的「建議」，止步於長江北岸，那麼中國東北就將繼續為蘇聯人所控制，西藏也勢將不保；果然如此，今天的南方人到北京來說不定還要有幾次「過境簽證」。這樣的後果對中華民族說來是災難性的。關於此，李宗仁本人後來在其回憶錄中也作了深深的懺悔。他說：「如果美國人全力支援我，使我得以沿長江和毛澤東劃分中國，中國就會陷入像今天的朝鮮、德國、寮國和越南同樣悲慘的局面了。南部政府靠美國生存，而北部政府也只能仰蘇聯鼻息，除各樹一幟，互相殘殺外，二者都無法求得真正之獨立。又因中國是六億人的大國，這樣一來，她就會陷於比前面提到過的三個小國家更為深重的痛苦之中，而民族所受的創傷則恐怕幾代人也無法治好了。如果這種事情真的發生了，在我們敬愛祖國的未來歷史上，我會成為什麼樣的罪人呢？」[2]

　　二十世紀前半葉，中國的統一遠比分裂的速度快。我們可以看

中央文獻出版社、中國藏學出版社2001年版，第4頁。

1　毛澤東：《由西南局擔負進軍西藏和經營西藏的任務》（1950年1月2日），《毛澤東文集》第六卷，人民出版社1999年版，第36頁。

2　李宗仁口述，唐德剛撰寫：《李宗仁回憶錄》，廣西人民出版社1980年版，第949-950頁。

到，二十世紀四〇年代初，中國被分為五六塊，一九四五年又成了兩塊，到了一九四九年中國就統一為一個強大的國家了。這樣的速度有賴於中國人擅長綜合，因而高於西方形而上學的思維形式。日本似乎是東方思維的「異類」，既沒學好東方哲學，也沒掌握西方哲學，其文化沒有深厚的根基，因此才出了「東條英機」，才遭受了原子彈的轟炸。日本人至今不明白自己敗在何處，仍舊死不認輸。

羅斯福去世後，美國人在歐洲人面前從奴隸變將軍，此後的美國戰略開始飄飄然並失去了哲學。一九四六年三月，邱吉爾一紙「鐵幕演說」把美國人忽悠到了朝鮮戰場。麥克亞瑟壓根就沒有想到中國還能與不可一世的美國作戰。一九五〇年十月十五日，放心不下的杜魯門總統親自飛赴威克島與麥克亞瑟討論朝鮮局勢。杜魯門希望得到有關中國或蘇聯是否會干涉的「第一手情報和判斷」。麥克亞瑟以趙括論兵的口氣告訴總統，朝鮮人「他們只是為了保全面子而戰。東方人寧可死也不願丟面子」；「我希望能在耶誕節前把第八集團軍撤到日本」。[1]當杜魯門總統問「中國人或蘇聯人干預的可能性有多大」時，麥克亞瑟回答說：「很小。假如他們在頭一兩個月干預，那還管用。現在我們已不再害怕他們干預了。我們不再畏首畏尾了。」[2]結果是什麼呢？結果是美國被中朝人民軍隊打回三八線以南。

羅斯福之後的美國人不明白雅爾達體系對於美國世界地位的意義。事實上，只有這個體系才能保障美國的世界霸權地位。美國與蘇

1　《1950年10月15日威克島會議紀要》，陶文釗主編：《美國對華政策檔集1949-1972》（第1卷下），世界知識出版社2003年版，第488頁。

2　《1950年10月15日威克島會議紀要》，陶文釗主編：《美國對華政策檔集1949-1972》（第1卷下），世界知識出版社2003年版，第493頁。

聯的關係本就是周瑜打黃蓋的關係，有矛盾也是在雅爾達框架內的利益調整，而不是打破這個框架的「零和」式毀滅。這些話，在極右的麥卡錫時期，作為雅爾達體系的重要奠定人馬歇爾已不能再說了，而其他後來的美國政治家也悟不出來。這時除了馬歇爾之外的美國人個個都很像暴發戶，發了財就不知天高地厚地胡來了。當時美國聞「左」色變，搞極右，不反共，毋寧死；不反共，就是公敵。當時的戰略家是喬治·肯南，也是一個大忽悠。基辛格說「肯南的成就是，到了一九五七年，自由世界所有的矮牆都已配置衛兵防守，他的觀點對此有決定性的貢獻」。麥卡錫加上肯南，將美國大兵推向了全世界：共產主義在哪裡，我們美國就打到哪裡。可共產主義是一種思想，而美國派出去的兵都是人啊，思想到過的地方美國都要派兵去，這時的美國就像唐·吉訶德一樣在與「大風車」作戰，這樣就透支了美國的國力。在尼克森上臺之前，美國接近衰落。尼克森主義帶來了美國的中興。蘇聯解體後，美國又開始狂熱，又在犯同類型的錯誤，進入二十一世紀後，美國與其擴張速度同比地衰落了。

事實上，二戰之後，歐洲，尤其是英國，一直對美國心存不滿，想要報一箭之仇。印度於一九五〇年初就跟新中國建立了外交關係，我們知道，印度是英聯邦國家，在當時，英國對印度仍有較強的控制力，沒有英國的指示，印度不可能那麼快跟中國建交。那為什麼英國會同意印度去承認一個社會主義國家呢？這仍是老英國的那一套，即英國要用中國消耗美國。邱吉爾之後，英國一直唆使美國衝在前面與「社會主義陣營」對抗，想要耗盡美國的國力。尼克森明白這一點，便與中國建立了戰略盟友關係，由此挽救了美國。現在美國又忘記了這一點，被英國人慫恿著衝到巴爾幹和中亞。科索沃戰爭後，美國人

幫著歐洲實現了二戰前的地緣政治版圖，美國將面臨二戰前歐洲與美國抗衡局面。二十一世紀始，英國首相布雷爾也忽悠著美國衝上阿富汗和伊拉克的戰場，將要再次拖垮美國。美國撤離中亞以後，歐洲向美國叫板的聲音還會更響。在亞洲崛起的今天，美國的東翼即大西洋東岸也開始有了危險。今天的歷史又有了「四海翻騰雲水怒，五洲震盪風雷激」的迴響。這對我們中國來說，就是很好的戰略機遇期。

二〇一〇年九月，布雷爾在其出版的回憶錄中表示他「不後悔當初做出參戰的決定」。一般的英國人可能讀不懂這句話，但能讓長眠於九泉之下的邱吉爾感到欣慰。

上面我們總結了英美國家崛起過程中的一些經驗，其中有些經驗是帝國主義和霸權主義性質的，對此，我們可以不學，但我們不可以不懂。列寧曾說過「和狼在一起，就要學狼叫」[1]，只有讀懂對手心思的人，才能找到戰勝對手的方法。那麼，從西方大國崛起的歷史經驗中，我們可以得到哪些啟示呢？我以為至少下面幾點是值得我們注意的：

第一，革命在民族國家崛起中有著巨大的作用。在英國、美國等大國崛起的歷史中，他們的革命確實在其崛起階段成為「歷史的火車頭」，但是他們崛起並轉為世界霸權國家後，它們就開始在肯定本民族革命歷史的前提下，削弱其他被壓迫民族的革命意識，弱化其革命精神，對此，我們要予以警惕，並給予我們中國革命歷史以肯定的地位。可以說，沒有中國革命，就不會有今天統一強大的中國；否定了

---

1 列寧：《論黃金在目前和在社會主義完全勝利後的作用》，見《列寧選集》第四卷，人民出版社1960年版，第579頁。

中國革命的歷史，就否定了今天中國政治的基礎。這個後果是對世界現存的一切國家的未來，尤其是對我們中國的未來是致命的，因而是不允許的。

第二，「國家的統一，人民的團結，國內各民族的團結，這是我們的事業必定要勝利的基本保證。」這不僅是中國崛起的經驗，也是英美國家只讓自己明白卻讓其他民族淡忘的崛起經驗。英美國家用一切方法，從地理和心理上雙重碎化其他民族和國家，並以此實現其對世界的控制。對此，我們不僅要予以警惕，而且在任何時候都要堅持國家統一高於一切的原則，強化中央權威，對打著「人權」、「民主」幌子試圖碎化中國的企圖，予以最堅決的打擊。

第三，毫不動搖地堅持中國共產黨對軍隊的絕對領導。中國共產黨對人民軍隊的絕對領導權是中國革命和建設歷史留下的寶貴經驗。中國共產黨對槍桿子的認識是從一九二七年「四一二」反革命政變的血泊中認識到的，一九二九年我黨古田會議建立起第一支真正區別於中國軍閥——近代史表明這樣的沒有主義的軍隊在中國不能完成反帝反封建的革命任務——的武裝力量，而黨對軍隊的絕對領導的原則保證了中國革命和建設克服了重重艱難險阻，不僅完成了推翻「三座大山」和中國統一的任務，而且還成功地將中國建設為初步現代化的國家。歷史的經驗值得注意：一九四八年由於國大黨沒有自己的武裝而導致印度在獨立之初便陷入國家分裂，中國則由於共產黨牢牢地掌握著軍隊的領導權而在新中國建立前夕就基本完成了國家的統一；一九九一年蘇聯解體從共產黨主動放棄對軍隊的絕對領導權開始，而同期的中國，由於中國共產黨牢牢地掌握著對人民軍隊的領導權，卻經受住了國際國內政治風浪的衝擊並成功地將中國現代化事業推向

二十一世紀。黨對軍隊的絕對領導權是保證中國社會主義國家生存安全和發展安全的最後堤防，也是中國崛起、實現中華民族偉大復興的終極保障；對於這樣的經驗，我們應當予以高度的重視；由於同樣的原因，西方打垮並肢解蘇聯也是從誘使蘇聯共產黨放棄對軍隊的領導權開始的，對於這樣的教訓，我們應當在今天整個中國社會主義建設的歷史進程中予以高度警惕。

第四，在國際戰略中堅持「不稱霸」的原則。歷史經驗表明，大國崛起於地區性守成，消失於世界性擴張。蘇聯解體後，中國開始崛起，而美國又要重複以往英國遏制美國的政策以對付中國。但是對於未來崛起後的中國而言，我們應當汲取的歷史經驗是不要選擇美國今天的稱霸世界的道路。從羅馬帝國到大英帝國衰落的歷史經驗表明：地區性守成則國強，世界性擴張則國亡。歷史上沒有一個大國的國力，能經得住世界性擴張的透支。所以，今後不管中國發展強大到什麼程度，都應謹記並遵循毛主席為我們制定的「深挖洞、廣積糧、不稱霸」[1]的外交路線，這是一條高度濃縮老一代領導人政治智慧的和保證中國未來行穩致遠的強國路線，這一路線，我們必須永遠牢記。

2008年於華中科技大學演講
歐陽來祿根據錄音整理

1　《毛澤東軍事文集》第六卷，軍事科學出版社、中央文獻出版社1993年版，第408頁。

民族精神：中華民族文化哲理的凝現

楊叔子　中國科學院院士、華中科技大學教授

「事有必至，理有固然。」人類經歷幾千年文明史的發展，風風雨雨，坎坎坷坷，為什麼至今只有中華民族、中華民族文化（下稱中華文化）沒有消亡，其歷史從未中斷？這絕不是什麼偶然，絕不是什麼僥倖，而是取決於事物的本身，即在於中華文化的本身，在於這一文化所蘊含的哲理，在於這一哲理所擁有的豐富情感與卓越智慧以及由此而產生的力量，在於這一哲理所凝聚與體現出的民族精神，在於以這一民族精神作為脊梁骨所武裝起來的中華民族具有不可戰勝的強大生命力。這一民族、這一生命力，歷史已充分證明，決不為任何艱難險阻所壓倒，相反，一定要壓倒任何艱難險阻，並從中汲取營養而變得更加強大。

民族，主要是文化的概念而非基因的概念。有什麼樣的文化，就有什麼樣的哲理，就有什麼樣的民族。我完全贊成這一論點：文化是民族的身分證。黨的十六大報告講得十分深刻：「文化的力量深深熔鑄在民族的生命力、創造和凝聚力之中。」凝聚力，主要取決於對民族文化的認同，取決於民族文化情感的吸引力；創造力，主要取決於對民族文化精髓的掌握，主要取決於民族文化智慧的開拓力；生命力，主要是凝聚力與創造力的總和，是這一總和所體現的戰鬥力，是民族文化哲理在精神與物質層面上的總體現。正因為中華民族擁有如

此富有深刻哲理的民族文化，從而才能具有無比的情感、智慧與力量，具有強大的凝聚力、創造力與生命力，具有支撐中華民族生存、成長、發展的不可戰勝的民族精神，具有以此民族精神形成的堅不可摧的脊梁。中華民族在五千多年發展的征程中，承受了多少慘烈的天災人禍與嚴峻的歷史考驗，但是，它沒有倒下去，而是頑強地站住了，以史為鑑，以史為師，吃一塹，長一智，天才地吸取了寶貴的經驗教訓，曲折而勝利地向前發展，可謂玉汝於成。就專業而言，筆者並非是學習哲學的，也非研究中華文化的，而是基於一些學習與思考的結果，擬出此文，略陳固陋，求教大方。

一

中華文化博大精深，源遠流長。中華文化哲理所蘊含的整體觀、變化觀與本質觀，十分寶貴。所謂整體觀，是全域地有連繫地看問題；所謂變化觀，是長遠地發展地看問題；所謂本質觀，是深入地辯證地看問題。這三者是緊密相連而不可分割的。

首先是整體觀。中華文化哲理的一大精華就是講整體，講全域，講「天人合一」，講「四海一家」，講「古今一體」。世界是一個整體，事物相互連繫而不可分割；客觀世界是一個整體，主觀世界是一個整體，主、客觀世界也是一個整體；個人與個人、個人與集體、個人與社會、個人與自然都是一體的。莊子講得對，「物無非彼，物無非是」，「彼出於是，是亦因彼」（按：「是」在這裡是指彼此的「此」），「天地與我並生，而萬物與我為一」。但是，並生、為一，不等於並列，而是老子講的「人法地，地法天，天法道，道法自然」。前三個法，是指「效法」，「道法自然」卻是講「道」就是

「自」、「然」。「自」是主體，「然」是按主體本身的固有規律而動。世界這個整體是按其本身固有的規律而動，這決不可違反。孔子講的「天何言哉！四時行焉，百物生焉，天何言哉」也是這個意思。我國先哲從未否認人的重大作用，老子又講了，「道大，天大，地大，人亦大；域中有四大，而人居其一焉」。我國先哲所講的「天道」、「天命」、「常」等，本質上就是世界本身固有的規律。荀子主張的「制天命而用之」，並非要人去征服自然，要自然聽從人的主觀主義的意願；相反，是要從自然界的整體出發，而非從一地一物一事一時出發，來運用其固有規律，以造福於社會。我國古代有很多工程就是依據如此決策而完成的。都江堰工程就是傑出的典範之一，顯示了李冰父子的中華文化哲理的整體觀，他們正確處理了分水、排沙等多方面的相互關係，不但整治了岷江水患，造就了一個富饒的成都平原，而且絲毫無害於反而有利於自然環境，澤被千秋，功垂萬代。今天，一談到對自然環境的開發，就似乎不可避免地或多或少地要破壞環境，以犧牲環境為代價來換取「發展」。這種只從一地一物一事一時而非整體地來按照「科學」辦事，來開發，來「發展」，結果將是得不償失，豈不令人三思？！我國歷史上在水利、農業、醫藥等領域中的許多傑出成就，正是這一整體觀在科學技術中的深刻體現。特別是中醫，中醫治病是辨證施治：頭痛醫腳，腳痛醫頭，強調人是一個整體；同一病症，因人因時因地因勢而異的診斷結論與治病處方，將人作為一個同季節、地方、心情、歷史等因素有密切連繫的「天人合一」的一個整體的人來診治，而非力求有一「萬應靈丹」，來包治同一病症，這就是中國特色的「個性化治療」。還有，中醫治病的中藥往往是以改變人體細胞所含的化學成分及其濃度來增強人的內部抵抗

力，以消滅細菌、病毒等來犯者，而非只著眼於用藥物來殺死致病的細菌、病毒等。我國強調「胸中有全域」，正是整體觀的深入淺出的表達。

其次是變化觀。整體觀同變化觀是不可分割的。整體觀就是將事事物物相互連繫成為一個整體，就是要認識到事物間的相互連繫，就是要連繫地看問題。但重要的是，這一連繫是動態的或運動的而非靜止的，是變化的或發展的而非停頓的，是有機的或相互作用的而非僵死的。中華文化哲理精華之一就是承認「變」。《易》的「易」，實質就是「變」。毛澤東同仁的詩句「人間正道是滄桑」，「人間」就是世界，「正道」就是固有規律，「滄桑」就是「變」。美國物理學家F.卡普拉在其《物理學之道——近代物理學與東方神祕主義》一書中明確指出：「東方宇宙觀的兩個基本主題是：所有現象是統一的、相互連繫的，宇宙在本質上是能動的。」他又指出：「我們越深入到亞微觀世界，就越會認識到近代物理學家是如何像東方神祕主義者一樣，終於把世界看成是一個不可分割的、相互作用的、其組成部分是永遠運動著的這麼一個體系，而觀察者本身也是這體系中必不可少的一部分。」近代物理學家都知道由愛因斯坦等人提出的思想實驗中最著名的EPR實驗，對這一實驗的驗證，的確證明了宇宙的整體性。中國科技大學潘建偉與荷蘭學者波密斯特合作，於一九九七年九月實現了這樣的光子量子態的遠端傳輸實驗：在實驗中，並沒有實際的光子從一地飛往另一地，而是兩地的光子量子態同時發生了相應的變化。報導這一成果的《量子態隱性傳輸實驗研究》論文不僅在英國《自然》這一權威刊物上發表，而且被《自然》譽為近百年來該刊物所發表的近代物理學研究論文二十一篇經典之一。這個世界，這個連繫，是變化

著的，是發展著的；「物之生也，若驟若馳，無動而不變，無時而不移」；「方生方死，方死方生」；世界就是這麼樣的「道生一，一生二，二生三，三生萬物；萬物負陰而抱陽，沖氣以為和」。正因為我國先哲深知世界在相互連繫中起著變化，因此，一方面，如實地將事物作為變化的而非靜止的事物來看待，中醫的「經絡學說」最為典型，對活人，經絡確實存在，針灸之類的治病實為有效，然而對死人，進行解剖，卻確無經絡存在。另一方面，努力地預測事物變化的未來，「禍兮，福之所倚；福兮，禍之所伏」，「反者道之動」，相反相成，事物無不在一定條件下向其反面轉化。因此，《中庸》告誡我們「凡事預則立，不預則廢」，《論語》也講「人無遠慮，必有近憂」。正因為事物在變化，所以，《周易》指出：「不可為典要，唯變所適。」一定要順天應人，適應變化了的形勢，而不能僵死不變。

再次就是本質觀。整體觀、變化觀同本質觀是不可分割的。作為一個整體的世界，其所有的組成部分，儘管相互連繫，相互作用，不斷變化，永恆運動，演化出大千世界，但在最深的層次上，是統一的，即本質是相同的。俗語講得極為精闢：「萬變不離其宗。」「宗」，就是本質。這體現著「道通為一」。是的，世界上萬事萬物，「其分也，成也；其成也，毀也。凡物無成與毀，復通為一」。確系如此，「天地萬物生於有，有生於無」。「一切即一，皆同無性；一即一切，因果歷然。」這「宗」，這「無」，這「一」，就是佛家的「空」，道家的「氣」，就是物理學的「真空」，就是F・卡普拉所講的近代物理學的「量子場」，就是大千世界的本質，就是宇宙整體的統一之處。F.卡普拉講，世界本身就是一個量子場，是一個具有連續能量的東西；在某種條件下，由於激發能量而凝集成粒子，粒子隨著能量的變

化，時而存在，時而消散。目前，物理學前沿又出現了我們還不是很了解的「暗物質」、「暗能量」，但是，可以深信，物理學將來會有更大的突破，會更深入認識到世界的統一的本質，名稱當然很可能不叫什麼「量子場」，但世界的統一的本質確實存在。「有物混成，先天地生；寂兮寥兮，獨立而不改，周行而不殆，可以為天下母。」老子這一卓越的思辨結論，無疑是正確的。正因為中華文化哲理如此唯物地看待世界，所以在中華文化哲理中，就沒有神，就沒有「上帝的一棒」，就不是以神為本，而是「域中有四大，人居其一焉」，以人為本。對天命的敬畏，實質上是對世界固有規律的尊敬，以及知道一切違反規律的行為必遭規律懲處而產生的畏懼。這一敬畏是極為科學的。中華文化深諳其道：「善有善報，惡有惡報，不是不報，時候未到；時候一到，一齊報銷。」多麼通俗！多麼深刻！

世界上的萬事萬物，在最深層次上，是統一的，即本質是相同的。但是，萬事萬物有不同的層次，在不同層次上有不同的本質。此即，在較淺層次上，本質是互異的，而在較深層次上，本質是相同的。在物質水準上，冰、水、水蒸氣三者是互異的；在分子水準上，它們本是相同的，都是由H_2O分子構成的。在分子水準上，氧與臭氧的分子是互異的；在原子水準上，氧與臭氧的原子卻是相同的。在原子水準上，氧原子與碳原子是互異的；在電子、質子、中子水準上，它們的電子、質子、中子的性質卻是相同的。我們還可以類推到粒子、基本粒子水準上去。「兄弟鬩於牆，外御其侮。」在家這一層次中，兄弟互異，有矛盾，還要打架；在對外這一層次中，兄弟相同，一家人，一致對外。正因如此，世界有眾多的層次，事物有眾多的相應的本質，事物從而就有千姿百態的相應的不同。當今科學四大基本

問題——宇宙起源，物質結構，生命起源，思維奧秘（即大腦本質），就是人類對世界幾乎是最深層次本質認識的追求。每一層次的突破，就是科學上劃時代的重大的發現，就是人類認識世界劃時代的重大的進步。

在論及本質觀時，不能不論及中華文化哲理所突出的「中」或「度」。《尚書‧大禹謨》指出：「人心惟危，道心惟微；惟精惟一，允執厥中。」這一講法極其經典，明確提出了「中」，特別強調了「中」。《論語‧堯曰》也引用了「允執其中」，「其」就是「厥」。允，是誠信，是公平。「允執厥中」，就是要實事求是把握其度，不要「過」，不要「不及」，「過猶不及」。過度就會質變，真理過頭一步，就是謬誤。這就是辯證法講的「量變到質變」法則，也是大千世界之所以成為大千世界的根源。我國古代所講的「禮」，就是「中」在人際關係中的度量標準或規定。《論語‧泰伯》講：「恭而無禮則勞，慎而無禮則葸，勇而無禮則亂，直而無禮則絞。」這就是講，如果不合乎「禮」這個度量標準，恭敬、謹慎、勇敢、直率就走調了，變成了勞擾不安、懦弱畏縮、犯規作亂、尖酸刻薄，甚至走向反面。孔子強調「克己復禮為仁」，就是強調人際關係必須遵循或合乎度量標準或規定，各守其位，各司其職，不能逾越，以保證社會的秩序與穩定。所以，孔子高度讚譽：「中庸之為德也，其至矣乎？」「中庸」就是「允執厥中」。

本質觀之所以重要，是因為其能去偽存真，去粗取精，由表及裡，由此及彼，把握住了事物的本質，才可不為事物的現象所迷惑，得出不妥的乃至錯誤的結論，從而能準確地做出正確的結論或決策。不少現象恰同其本質所反映的現象似乎相反，其實這正是該本質在不

同條件下的反映而已。莊子批評得多好：「庸詎知吾所謂知之非不知邪？庸詎知吾所謂不知之非知邪？」他還講：「天下皆知求其所不知，而莫知求其所已知者；皆知非其所不善，而莫知非其所已善者。」我們就應力求在工作中，在生活中，如此辯證地透過現象，明察本質，確定自己的行動。

　　整體觀、變化觀、本質觀三者極其不可分割，是中華文化哲理所蘊含的精粹，而最能反映這一哲理精粹的莫過於《易》。此處《易》指《周易》，是《易經》與《易傳》的統稱。東漢時提出「易」含有「簡易，變易，不易」三義。顯然，這三義就體現了整體觀、變化觀、本質觀。《易》的「易」，就是「變化」，《易》就是講「變化」的經典，《易》的英譯名就是「Change」。《易》講「變化」，卦有六十四個，每卦有六爻，它們就體現著變化、發展，體現著變化、發展的關係與規律。《易》講整體，六十四卦是個整體，卦兩兩對應，不是「覆卦」（或稱「綜卦」）就是「變卦」（或稱「錯卦」），無此即無彼，無法分割；每卦六爻，也是整體，全面而發展地反映著相應的事物。《易》講本質，「一」表示「陽」，「--」表示「陰」，世界就是陰陽的交匯、對立的統一，「萬物負陰而抱陽，沖氣以為和」，有「正電」就有「負電」，有正粒子，就有負粒子。在《周易》中，由「一」與「--」組成了六十四卦與三八四爻，卦有卦辭，爻有爻辭，加上「乾卦」的「用九」與「坤卦」的「用六」這兩條辭，共有四百五十條卦爻辭，這是一個卓越的辯證哲理系統，黑格爾也不能不對《周易》所蘊含的辯證哲理讚不絕口。在此，還要強調指出，陰陽這一對立統一的哲理，一直活躍在中華文化中，到了北宋，張載明確認為：「有物斯有對，對必反其為；有反斯有仇，仇必和而解。」到

了南宋，朱熹明確提出：「天地萬物之理，莫不有對。」今天，我國歷史學家張豈之先生將「有對」之說譽為中華文化窮本究竟的辯證精神與理論基石。所謂「有對」，即承認事物是「有對」（矛盾）的，並從「有對」的相互關係中，即從事物本身的矛盾運動中，去探求世界的變化及其規律。

在此應特別提出，朱清時院士及其合作者姜岩博士在其近二十五萬字的《東方科學文化的復興》著作中明確提出，西方的科學思想是「將整體分解成若干組分的還原論思想」，並對這些組成採用了分科別類進行深入研究、邏輯分析與實驗驗證的方法，取得了極為卓越的成就。日本將「science」譯成「科學」，顯然，這個「科學」即指分科的學問。而對中國而言，朱、姜認為，「可以把中國古代的科學思想的整體和諧、演化發展、有機論、相反相成的思想用整體論這一概念表達」。顯然，這一「整體論」同本文所講的整體觀、變化觀、本質觀密不可分。相應地，中國古代所用的科學方法，他們認為，是在整體論的指導下，針對具體情況以解決實際問題為主要目的的方法。他們強調了東西方科學思想與科學方法的強烈的互補性，但更加強調「還原論」由於忽視世界的整體性，孤立地重視事物的一個方面，片面地強調科技的自身及其功效，簡單地以線性思維對待複雜的世界，機械分科而不有機整合，只顧此，不問彼，時至今日，導致了科技發展與人類文明整體利益之間產生巨大的衝突，西方文明陷入困境，社會不可持續發展；而東方科學思想可保證社會可持續發展，科學下一步革命性的發展有賴於以東方科學思想作為指導思想，以整體論作為靈魂。他們強烈地矚望著中華民族，抓緊機遇，再次騰飛。朱、姜的看法是對的，但這絕不是講中華文化就沒有「還原論」及相應的方

法，西方就沒有整體論及相應的方法，所談的只是文化的主流而已。

二

中華文化哲理所蘊含的整體觀、變化觀、本質觀，實際上是中華文化哲理世界觀（宇宙觀）的體現：世界是由千萬事物所構成的一個既有層次而又不可分割的整體，事物之間相互作用，相互依存，連繫在一起，這種連繫又是變化著、發展著的，並且所有事物及其相互連繫又統一於共同的本質。由這樣的世界觀引申，中華文化哲理還涉及人生觀、價值觀。既然世界觀是對世界的根本看法，則作為世界觀組成部分的人生觀，就是對人生的根本看法。價值觀，同人生觀放在一起時，它主要指對處理人與人、人與集體、人與社會、人與國家及民族、人與自然、人與有關事物之間的關係的根本看法，即人生的價值、人生的意義與取向。在此，價值觀就是人生觀的組成部分。

毫無疑問，最關鍵的是世界觀，是對世界的根本看法。世界觀要回答的問題，是個「是什麼」的問題，「天道有常」，「天人合一」，「天網恢恢，疏而不漏」。「常」，就是固有的規律。世界有世界的規律，相應地，自然界與人類社會均各有其固有的規律，人也有生老病死、離合沉浮、喜怒哀樂的規律，「不知常，妄作，凶」，「知常容，……沒身不殆」。中華文化強調格物致知，今天可以理解為，格物是研究世界及其規律，致知是了解世界及其規律，此即「實事求是」。格、致是誠、正、修、齊、治、平的基礎，是做人做事的基礎。中華文化哲理是不承認「神」的，不承認有什麼「神」決定著世界。《易》無神，《老子》無神，《論語》無神。它們所談的神，所談的天命，實際是指世界的規律。我國的佛教是外來的，但是傳入我國

之後，就受著中華文化哲理的影響，天堂化為了人間，最終中國化了。

　　世界是一個系統，任何事物也是一個系統。系統有層次，有大小。對任何一個系統而言，系統等於元素加關係，關係即元素之間的關係。系統要好，一是元素要好，二是關係要好，「和而不同」。元素總是有差異的，沒有差異就沒有世界，就沒有世界的多姿多彩；關係總是要和諧的，沒有和諧也沒有世界，也沒有世界中的相互依存。對人類社會這個系統，元素是人，關係是人際關係。社會要好，就要有好的人際關係。人際關係之重要，已生動表現在中國諺語中，「三個臭皮匠，賽過一個諸葛亮」，關係好，就能幹；然而，「三個和尚沒水吃」，關係壞，就什麼也幹不了。人要好，就是人的素質要好，就要正確對待自己，努力提高自己；要如《周易》「乾卦」所講，要像天那麼剛健正直地運行，「自強不息」。人際關係要好，就要正確對待別人，同外界友好相處，要如《周易》「坤卦」所講，要像地那麼寬柔敦厚地存在，「厚德載物」，和諧協調。孔子之所以特別強調禮與樂，正如《禮記‧樂記》所講，禮講異、講別、講序，而樂講同、講和、講化。禮樂就是講不同而和。和諧不等於完全美滿，不等於十分完善，不等於「止於至善」。差異就是不同，關係中會有矛盾、鬥爭，變化、發展始終存在，而這正是為了求得進一步的和諧，「仇必和而解」，而且還可以發展到「量變到質變」，成為一個新層次的和諧。

　　世界觀包含了人生觀，也是人生觀的基礎。人生觀是對人生的根本看法，特別是對生與死的看法。中華文化哲理對人生的根本看法，在整體觀的指導下，在「天人合一」思想的影響下，是同對自然界的

根本看法緊密交融的，即人生觀同自然觀是緊密交融的，由對自然界及其變化而感悟人生。孔子講：「逝者如斯夫，不舍晝夜。」李白講：「夫天地者，萬物之逆旅也；光陰者，百代之過客也；而浮生若夢，為歡幾何。」人生是短暫的：比之於人類歷史，極為短暫；比之於宇宙，忽略不計。莊子十分深刻地看待這一「短暫」，「莫壽於殤子，而彭祖為夭」，何等辯證！中華文化哲理高度珍視這一短暫的人生。人生的確是短暫的，似過眼雲煙。莊子在《莊子‧齊物論》中，就是把人生看成一夢。他講，你在做夢時並不知在做夢，何況，夢中還有夢，大覺才知有大夢；孔子與你都是夢，我這麼講你，本身也是夢。所以，在《莊子‧齊物論》最後一段，無怪乎他講，是莊子夢為蝴蝶，還是蝴蝶夢為莊子。這是著名而深刻的寓言。中華文化哲理對人生是持積極向上的態度的。孔子正因為感悟到「逝者如斯夫」，就「發憤忘食，樂以忘憂」；李白感悟到「浮生若夢」，就「秉燭夜遊」。佛教的最主要的經典《金剛經》在最後有首偈語：「一切有為法，如夢幻泡影，如露亦如電，應作如是觀。」世上的一切，都不過是空幻而已。然而，中國化了的佛教，例如華嚴宗，在《華嚴金獅子章》中明確提出：「雖復徹底為空，不礙幻有宛然；緣生假有，二相雙存。」不可能只有空，而無色、無幻有；不可能只有量子場，而無粒子，無粒子的生成物。空與色，實在與幻有，真空與物質，量子場與粒子，都同時存在。縱然空與量子場萬萬歲，永恆存在，儘管幻有稍縱即逝，粒子一生即滅，但是幻有與粒子畢竟存在過。人出生之後，總還生存了、活著了一段時間，度過了「短暫」的人生。哲理不能不回答應該如何對待這一「短暫」的人生的問題，「人生應該是什麼」這一問題。人，剛出生時，雙手攥得緊緊的，似乎來到人間想抓取一把什

麼；然而，在死去時，雙手張得開開的，確實什麼也沒有抓到。「前人種樹，後人乘涼」，人來到世上，享受了前人創造的成果；如果，後人取之多，付之少，社會財富何能積累？！社會何能進步？！巴金講得多麼好：「生命的意義在於付出，在於給予；而不是在於接受，也不是在於爭取。」巴金就是這樣度過一生的。自古以來，志士仁人就是這麼度過一生的。明代陳繼儒的《幽窗小記》中有副對聯：「寵辱不驚，閑看庭前花開花落；去留無意，漫隨天外雲卷雲舒。」對人生的看法，豁達固然豁達，但積極向上不夠。我給上、下聯各續了兩句，上聯的是「細品嘗，終歸有味」，下聯的是「深追究，畢竟多姿」。人生是十分有滋有味的，是非常多姿多彩的，應如同孔子所講的「發憤忘食，樂以忘憂」，去求知，去生活。人的一生「任重而道遠。仁以為己任，不亦重乎！死而後已，不亦遠乎！」孔子的中心思想是「仁」，是愛人。所以，他講：「君子病無能焉，不病人之不己知也。」人，應有能力去做實實在在有利於別人的事。從我國的古代名言，老子的「既以為人己愈有，既以與人己愈多」，孟子的「樂民之所樂者，民亦樂其樂；憂民之所憂者，民亦憂其憂」，范仲淹的「先天下之憂而憂，後天下之樂而樂」，到現代的名言，朱光潛講：「人生應該如蠟燭一樣，從頂燃到底，一直都是光明的。」雷鋒講：「人的生命是有限的，可是為人民服務是無限的。我要把有限的生命投入到無限的為人民服務之中去。」是的，這都是一脈相承的。一個人的一生，對於個人而言，應是豁達的、出世的；對於人民而言，應是積極的、入世的。人，人的一生，應是屬於人民，為了人民，相信人民，依靠人民。孔子講，「無求生以害仁，有殺身以成仁」，講的是如何對待自己，「博愛之謂仁」。孟子講，「生亦我所欲也，義亦我

所欲也；二者不可得兼，舍生而取義者也」，講的是如何對待別人，「行而宜之之謂義」。文天祥來了個概括：「孔曰成仁，孟曰取義；惟其義盡，所以仁至；讀聖賢書，所學何事；而今而後，庶幾無愧。」面對生死，應該如何？活，活要活得重於泰山，而不能輕於鴻毛；死，死要死得重於泰山，而不能輕於鴻毛。春秋時期鄭國子產講得十分清楚：「苟利社稷，死生以之。」林則徐做了進一步發揮：「苟利國家生死以，豈因禍福避趨之。」明代於謙宣稱：「粉身碎骨全不怕，要留清白在人間！」這就是中華文化正視人生的哲理。

價值觀，是人生觀必然的延伸，可以認為是對處理有關人的各種關係的根本看法，即關係應如何處理，亦即人生價值的取向應該如何選擇，孰是孰非，孰優孰劣，孰重孰輕，孰先孰後，孰可孰不可。「四書」之一的《大學》講得多麼深刻：「物有本末，事有終始，知所先後，則近道矣！」我完全贊同這一觀點：中華文化價值觀的核心是：國家重於家庭，家庭重於個人。《大學》一開始講的八事：格物，致知，誠意，正心，修身，齊家，治國，平天下。顯然，格、致是基礎，修身是關鍵，齊家是初級目標，治、平是高級目標。即使是離群索居者，不要去齊家、治國、平天下，但至少應無害於治、平。我國講忠孝節義：忠，「位卑未敢忘憂國」，以天下為己任，對國家負責；孝，我國蒙學讀本就有《孝經》，「百行孝為先」，對父母、長輩負責；節，相敬如賓，攜手偕老，對配偶、家庭負責；義，榮辱與共，重於泰山，對朋友負責。負責，就是負起責任，就是先於個人。我曾借用匈牙利愛國詩人裴多菲的一首詩來說明這一點：「生命誠可貴，愛情價更高。若為自由故，二者皆可拋。」生命，對個人而言，當然可貴，生命屬於個人只有一次而已；愛情，對家庭而言，價更

高，無家何能繁衍後代；自由，對國家、民族而言，其重要性遠在個人、家庭之上了。中華文化哲理並不是摒棄、不顧、否認個人的利益、個性、自由、權力、作用等，完全否認個體，集體又是什麼？完全否認個體利益，集體利益又是什麼？完全否認個人作用，集體作用又從何而來？一個好的企業，企業富，人人富；一個先進單位，單位先進，人人努力。我國諺語講「家和萬事興」，「人人為我，我為人人」，以國家利益、民族利益、家庭利益等集體利益為個人的最大利益，將其熔鑄於個人靈魂之中了。我國彪炳史冊的聖人、賢人、忠臣、民族英雄以及一切志士仁人就是傑出的代表人物，其實，在我國古今芸芸眾生中，這類人物也不勝枚舉。他們深深了解：皮之不存，毛將焉附？！整體不存，個體安在？當然，毛之不存，皮將焉保？個體不興，整體安盛？胡錦濤同仁講的「群眾利益無小事」，就是將個人利益與集體利益有機整合的生動而深刻的表達。這一整合，就是中華文化哲理所凝成的楊振寧先生所講的中華民族的韌性。正因為有了這一主要因素，中華民族、中華民族文化方能繁衍至今，而且還將實現偉大的復興。

三

中華文化哲理所蘊含的整體觀、變化觀、本質觀以及由其所支持與融成的世界觀、人生觀、價值觀，它們經過歷史的洗練而凝現為偉人的中華民族精神。民族精神是在歷史中發展著的，是有時代性的。黨的十六大報告深刻指出，「民族精神是一個民族賴以生存和發展的精神支撐」；在今天，「在五千多年的發展中，形成了以愛國主義為核心的團結統一、愛好和平、勤勞勇敢、自強不息的偉大民族精

神」。再讀一讀江澤民同仁在哈佛大學的演講，讀一讀演講中關於我國優秀傳統的內容，就可以清楚知道，黨的十六大報告中關於民族精神的深刻論述，正是這次演講有關內容的重要發展。

　　中華民族精神的核心——愛國主義，正是中華文化哲理整體觀、變化觀、本質觀在世界觀、人生觀、價值觀中最集中的凝現，正是愛國主義這一決定性的因素確保了中華民族、中華民族文化經歷了歷史上的暴風烈雨、千難萬險的考驗，勝利地發展到輝煌的今天。季羨林先生二十世紀九〇年代明確提出：「中國優秀傳統是什麼？中國人文精神是什麼？這一優秀傳統就是人文精神。概括起來有兩點：一是愛國，二是有骨氣。」我曾對季羨林先生講過：「我能否對此做個注解？愛國，文天祥講：『人生自古誰無死？留取丹心照汗青！』有骨氣，孟子講：『富貴不能淫，貧賤不能移，威武不能屈。』」愛國一定要有骨氣，愛國加上有骨氣就是愛國主義。我國歷史上有多少忍辱負重為國家、為民族而忠貞不屈、感天泣地的壯烈史績！漢代班固講得十分簡練：「國而忘家，公而忘私。」宋代蘇洵講：「賢者不悲其身之死，而憂其國之衰。」現代畫家李苦禪講：「必先有人格，爾後才有畫格」。人格中愛國第一。而明代顧炎武的「保天下者，匹夫之賤，與有責焉耳矣」的話，早已成為我國世代廣為流傳的名言「天下興亡，匹夫有責」了。

　　愛國，絕不是抽象的。愛國實質上首先是愛民，民惟邦本。「民為重，社稷次之，君為輕。」孟子早就提出了這一論點。春秋時期齊國管仲就明確提出了「以人為本」，並指出：「本治則國固，本亂則國危。」愛國必然愛民。偉大的愛國主義詩人屈原就沉痛呼籲：「願搖起而橫奔兮，覽民尤以自鎮。」由於不可避免的歷史條件的限制，

在我國古代，愛國與忠君往往不可分割，但我們不能超越歷史去苛求古人，不能鬧出「文革」十年浩劫中的荒謬結論：我國歷史上的清官比貪官還壞，清官麻痺人民，強化了封建王朝的統治；貪官激怒人民，加速了封建王朝的崩潰。我國歷史上的志士仁人，是致力要實施仁政的，仁者愛人。他們知道，民惟邦本；實質上，他們承認了國家應屬於人民，為了人民，相信人民，依靠人民。他們承認勞動人民是「官」的「衣食父母」，而非「官」是人民的「父母官」。范仲淹的《江上漁者》、張俞的《蠶婦》、梅堯臣的《陶者》、李紳的《憫農》等詩篇就是證據。唐代白居易在《觀刈麥》詩中寫道：「今我何功德？曾不事農桑。吏祿三百石，歲晏有餘糧。念此私自愧，盡日不能忘！」明代哲學家呂坤是個大官，位居正二品，他在自挽詩中寫道：「我亦軒冕徒，久浸民膏脂。」深沉真摯感人！聞一多先生在《人民的詩人——屈原》中講，屈原之所以「成為人民熱愛與崇敬的對象的，是他的『行義』，不是他的『文采』」，這「行義」是追求真理，「雖九死其猶未悔」，「哀民生之多艱」。聞一多先生這位愛國詩人，同屈原的心聲一樣，熱愛著自己的人民。而具有民族硬骨頭的魯迅先生，公開宣稱：「橫眉冷對千夫指，俯首甘為孺子牛。」對於是否應相信人民，依靠人民這一觀點，歷代有見識的人士給出了答案，他們深深了解，民猶水也，唐初名相魏徵在《諫太宗十思疏》中明確指出：「可畏惟人，載舟覆舟，所宜深慎。」黨的十六大報告總結了歷史經驗，明確提出：「發展社會主義民主政治，最根本的是要把堅持黨的領導、人民當家做主和依法治國有機統一起來。」顯然，人民當家做主，講的就是應屬於人民的問題。堅持黨的領導，立黨為公，執政為民，講的是應為了人民的問題。依法治國，國家的法律代表人民的意

志，體現人民的力量，講的是應相信人民、依靠人民的問題。毛澤東同仁深刻指出：「人民，只有人民，才是創造世界歷史的動力。」既然人民創造了歷史，創造了社會的一切，當然一切就應屬於人民；既然人民能創造歷史，能創造社會的一切，當然，一切就應相信人民、依靠人民；既然人民在創造歷史，在創造社會的一切，人民的創造就是為了人民，當然，一切就應服務於人民。鄧小平講得多麼感人：「我是中國人民的兒子，我深情地愛著我的祖國與人民。」鄧小平的話充分體現了這點。發展到今天，黨的十六屆三中全會提出了科學發展觀，科學發展觀的核心，三個「代表」重要思想的本質，就是「以人為本」。以人為本，屬於人民，為了人民，相信人民，依靠人民，自然是我們一切工作的出發點與歸宿點。這是馬克思主義同中華文化哲理這一中國實際與時俱進相結合的表現。屬於人民是最基本的，「我是中國人民的兒子」正體現這一點。為了人民，不是以救世主的立場去挽救人民；相信人民，依靠人民，不是以救世主的觀點，利用人民的力量來達到自己救世的目的。歷史上許多救世主，「善始者實繁，克終者蓋寡」，不正是如此嗎？！

作為民族精神的第一個內涵就是「團結統一」，民族團結，人民團結，國家統一，版圖統一。如果講愛國主義是民族精神的核心，那麼，「團結統一」就是愛國主義的核心與實質。團結是最強的力量，統一是最大的責任；團結是統一的基礎，統一是愛國的標誌。我國多少民族英雄、愛國志士，為了捍衛國家的統一，民族的團結，殫精竭慮，鞠躬盡瘁，乃至拋頭顱、灑熱血，譜出氣壯山河、光耀日月的愛國主義壯歌，為我國人民世世代代所歌頌。「人心齊，泰山移」，團結統一實實在在保證了我們國家、我們民族的頑強存在，逢凶化吉，

遇難成祥，不斷發展。眾所周知，在我國歷史上，分裂是短時的，不占主要地位，統一是長期的，占有主要地位。還有與此有關的，兄弟少數民族入主中原，由於中華文化哲理而產生的文化巨大包容性，文化迅速融合，中華文化的強大與發展，促進與形成了民族之間更廣泛更深刻更牢固的融合，為我們國家、民族抵禦風險提供了更強大的基礎與保證。江澤民同仁在哈佛大學演講中深刻指出：「中華文化是維繫民族團結和國家統一的牢固紐帶。」臺灣地區同中國內地，不但同種，更是同文，本是同根生，源遠流長，不可分離。顯然，任何人敢冒天下之大不韙，敢於公開鬧「臺獨」，必將遭到包括臺灣人民在內的中華兒女的堅決反擊，必將自取滅亡。這是我國歷史上已一再得出了的不可改變的結論。

民族精神的第二個內涵就是「愛好和平」。如果講，「團結統一」是對國家內部的，那麼，「愛好和平」就是對國家外部的，是處理國際關係的。《尚書‧堯典》一開始就聲明：不僅要「以親九族」，而且要「協和萬邦」。我國歷史上，對周圍鄰邦，只要不危及我國的根本利益，就力求睦鄰；即使由於種種原因，最多只要求「臣服」，而非侵占，非吞併，且不干涉其內政，乃至應鄰國要求，維護其對外獨立與對內穩定。二〇〇五年是鄭和下西洋的六百周年。七下西洋，不是兵艦大炮，不是武力征服，不是掠奪，不是販賣黑奴，而是情誼禮品，結交朋友，是和平外交，堪稱典範。「四海之內，皆兄弟也」，震響著我國和平傳統的心聲。二十世紀五〇年代，由我國與友好國家一起提出的「和平共處」五項國際關係準則，正是「和而不同」、「和為貴」的時代表現。一直到今天，我國本著「與鄰為善，以鄰為伴」的精神，睦鄰，安鄰，富鄰，同鄰邦友好相處。如有國際友人來訪，

那麼，《論語》第一篇第一章的「有朋自遠方來，不亦樂乎」這親切之言，就會被一再引用。其實，「愛好和平」，就是處理人際關係整體觀哲理的國際體現，求同存異，崇尚國際關係的和諧。處理人際關係，處理國際關係，我國文化哲理就是「厚德載物」，民胞物與。「親親而仁民，仁民而愛物」，可見兼及自然。孔子所力主的「仁」，從正面講，是「忠」，「己欲立而立人，己欲達而達人」，成人之美；從反面講，是「恕」，「己所不欲，勿施於人」，不成人之惡。「己所不欲，勿施於人」，不僅為孔子認為是「可以終身行之」的一句話，歷代崇尚，而且在國際上，曾被法國啟蒙思想家伏爾泰認為是超過基督教教義的最純粹的道德，就算是在今天，也得到高度的讚譽。現在，我們正在努力實現中華民族的偉大復興，復興之所以偉大，不但在於最古最大的民族及其文化得以復興與崛起，而且在於這一復興與崛起極有利於世界的和平與發展，有利於人類的繁榮與昌盛。我國一貫反對大國沙文主義，反對狹隘民族主義，中華民族的偉大復興，就是和平崛起。我國一貫反對以武力去解決問題，「不戰而屈人之兵，善之善者也」，更反對以武力行不義之事，「多行不義，必自斃」；只是在不得已時，被迫以武力對付武力，以正義戰爭反對非正義戰爭。如果有人妄圖以武力來危害我國的根本利益，毛澤東同仁的態度很明確：一反對，二不怕，我國將被迫以武力還擊。今天，在臺灣地區與內地的統一的問題上，外國勢力膽敢以武力來干涉，我們仍然如此，必堅決還之以武力。

民族精神的第三個內涵是「勤勞勇敢」，第四個內涵是「自強不息」。如果講，團結統一、愛好和平是就國家、民族而言，是整體觀的凸顯，那麼，勤勞勇敢、自強不息，不僅是就國家、民族而言，而

且更多的是就個人而言，是變化觀、本質觀的凸顯。國家、民族要繁榮強大，根本是要提高國民素質，國民素質是第一國力。戰國時期，吳起講過：「凡制國治軍，必教之以禮，勵之以義，便有恥也。夫人有恥，在大足以戰，在小足以守矣。」管仲講過：「禮義廉恥，國之四維，四維不張，國乃滅亡。」外因是變化的條件，內因是變化的根據。內因就是同本質緊密相關的。只有提高國民素質，才有基礎提高綜合國力。中醫用藥治病，最能體現中華文化哲理高度重視本質、重視內因的思想，其特點在於對症下藥。對症下藥，就是要增強細胞的抵抗力，增強人體內部的抵抗力，增強內因；而非西藥那樣，用來殺死侵入人體的細菌、病毒等，即改變外因。《周易》在「乾卦」中強調：「天行健，君子以自強不息。」要向天學習，剛健有力，自強，不息！永不停步！這就是強調內因，強調本質，順天應人，與時偕行，日積月累，以求質的飛躍。「合抱之木，生於毫末；九層之臺，起於累土；千里之行，始於足下。」「自強不息」這一偉大精神，正是國家、民族、集體、家庭、個人向前發展的原動力。阿斗是無法扶起來的。相反，「西伯拘而演《周易》；仲尼厄而作《春秋》；屈原放逐，乃賦《離騷》；左丘失明，厥有《國語》；孫子臏腳，《兵法》修列；不韋遷蜀，世傳《呂覽》；韓非囚秦，《說難》、《孤憤》」。講這話的司馬遷，在遭受宮刑之後，完成了偉大的《史記》的寫作。只有有了「自助」，才可能有「人助」、「天助」。

2009年於華中科技大學演講
陳晨晨根據錄音整理

中國崛起的國際環境

閻學通　清華大學國際問題研究所所長

　　在我們討論環境之前，我想先跟大家討論什麼叫作崛起？或者說崛起跟發展有什麼區別？很多人都認為，崛起跟發展的區別是個速度的差別問題，就是一個快一點，一個慢一點，兩者都可以實現同一個目標，這是多數人的理解。那麼我的理解是，崛起跟發展不太一樣。崛起是指什麼呢？崛起是一個相對的概念，就是說你和別人的相對差距是不是縮小了，你和別人的相對地位是不是發生改變了。比如說他現在是個冠軍，你現在是個黑馬，你怎麼才能夠叫作崛起呢？是你打敗他，你變成冠軍。什麼叫發展呢？發展不是說你能夠打敗他，發展的意思是說你今天練的武功，比你昨天的要強一些，今天你練習金雞獨立，能站十分鐘，明天能站十一分鐘，這就是發展，就是進步了。所以發展是個絕對概念，崛起是個相對概念。

　　那麼我們中國是要發展還是要崛起？有人說都要。都要的意思就是說我們通過發展就能崛起。我想告訴大家，恐怕這個概念就有點問題了。第一，不是發展就能夠改變中國的國際地位，一個國家通過發展有可能崛起，但是還有另外一個可能，而且很有可能，發展的結果是導致國家走向衰敗。很多人說，你這是胡說八道，你這是悖論。邏輯不成立嘛，怎麼發展了，往上走了，還衰敗呢？舉個例子，往上走，叫作發展。如果我們以這樣的一種速度發展，美國也按照同樣的

速度發展，我們會發現，我們跟美國的差距不是越來越小，而是越來越大。越發展，越落後。

接下來我們講一講眼前的這場金融危機。你們說這場金融危機對於中國是好還是壞？金融危機使得我們出口困難，金融危機使得我們失業率上升，金融危機使得我們面臨的經濟困難很大，怎麼還會覺得好呢？所以它這是一個相對關係，它對於我們傷害很大，但對於美國、對於其他發達國家的傷害更大。這叫作相對收益。相對收益是指好壞，相對強弱是指誰比誰強、誰比誰弱。這樣大家就清楚了，在一場金融危機中，在這樣的環境下，國際環境對我們是有利還是有害？如果從賺錢的角度來說，金融危機對中國肯定不利。絕對收益是一定減少的，賺錢比以前困難了，也比以前少了。但是相對收益大了。就像相聲中說的，今天上班掉了一百塊錢，等下一個同事過來說，今天真倒楣，掉了一千塊錢。這下我們就平衡了；他掉了一千，我才掉一百，真是高興。所以從相對收益來說呢，它就不只是看國際環境給中國帶來多大的災難，而是看國際環境給我們帶來的災難是比別人大還是比別人小。這應該是我們看待國際環境的方法。可見，現在的金融危機，從賺錢的角度來講可能對我們不利，但是從提高中國的國際地位來講，它是有利的，因為它使得我們的國際地位相對上升。所以這樣就會出現一個別人越衰敗、我越崛起的現象。

那麼我們是要崛起還是要發展呢？和平崛起是二〇〇三年十月分溫總理提的，中國要和平崛起；十二月分胡總書記提出了要和平崛起；到了二〇〇四年年初，中央政府決定不再提和平崛起，改成什麼呢？叫作和平發展。那麼這樣就出現了一個問題，中國到底是要崛起還是不要崛起呢？於是在美國也出現一個爭論：中國是不是要崛起

啊？中國到底是要崛起還是不要崛起啊？開會的時候，美國眾議院的外委員會主席海德說：你們都在說中國崛起，這是錯誤概念，中國不是崛起，中國是復興。當我們的國父在這塊土地上建立美利堅合眾國的時候，中國是當時的超級大國（指的是乾隆時代）。他說中國不是崛起，它曾經幾次作為世界上的超級大國，而且它這一次還能夠恢復它原有的歷史地位。

他這樣說，就是把兩個事情連繫到一起。什麼呢？民族復興。我們的政治領導人沒有再提和平崛起，但是沒有一個領導人不提實現中華民族的偉大復興。中華民族的偉大復興是從孫中山開始的，蔣介石繼續，毛澤東繼續，鄧小平繼續，江澤民繼續，胡錦濤仍舊在繼續，都提倡實現民族復興。我想問的問題是：民族復興，「復」是指過去，那麼是過去什麼時候？好多人說是漢唐吧。這樣就出現了一個問題：我們要實現中華民族的偉大復興，我們要實現自己的國際地位，美國怎麼辦？如果我們恢復漢唐盛世的國際地位，美國人會怎麼想？美國會覺得我們對它是一個威脅。這叫什麼呢？這就叫作在今天的國際關係中，中美之間形成了一個結構問題：零和關係。也就是說：如果美國是我們這個地球村的村主任，那就是說中國崛起有兩種可能：一種是也當村主任，咱們這一個村有兩個村主任；另外一種可能，中國當村主任，美國退下來當副村主任，或者是美國連副村主任也當不上。什麼叫作零和關係呢？就是說我的得加上你的失，結果就是等於零，也就是說，在世界問題的領導權問題上，要不你領導，要不我領導，要不領導權分開，咱們一人一半，各為二分之一，這是權力的零和關係、平衡關係。

中國的崛起就是意味著中國在世界問題上權力的增長。比如說正

在發生的金融危機。對於這個問題，胡錦濤總書記提了四項建議：一個是國際金融體系改革，一個是加強國際金融監控，一個是加強區域合作，再一個是貨幣多樣化。法國的薩科齊是什麼意思呢？他也要搞貨幣多樣化，想讓歐元也成為世界通用貨幣。這個時候就有了一個問題：如果大家都想把自己的貨幣當作是國際貨幣，那麼美國的美元霸主地位就下降了。所以薩科齊到美國華盛頓跟布希說：咱們得集體合作，共同解決這個國際金融危機問題。布希說：很好啊，集體合作很好啊。然後就說：我完全支持這次會議在華盛頓開。那麼我想問大家：在華盛頓開和在紐約開，區別是什麼呢？紐約，是一個聯合國的概念，是一個平等的概念；華盛頓是美國的首都，是美國主導的概念。也就是說，美國說：我完全同意改革，但是有一點，這個改革必須在我的主導之下。所以在華盛頓開，就是意味著不能改變美元作為國際基本貨幣的地位。這是什麼權力呢？這個就是金融霸權。好處是什麼呢？我上課的時候學生就不理解：大國老要爭霸權，要霸權有什麼用呢？通過這次金融危機大家就看出有什麼用了。這次金融危機美國發生問題了，美國就說：這次發生困難了，我沒什麼別的要求，就是想諸位給我一點錢。如果美國沒有這個地位，就沒有人會給它這個錢。但它有這個地位，其他人就不敢不給它這個錢。美國說，我現在有點困難啊，所有人買我的債券，一分錢都不許賣，誰也別想賣，落井下石的事情，你們別想。錢是你們的，我知道，我現在得用。你們的錢在我這，我願意怎麼花，就怎麼花。你們不同意，我就凍結你們，我就不信你們有誰敢賣美國債券。所以一個賣美國債券的人也沒有。然後美國說，我現在僅僅要求你們增加購買美國債券，你們只有一個選擇，就是再買多少，而不存在你們把它賣了的情況。這樣美國

的金融霸權給美國帶來了好處，原因是什麼呢？因為美元是國際貨幣的基本單位和基本貨幣。那美元就面臨著一個非常嚴重的事情——雙赤字。美國人不用幹活，在家裡坐著，不工作，還得消費，吃東西。等其他國家生產了，美國說，你們的這些東西我想要，然後其他國家說你想要，我得賣給你，你得給我錢。美國說：好。然後印張美元，一張紙，說：這個錢就給你啦。其他國家也挺高興，拿了美元，拿了一張紙，就把東西賣給他了。之後其他國家拿著這張紙去買可樂，昨天還可以買到一瓶，今天只能買到半瓶，然後說：不行，我不要美元，我要實物。如果沒有實物，就要黃金，其他國家要拿一美元來換多少盎司的黃金。美國說：你要黃金，好啊，從今天起，美元不再與黃金掛鉤。你們手裡的這紙不行了，換不了那麼多黃金。然後其他國家說：這不行啊，你說美元是與黃金掛鉤的啊，我們拿你的美元是因為你說了美元隨時隨地都可以買到金子的啊！現在怎麼不行呢？這怎麼辦呢？你給我一張紙我有什麼用啊？美國人一想，說，這張紙啊，拿著不放心，再印一張藍的，一張美國債券。美國說：這樣吧，你把綠的給我，我給你一張藍的；你那一張一百塊，我這一張就是一百萬，你把你那一摞都給我，我給你這一張一百萬的，拿著還輕鬆。所以各國政府愉快地接受了這一提議。

美國人就倒騰這兩張紙，這叫作什麼呢？這叫作鑄幣稅。美國說我印的錢，你們每個人都要交稅，鑄幣稅通過這種形式來徵收。於是在美國出現了兩個赤字，第一個赤字是什麼呢？就是貿易赤字。就是全美國人不用幹活就只靠買別人的東西，或者他幹得少，買得多。美國都是借貸消費，用信用卡，一個人不是一張信用卡，而是十張信用卡。拿著信用卡買一瓶水，到了月底該付錢。於是拿這張信用卡付那

張信用卡的消費，就這樣傳遞下去。老百姓都在借錢。那政府呢？美國政府也沒有錢了，向國內老百姓借不到錢，就到國外去借錢，於是有了政府赤字。跟美國老百姓借不到錢，就跟中國老百姓借，中國老百姓有錢。於是中國人買大量的美國債券。這樣的話雙赤字的優勢是什麼呢？就是他可以保證美國人不用幹活就可以吃飽，而且可以吃得比其他人好。為什麼呢？因為他可以花其他人的錢。美元只要維持了它的霸主地位，只要美元作為國際貿易的結算單位，它就可以保持這樣的既得利益，它就可以繼續保持下去，這種做法是不勞而獲的。而且大家要注意了，用現在官方的說法叫作什麼呢？就是美國在把它的債務向外擴散，向外轉移，然後美國危機，世界買單，它是霸權的一種表現形式。它如果不是霸權，誰替它買單？韓國一九九八年金融危機，有沒有人替它買單？日本一九九七、一九九八年金融危機，有沒有人替它買單？沒有人給它們買單，因為沒有人在用他們的韓元、日元作為結算單位。

這樣大家就都明白了，有霸權的好處是什麼。由於有了世界的主導權，或者說是領導權，一個國家一個民族就有了充分的安全保障，這就是為什麼所有的大國都注重奪取世界的霸權。國家霸權給本國老百姓提供的保障，提供的安全保障，遠遠大於本國的物質力量給本國帶來的安全保障。這樣我們就知道了這個崛起跟中美之間的關係，以及這個崛起的好處是什麼。

那麼接下來的一個問題是什麼呢？我們要崛起、要發展，對國際環境的需求怎麼樣？如果我們中國只想發展，不想崛起，那麼國際形勢對我們來說應該是比較有利的。為什麼呢？因為我們仍然能夠保證我們經濟百分之七以上的增長，也就是說，發展在今天的這個形勢

下，是能夠讓我們的物質財富增加的。只有負增長，物質財富才會減少，只要增長，財富就會增加。但是要崛起就不一樣了，想要崛起就必須要克服結構性困難，也就是說，要讓這個環境不是有利於我們增長物質財富，而是有利於提高我們的國際地位。這樣就會出現很多麻煩，為什麼呢？因為一個國家的國際地位的提升意味著別的國家的國際地位的下降，任何國家的國際地位相對於我們下降，心裡都不是滋味。日本就非常不是滋味，中國經濟快速增長，如果要超過日本，日本就會非常著急。所以要想崛起，這個難度就很大了。大在哪兒呢？就是說我們的崛起意味著別人的衰弱，所以會有人防範我們，這些不是弱國而是那些強國，特別是那些最強大的國家。因為崛起就表示我們和世界最強大的國家的差距在不斷地縮小。

這裡講一個概念，崛起靠什麼？我們剛才已經講了：發展不能必然導致崛起，發展不一定能帶來崛起。那麼什麼能帶來崛起呢？國家特別是大國地位的上升要靠什麼？要靠國家綜合實力的提高，就是說要靠國家相對的綜合實力的提高。綜合實力包括了政治實力、經濟實力、文化實力。為什麼一個崛起的大國需要這三種實力呢？原因在於一個國家面臨的國際問題是不同性質的，用同一實力解決不了不同性質的問題。我們過去認為綜合實力的基礎是經濟，以為有了錢什麼都能解決。那麼現在我告訴大家，錢是不能讓國家崛起的，經濟發展是帶不來國家崛起的，經濟發展是不可能帶來國家崛起的。為什麼呢？因為一個國家要靠綜合實力，原因在於一個國家所面臨的國際問題是多種多樣的，三個加在一起才有崛起的可能性。政治乘以經濟資源、政治乘以軍事資源、政治乘以文化資源，三者再相加才能形成綜合實力。因為零乘以任何數都是零，有再好的經濟，有再強大的軍事，有

再好的文化資源，但是政治不能操控這些經濟、軍事、文化資源，那麼有再好的條件也跟沒有一樣。典型的例子是蘇聯。蘇聯解體的時候是一九九一年。蘇聯當時的軍事跟美國是平起平坐的，當時蘇聯有五個航母艦隊，現在只剩一個了。我去亨西勒港，登上了「小鷹」號航母，這就是一九九六年臺海衝突美國開過來的那艘航母，那個軍艦就像小蟾蜍一樣。艦長來迎接我，跟我說你們中國別造這傢夥，這傢夥太費錢。這一開動就得往海裡倒錢，一開動就得一箱一箱地往海裡倒。這玩意真貴。我當時就想：我就是沒錢，我有錢了什麼都不幹，就只幹這個。蘇聯有和美國相當的軍事力量，蘇聯有約美國三分之一的國民生產總值，蘇聯有世界上非常優秀的文化——芭蕾舞、文學、電影、油畫等，世界無人不知；蘇聯有世界上最優秀的運動員，奧運會上得獎牌最多的國家常常除了美國就是蘇聯。但是其結果是怎麼樣的呢？到一九九一年它解體了。這麼多的物質實力卻沒法維護國家的生存，為什麼？就是因為蘇聯的政治實力約為零。政府無力動員國內國外資源，不能充分地利用。就是說有錢不會花跟沒錢一樣，有槍不會用跟沒槍一樣。

實力要素不可轉換，它不僅僅在於處理國際事務。作為世界領導國家之一，大國得處理不同的事務，得有不同的實力來應對不同的困難，同時最重要的是不能缺少政治實力，一旦缺少政治實力，物質性的資源再強大也沒有用。因為它們是乘積關係。如果政治實力無限小，物質資源再強大都沒有用。所以政治是個大問題。我們現在的大問題就是和諧社會建設和社會和諧價值觀的問題，這個核心價值的問題不解決，我們想崛起是做不到的，道理就在這兒。如果我們不能增強國際、國內的政治動員能力，要想獲得國際社會的領導權這是做不

到的。這不是想不想的問題，這是一個前提問題。

我們知道這個關係後，再來看看這些實力要素的不可轉換性。今天的國際環境對於我們國際地位的提高到底是有利還是不利？對於提高我們的綜合實力是有利還是不利？從賺錢的角度來講，我覺得和其他的比較起來，和我們的安全環境以及和我們的政治環境相比，我們的經濟環境相對較好。為什麼呢？因為我們還可以保證正增長。但是我們國家的安全環境不是一個正增長的趨勢。有人以為有了和平我們就有了安全，我想跟大家說和平與安全是兩個完全不同的概念。和平是人類之間沒有大規模的軍事暴力行為，因為戰爭是指人類之間使用軍事手段互相殘殺的暴力行為，我們可以不跟人家打仗，但不意味著我們就是安全的。安全是指什麼呢？安全是指沒有威脅、沒有恐懼、沒有不確定。

那麼今天面臨的國際環境是什麼呢？就是在一超多強的格局下，美國要維持自己的霸主地位，其他國家都不想接受美國式的霸主地位，出現了爭奪。爭奪什麼呢？是爭奪財富？是爭奪領土？還是爭奪權力？現在大家公認的是爭奪規則制定權，就是能制定規則的權力。比如說智慧財產權，發達國家說我們的這個智慧財產權保護二十年，那麼別的進口國的智慧財產權，就只保護十年。這個就是規則制定權。所以今天我們面臨的國際環境進入知識經濟以後出現了很多變化。

另外一個問題就是，我們的國家利益在不斷拓展。一個要崛起的國家，不是說國家利益就在境內，相當多的是在境外，否則如果利益只在境內，就不可能是一個全球性的大國。我在一九九六年出了一本書，人家說我這是反動書籍，怎麼能夠說中國的國家利益在境外？這

不是帝國主義言論嗎？我們的國家利益怎麼跑到人家國家裡去了？但是我們要想一想，我們的國家利益是不是在境外？維護我們的海外市場是不是我們的海外利益？中國的企業在海外投資，被別人搶，是不是中國的海外利益？國家的利益越來越多地走向海外。最近剛發生的：印尼又有四百多人把我們的企業砸了；馬德里把我們的鞋城燒了；俄羅斯凍結了一百多貨櫃，最近凍結了我們二百多億元的資產。趙巍，天津的商人，到美國去被人家的員警打了一頓，打了就打了，我們並不能怎麼做。中國人在海外的生命利益、安全利益成了一個大問題。最近海盜劫持我們的船隻，巴勒斯坦劫持我們的工程師。中國人大部分在國內，所以不知道中國人在外面的安全威脅有多麼嚴重。

再看我們的政治環境。從二十世紀九〇年代初就有中國「威脅」論的說法，現在從中國「威脅」論發展到中國責任論。原來是說中國「威脅」別人，現在是說中國不負責任。其實差不多。說達爾富爾就都是我們鬧的，就是因為我們總是給當地政府加油打氣，所以政府總是屠殺老百姓。我們到非洲去購買資源，就說我們是殖民統治，只不過當年的殖民統治是靠軍事力量，而現在的殖民統治是經濟殖民統治。

那麼我們利益在海外擴展的同時，我們怎樣保證海外利益得到保護呢？還得靠綜合實力。於是我們就得出一個結論，當前國際形勢的發展不利於我們綜合實力的發展。美國非常明確的政策就是和中國經濟合作，可以同意中國的經濟發展甚至可以幫助中國的經濟發展，但是有一條，即不允許中國的國防力量得到發展。美國人的概念非常清楚，他非常簡單，而不像我們非常複雜，他不懂辯證法，是一根筋。他說，如果綜合國力能讓我們中國成為超級大國，那我就讓你們綜合

國力中的軍事實力不強大。所以美國在全世界封鎖中國，讓中國不能從全世界的任何一個地方獲得先進的軍事技術。就像海德所說：我們知道中國是要恢復歷史地位，可能是不可阻擋，不可阻擋就不擋了嗎？當時美國國內遏制派和接觸派爭論，接觸派說：阻擋中國強大是做不到的。遏制派說：做不到就什麼都不幹、就等著嗎？擋住一天、拖住一天，不是好一天嗎？所以美國對我們的國防政策的對策非常簡單和明確：任何國家和中國進行軍火轉讓都是為了賺錢，一旦有這樣的交易發生，美國的情報部門就馬上報告。然後美國就會對賣給我們軍火的國家說：中國給你多少錢？你開價，你要多少錢，我就給你多少錢。你賣給中國還得幫他運，賣給我都不用運，直接把它拆了就行。買烏克蘭的航母，買以色列的配件，買捷克的發動機，買一個，美國就擋掉一個，根本就不可能買到。這就是美國跟中國的戰略夥伴關係，這個戰略夥伴就是拼命遏制中國軍事的發展。

我想問你們一個問題，美國為什麼在九月十四日宣布金融危機，要求中國在金融危機中進行合作，十月三日就向臺灣地區出售六十四億美元的軍事裝備？美國為什麼賣給臺灣地區武器呢？道理很簡單，美國的世界霸主地位在東亞地區的基礎是盟友。什麼盟友？軍事盟友。軍事盟友靠什麼維持呢？戰略信任。美國要讓它的所有盟友對它有所信任就只有一條，那就是我對你們的安全是有保障的。對臺出售武器不是賺錢而是告訴臺灣地區你是需要靠我的武器來保障安全的。而且美國是告訴所有的盟友說只要是我的盟友，我的保障是絕對可靠的。所以從這樣來看，美國希望中國變成一個什麼樣的國家呢？我簡單化地講，就是讓中國變成第二個日本。

一九九一年美國發動海灣戰爭。海灣戰爭發生以後美國對日本的

態度是什麼呢？就是我打仗你出錢。日本老百姓不願意，憑什麼美國打仗我們出錢？美國人說這還用問嗎？是我保護了你的油路，是我保護了你們的經濟發展，你們還能不出錢？沒讓你們打仗就很不錯了。日本敢不給嗎？日本的國民生產總值在二十世紀八〇年代末相當於美國的三分之二，當時日本就有四萬億，美國只有六萬億。我想問大家，日本為什麼有相當於美國三分之二的GDP卻不能成為世界超級大國？就在於它不是一個綜合實力強大的國家，錢再多也沒有用。我們綜合實力面臨的一個困難就是軍事上的。軍事上我們現在靠自己的軍事裝備、靠投入來解決問題。

接下來我們再次回到實力要素的不可轉換問題上。我們有裝備，我們的裝備水準跟美國的一樣，我們就能取勝嗎？我們武器裝備比美國好，我們就能勝利嗎？戰爭的勝負不完全取決於裝備。裝備當然非常重要，但更重要的是取決於戰爭策略，取決於人的能力。朝鮮戰爭的時候，跟美國相比我們的軍事裝備差多了。我們用只有美國百分之五的GDP和軍事裝備和美國進行戰鬥，我們居然和他們打了個平手。今天中國的大國地位，我們還得仰仗朝鮮戰爭。沒有朝鮮戰爭就沒有一個國家怕我們，朝鮮戰爭之後，彭德懷講，這場戰爭結束了帝國主義以幾隻軍艦和幾千人就可以侵略中國的歷史，此後就沒有一個國家動過想入侵中國的念頭了。後來我們有了核武器，就更加增強了國家的國防實力。

我們今天的軍事面臨的問題是什麼呢？我們的軍隊今天除了面臨美國對我們的軍事封鎖造成的困難之外，第二個困難就是我們的軍隊沒有戰爭經驗。一個沒有作戰經驗的部隊給它世界上最好的武器，它也不可能取得勝利。就像你們一樣，你們沒有考試經驗，不是久經考

場，給你們什麼樣高級的圓珠筆你們也考不進華中科技大學。想拿錢提高國防能力，我不是說一點作用也沒有，想要變成那種有效的國防能力，僅有錢是做不到的。沒有一個人說只是在演習場上演習，就可以練會打仗。就像是你們從來不考試，都是在家裡做練習，最後在考場上還是不行。

舉個例子，我們去年搞了個上海五國聯合軍事演習。這是我們自一九五〇年以來，除了朝鮮戰爭外，首次在境外和別人一起演習，純粹的軍事演習。演習結束後記者去採訪我們的軍官和士兵，有什麼收穫？他們說學習到很多。記者說舉個例子吧。然後士兵舉個例子，他說在國內演習地上沒有草，在國外演習地上有草，有草的話趴著看不見，抬起來打不著。大家說我們以後要怎樣才能創造出這樣的戰爭環境？大戰之前先把草除掉。可能嗎？這是一個很小的例子，這個例子就是說我們的軍隊不是戰場上打出來的，有些東西是不可能會的。我們總是認為戰爭破壞經濟建設，美國打了二百年了，美國的經濟建設怎麼就破壞不了呢？一九二九年美國金融危機，等到金融危機以後美國又是世界霸權。美國沒有一天不在打仗，二百年來天天打仗，奧巴馬上臺照樣天天打仗，他可能爭取一年或兩年時間從伊拉克撤軍。撤出來幹什麼啊？到別的國家去打。美國不打仗是不可能的。他們心裡明白一個國家沒有軍事力量想在世界上成為超級大國，那是做夢，不可能。而一個軍隊沒有作戰經驗，其結果是什麼呢？就是日軍。日本軍隊的裝備非常的現代化，但它從一九四五年開始到現在沒有打過仗，他們軍隊中幾乎沒有一個人會打仗。去伊拉克戰場也就是去了點工程兵，也就是蓋房子。所以我們要想軍事實力得到和經濟實力一樣的發展是很困難的。

第二點就是我們的政治實力。上面講的,現在美國在世界的政治實力,或者說軟實力破壞得非常嚴重,主要是美國的國際形象和美國的國際動員能力的下降。那麼奧巴馬上臺以後很可能會恢復美國在國際上的政治動員能力。有句話說兄弟為什麼跟你走,就兩個原因,第一是他相信你,相信你不會騙他,第二他相信你不會害他。不騙他是說你說的一定會做到,你說你保護他你就會保護。同時你說你保護,你要有保護他的力量。當然我們的外交政策很明確,我們是不結盟的外交政策。不結盟能稱霸嗎?自古以來,稱霸的國家只有兩條路:第一就是兼併,所謂兼併就是遠交近攻。秦始皇就是如此做的。一九四五年聯合國制定了新的《聯合國憲章》:維護國家領土主權。所以這樣做做不到,任何一個國家都不能吞併另外一個國家。伊拉克吞併科威特,吞併了以後,全世界就對它發動了戰爭。現在唯一的一條路就是結盟,不結盟想成為世界領導國不可能。為什麼啊?沒有盟友,大家都不聽你的,你領導誰去啊?所以中國的崛起,是和平地崛起,而不是稱霸地崛起!

2008年於華中科技大學演講

歐陽來祿根據錄音整理

文明的衝突與世界的秩序

鍾志邦　英國倫敦大學研究員

趙　林　武漢大學哲學系教授

　　（鍾志邦）諸位同學，諸位老師，大家晚上好！很榮幸有機會來華中科技大學與各位進行交流！我們這個題目實際上是個老題目，後來我跟趙林老師商量，我們覺得老題目也可以從新的環境和角度去看。關於文明世界的衝突與世界的秩序，為什麼我說是老題目呢？因為從一九九三年開始一直到一九九七年左右，關於這個問題的爭議很激烈。我首先介紹一下，從戰後一九四五年左右到二十世紀九〇年代初，幾乎有四十五年的時間，全球的安全，人類的命運，是掌握在兩個大集團手中的。這兩個大集團一個就是蘇聯所領導的華沙公約組織，另外一個就是以美國為首的北大西洋公約機構。這段時間世界的秩序是極其混亂的，兩大陣營處於對抗的狀態。到了九〇年代初，許多人覺得也許我們可以喘一口氣，經過四十多年的冷戰，戰事暫時告終了。這在九〇年代是一種非常普遍的想法和心願。九〇年代開始，我們這個世界還談不上有機的秩序，也不是那麼安全。其中有一位著名的政治學教授亨廷頓，他曾經擔任過美國政府白宮的幕僚。他自己的立場可以說是中間偏右。他是非常典型的對美國的未來充滿著危機感的人。以他的政治立場來講，他可以說是歐美中間論者，特別是美國中間論。他於九〇年代就在書信中表示，冷戰是結束了，但是世界的秩序還沒有被重新建立起來，我們仍舊處在一個不是那麼安全的一

種國際政治社會環境裡面。一九九三年亨廷頓教授寫了一篇文章——《文明的衝突？》，發表在美國很著名的雜誌《外交事務》上。從一九九三到一九九七大概五年的時間，中國的學者忽略了那個問號，所以對這篇文章，批評的聲音比較多，認為這位中間偏右的美國中間論者在鼓吹和推動文明衝突論。我想這一點對他是不公正的。他為什麼以這個題目來探討當時世界的秩序呢？他說：如果我們暫時接受一個事實，說冷戰暫停了。但是全球還是面臨著一個不亞於冷戰的壓力。亨廷頓提出什麼文明呢？他肯定了七個文明。第一當然是西方的，第二日本，第三印度教，第四伊斯蘭，第五儒家或是華夏，第六拉丁美洲，第七斯拉夫正教。第八個他不肯定，即非洲，所以非洲人特別的憤怒。因為亨廷頓不敢肯定有沒有非洲文明，這個文明是否可以跟咱們的華夏、西方等文明相等？這七個或者八個文明為什麼會有衝突呢？他的論據是這樣的，他說，以宗教、價值觀和政治體系來說，在新的世紀，最可能衝突的兩個文明是西方跟伊斯蘭文明。很多中國學者在二十世紀九〇年代評論亨廷頓的時候，都要打倒他，我認為是不公正的。因為他是右派的，他是美國中間論者。但是在亨廷頓的文章裡，沒有基督教文明，這一點我是很不滿的。如果你們去看他的書就會知道，亨廷頓所講的西方還是個老的觀念，很多時候都把基督教和西方等同。為什麼我認為他這一點犯了社會學的錯誤呢？如果你知道現在基督教在全球的情況，你就知道歐美或者西方世界沒有資格代表全球的基督教。為什麼？就人口來說，今天全球的基督教，包括天主教、希臘正教、俄羅斯正教，全球的基督教徒人數大概百分之六十是在歐美世界之外的。所以我認為他沒有理清楚這一點是一個失誤。不能把西方文明與基督教等同。我們只能說西方文明有兩根柱

子，一個是以基督教文明為切入點，另外一個是希臘、羅馬以來的人文主義。在我們這個時代沒有世界秩序就是因為有兩個大文明，即以美國為主的西方文明與所有的伊斯蘭教和偏激的伊斯蘭教的對抗。另外一個是亨廷頓的假設，他認為西方文明很可能與華夏文明之間有衝突。在一九九三年，當他寫這篇文章的時候，這個衝突是非常可能的。那個時候的中國在不斷地發展，當時美國也有很多觀念與之不甚契合。十多年之後再去看亨廷頓的文章，西方文明與華夏文明正面的衝突肯定是不大的，為什麼？因為今天的局勢變了。正在崛起中的中國，很明確地認定了自己在國際舞臺上的地位。為了要持續改革開放，持續建設，中國所採取的路線基本上是溫和的，是支持世界的安定的。他還有個假設就是伊斯蘭文明會跟華夏文明結盟來對抗西方文明。這個在理論上講起來，在二十世紀九〇年代的時候對西方來說是有可能的。因為中國跟伊斯蘭文明的關係是非常好的，如果伊斯蘭文明與華夏文明聯合起來對付西方，這種可能性在多年前是很大的。但在今天，我個人看來這個未必是正確的。為什麼？第一，反恐是中國目前必須要做的，所以中國絕對不可能跟偏激的伊斯蘭聯合來對抗西方世界。這一點，亨廷頓的預測不可能。還有按照我們所能看得見的將來，中國和美國在外交上也傾向於成熟，要面對恐怖主義，要重建一個新的世界秩序，這兩個是最重要的。我想這兩個大國，美國必須和中國來合作。最近這半年以來的國際金融危機或者海嘯，很明顯地說明了雖然美國當今是個唯我獨尊的超級強國，但美國也知道對反恐，依靠它自己單獨的力量是不可能的。幾十年前，我們看美國，它的綜合實力是最強的，它的軍事和經濟力量都是第一。但是亨廷頓忽略了一點，衝突有時候不一定是兩個文明之間的衝突，而是文明之間

內部的矛盾，包括伊拉克和伊朗的矛盾，這兩者之間衝突導致的死亡人數比美國進駐伊拉克所死亡的人數更多。第二，臺海的關係。臺灣地區跟美國的關係，涉及美國和日本，影響面很廣。韓國和朝鮮也是一個例子，基本上是兩兄弟，分家也只不過是幾十年的時間。所以，同一個文明和同一個文化之間也很有可能存在摩擦。還有一個，雖然日本是日本，我們華夏是華夏，但是從唐代以後，日本的文明有許多跟我們華夏的文明是非常類似的。這個衝突雖不是很類似的文明之間的衝突，但理論上的可能還是有的。在世界秩序的再造者中，中國肯定不會缺席。當我們想要重塑世界的秩序的時候，我們就要把當前全球的經濟危機這個因素放在裡面。因為以前我們講世界秩序的時候，我們幾乎都把焦點放在了軍事上。美國跟中國為什麼不能夠針鋒相對地來引起文明之間的衝突呢？因為有很多的傳統，全球的經濟危機是要聯合起來對抗，所以美國和中國也把對方看成是自己策略性的夥伴。那麼為什麼十幾年前的那部著作關於文明的衝突和世界秩序的再造對於今天還有意義呢？我想接下來趙林老師應該有更精彩的詮釋。

（趙林）非常感謝鍾老師！這個題目是我和鍾老師所共同關心的。三年以前，我們倆曾經在成都的電子科技大學，也是就這個題目，我們倆一塊做了一個對話。確實像鍾老師所說的，這個世界格局又發生了一些變化，比如我們今年的格局和三年以前的格局就大不相同，對吧？三年以前沒有美國的資產危機，沒有發生金融危機這樣的事情。所以剛才鍾老師提出的一個問題，我想我會在跟大家介紹更大的一個背景的情況下會涉及。可以說，一九九三年亨廷頓這篇文章發表以後，這篇文章像一顆重磅炸彈，在世界的文化學界，尤其是在我們的華人文化學界中引起了軒然大波。當時亨廷頓提出儒家文化和伊

斯蘭文化來共同對抗西方宗教的這樣一種前提，所以這個預測引起了華語世界的混亂。一九九四年以後這篇文章迅速在中國傳播，所以從一九九三年下半年一直到一九九五年，很多的雜誌都刊載了這篇文章。當時壓倒性的觀點是對其進行批判，認為亨廷頓是唯恐天下不亂。好不容易四十多年的冷戰結束，隨著蘇聯的解體，蘇東這一陣營的瓦解，冷戰世界結束了，好像我們終於可以過一段安寧日子了，結果沒想到亨廷頓又在鼓吹未來二十一世紀會出現文明的衝突，所以很多人認為亨廷頓就是唯恐天下不亂。當時在美國耶魯大學的一個教授認為亨廷頓的這篇文章是會引起戰事的，沒有絲毫悲憫生靈的情懷，包括在香港的一些著名學者，都發表文章，認為亨廷頓的這個觀點是唯恐天下不亂。但是也有很少的一部分人可能從不同的角度做了一些不同的回應。一九九五年，我就在香港發表了一篇比較長的文章。我的觀點是，一方面，亨廷頓作為一個西方中心論者，又作為一個美國白宮的幕僚，他當然不願意看到以美國為首的西方中心位子的旁落，所以他當然也在這篇文章裡面多次提醒，說西方的一些國家不要因為一些經濟上的問題和美國弄得劍拔弩張。他意識到，大家應該團結起來，共同應對可能來自東方的，也就是伊斯蘭教等宗教世界的這樣一種挑戰。這些觀點肯定是站在西方的立場上來說的。但是另外一方面他畢竟是一個有學術地位的、有很深學養的這樣一位政治學的專家。他有很深厚的歷史學基礎，所以我通過讀他這篇文章，分析所得出來的結論是：不是危言聳聽。他的分析確實是因循整個人類歷史發展長存的一個歷史脈絡和規律而做出的一個預斷，所以我覺得對這個我們不應該批判。而且他當時只是做出了一個客觀的預斷，而不是做了一個主觀的宣導，做的是一個事實判斷而不是一個價值判斷。儘管他有

西方中心的味道，但更多的是基於對歷史的分析而得出的一個結論。因此我覺得他的觀點有很多地方是值得我們拿來當作參考的。其實過了很多年以後，差不多是三年前，二〇〇七年我又在《浙江大學學報》重新發表了一篇文章，還是關於這個問題的。所以我想大體上跟大家談談這個背景的問題。事實上，我們這個世界在十六、十七世紀以前，可以說是一個完全分裂的格局。那個時候可以說東方不知道西方、西方也不知道東方。偶爾有些像馬可‧波羅這樣的商人穿針引線，那也是極少數人。而且這個很容易以訛傳訛，所以對東西方文化之間的交流起的作用並不大。但是可以說隨著地理大發現帶來的西方的崛起以及後來隨之而來的全球化。如果從文化的角度來講全球化絕對不是價值中立，也就是說全球化這個概念和殖民化這個概念和西方文化概念實際上是不一樣的。儘管隨著二十世紀七〇年代全球化這個概念的出現，人們開始主要在經濟學裡面討論，但實際上這個文化研究的進程，全球化早在地域之間蔓延。首先表現在葡萄牙對拉丁美洲和印度這樣一些地區的殖民化。緊接著就是後來新興的西方的資本主義的一些國家，比如荷蘭、英國、法國這些國家對北美，對亞洲、非洲及東亞、中亞、西亞這些地方的殖民。所以全球化如果要從西班牙、葡萄牙的殖民開始，那就始於十五、十六世紀，如果要從發展後的國家，後來居上的那些西北歐國家崛起開始，那就要從十七、十八世紀開始算起。所以這個過程已經持續了好幾百年，而全球化的發展過程中，一個發達的資本主義經濟開始從西方傳到東方，從北方擴展到南方。另一個方面，西方的政治制度、文化和宗教信仰自然而然會傳向全球範圍。所以這樣一個全球化的浪潮可以說到十九世紀末達到了頂點，那個時候全世界幾乎所有有人居住的地方，不是西方的殖民

地就是西方的崇拜者之地。所以在那個時候幾乎全世界都在西方的影響下，包括經濟、政治、文化等各方面都受到了影響。正因為如此，二十世紀英國有個非常偉大的歷史學家阿諾德·湯因比，在他晚年的最後一部著作《人類與大地母親》的扉頁上他就談到了一八九七年維多利亞女王執政六十周年時候的一個感想。大家知道，英國近代最輝煌的發展時期，一個是伊莉莎白一世時期，一個是十九世紀中葉到十九世紀末葉的維多利亞女王六十多年的執政時期。過去人類的歷史充滿了各種衝突、暴力和戰爭，但是到一八九七年，隨著德國、義大利的統一，就像過去一切不愉快的事情都已經結束了。以後的事情就是全世界的各個地區的人民在西方人的引導之下，大家共同去營造一種西方所承諾的幸福的前景。因為那個時候是半殖民地，大家都接受了西方首創的規則，從此以後我們之間就不會再有衝突，不會再有那種野蠻的、暴力的紛爭，一切的事情都是在西方世界的文明領導之下，按文明人的遊戲規則來解決一切爭端。但是很快，第一次世界大戰爆發了。而且恰恰是在文明的西方國家之間爆發的。那個時候不是在西方和非西方，或者在殖民地和半殖民地之間爆發的。事件結束之後，西方人說我們之間的矛盾已經解決了，德國受到了重創和懲罰。我們以文明的方式來重新組織文明，所以《凡爾賽條約》以及一九二五年的《洛迦諾公約》就訂立了。在這些條約簽訂的時候，西方的一些占主導地位的國家，比如英國，它的觀點是，這個公約至少給世界帶來了五十年的和平。因為我們的內部問題解決了，現在德國不聽話，受到了打擊和懲罰，現在輪到我們這個文明大國來解決問題了。但是十多年後又爆發了第二次世界大戰。第二次世界大戰因戰爭死亡人數的總和比有史以來人類因戰爭死亡的人數還多。尤其是廣

島、長崎的兩顆原子彈，在全人類的心理上留下了一片陰霾。從那以後，可以說在二戰結束以後，又開始進入兩大陣營，即資本主義和社會主義陣營。這兩個陣營說到底，他們都是要反殖民。當時資本主義想和平演變社會主義，社會主義想戰勝資本主義，說到底無非就是在一種主義、一種制度的前提下，把全世界整合起來，把實際上原來沿著西方的那個殖民時代開始的路線往下走。在二者的對峙之路上出現了一個第三世界，第三世界實際上是戰後出現的主要以亞、非、拉地區的國家為主的一個世界。這些國家由於勢單力薄，尤其非洲和亞洲，中亞、西亞等地的國家的出現，說到底就是二戰以後西方大國以前開創的殖民地的覺醒。反法西斯鬥爭的勝利，人道主義成為主題，所以大家一定要尊重別人的人權，不能再搞殖民了。所以西方大國要從那些殖民地撤退，但是在他們撤退的時候，他們有意無意地做了一些非常有意思的事情：本來統一的前殖民地區，把他們劃分開來。比如說蘇門答臘島的二十二個地區，在英國、法國等大國殖民以前，它們是一個完整的國家。在我們所說的伊斯蘭教國家，中亞、西亞，也包括北非，這些地區是伊斯蘭教的核心地區，伊斯蘭教是世界較主要的一種宗教。現在的海灣國家矛盾也很大，因為當時伊拉克進攻科威特，而這兩個國家都是從前的奧斯曼帝國，在英國撤退的時候被劃分出來的。現在在阿拉伯國家甚囂塵上的伊斯蘭激進組織的成員，他們在政治上也主張採取共和國的形式，反對專制，反對傳統的阿拉伯世界專制的管理辦法，但是他們在政治上有一個很重要的訴求，就是要解決統一的伊斯蘭教問題，也就是要把當時被分割的國家統一起來。薩達姆曾經在二十世紀六七十年代的時候已經把敘利亞合併了，而且被很多阿拉伯世界的人認為他將成為阿拉伯世界的新的統治者。但是

這樣一種訴求是西方國家沒有看到的。二戰以後，還有些例子，比如說印巴。印度的宗教信仰分為兩部分，一部分為印度教，另一部分為伊斯蘭教，但是伊斯蘭教多為下層人民所信仰。二戰以後，印度分為印度和巴基斯坦兩個國家，巴基斯坦信奉伊斯蘭教。這也是由於殖民的原因後來發生的分裂。在「兩伊」戰爭中，蘇聯是支持伊朗的，美國是支持伊拉克的。在資本主義和社會主義兩大陣營對峙的時候，第三世界只能在夾縫中求生存。但是當一端已經消失不存在的時候，一個新的世界就會出現。資本主義追求效益，社會主義追求公平，在冷戰結束以前雙方就已經發生了變化。而資本主義追求效率必然就會導致兩極分化，導致下層人民的反抗。所以現在在伊斯蘭教的世界，信奉宗教激進主義的已經不是少數。宗教激進主義已經不是一個少數的問題，至少在某些情況下它已經成為很多人的共同利益。世界上幾大宗教和文明體系，以宗教為核心的，一個就是西方傳統的基督教世界，還有就是伊斯蘭教世界，然後就是中國的儒教世界，當然還有一些邊緣的，像俄羅斯，像日本，當然拉丁美洲也是邊緣性的，但是它是受基督教影響的，北非毫無疑問就是傳統的伊斯蘭教世界。凡是有著根深蒂固的宗教傳統和信仰的，包括儒家也當作一種廣義的宗教化，那麼這些地區在冷戰結束以後，它們全部向本根世界回歸。這種向本根世界的回歸，會導致文明之間的對立。如果這種對壘有歷史的仇恨藏在其中，這會是很要命的。

（鍾志邦）我剛才說，冷戰在二十世紀九〇年代初暫時告終，表面如此。那現在的問題就是，冷戰有沒有可能死灰復燃？我認為我們不能排除這個可能性。蘇聯曾經是超級強國，後來解體了，剩下俄羅斯。我這幾年一直在關注普京的思想，我覺得他雖退位為總理，但就

像咱們清朝的垂簾聽政，我覺得他是一個很不簡單的人物。歐盟的擴張，使得俄羅斯的處境有些為難。所以我覺得只要普京這些人有很強的大俄羅斯主義，或者想恢復以前沙俄時代的世界，我們就不能把冷戰的可能性完全排除。第二，這一次的全球金融風暴也引起一些反省，認為是不是資本主義沒落？資本主義不能夠控制金融和這個秩序了。將近一百年前，馬克斯・韋伯，他是代表歐洲中心論者，在他的書裡對資本主義信心十足，就是說要走現代化除了走資本主義就沒有別的途徑。所以現在引起了全球政治、經濟學家的反省，這次的金融風暴是不是代表資本主義的價值本身產生了問題？如果說是，那還有沒有其他的經濟制度取而代之呢？這些在將來都值得我們去思考。但不可否定的是，如果有一個新的世界秩序出現的時候，中國肯定扮演著很重要的角色。

2009年於華中科技大學演講
曾妙根據錄音整理

與哈馬斯面對面
——《南方週末》加沙採訪故事

張　哲　《南方週末》記者

　　大家好！謝謝大家來到現場。我叫張哲，是《南方週末》的國際新聞記者。一般來講，國際新聞不如國內的社會新聞那麼吸引眼球，所以來之前我還很忐忑，擔心大家會不會有興趣，很高興看到這麼多同學。在中國做一個國際新聞報導的記者，去耶路撒冷、加沙這些地方做採訪還是挺難得的經歷，那麼今天我想從一個普通的、在中國工作和生活的記者的視角出發，跟大家分享我去加沙採訪的一些見聞和故事。

　　不知道現場同學是以什麼專業的居多，所以我想先簡單介紹一些巴以衝突的歷史背景。巴以地區的紛爭可謂由來已久。大家談論這個地區的歷史，最早一般會追溯到西元前一千多年。掃羅、大衛和所羅門等幾位領袖帶領猶太人通過戰爭，定都耶路撒冷，在現在的巴勒斯坦一帶建立了以色列王國。此後數百年的時間內，人類文明史上那些赫赫有名的王朝和統治者，很多都在這片土地上展開過爭奪和統治，比如亞述、巴比倫、波斯、亞歷山大大帝，直到羅馬帝國。西元前六十三年，著名的龐培將軍領兵攻下耶路撒冷之後，猶太人的獨立統治就結束了。西元一三五年，猶太人在耶路撒冷有一次大規模的叛亂，此後羅馬人一怒之下將所有猶太人從這片土地上驅逐出去，猶太人自此開始了非常淒慘的、長達近二千年的「大流散」歷史。

世界上的很多地方，歐洲大部分地區、非洲北部，後來的美洲新大陸，都有猶太人的身影。原來的這片土地在東羅馬帝國敗落以後，從西元七世紀開始，耶路撒冷就長期地被阿拉伯帝國占領，也成了伊斯蘭教的聖地。一直到了十九世紀末期，歐洲的猶太人開始發起了影響極其深遠的猶太復國運動，號召世界各地流散的猶太人結束悲慘的流浪生活，回到自己的土地上。第一次世界大戰以後，英國人也加入了該地區阿拉伯人和土耳其人的角力，並對猶太復國運動表示支持。

　　歷史上，長期以來猶太人在很多地方雖然受到種種限制，比如在美國，他們不允許有自己的實業，但他們會做律師、醫生等專業人士，包括做珠寶商人。但他們在歷史中輾轉漂泊的過程裡卻發展出強大的商業才能，不少人成了巨富之人。那麼猶太復國運動開始以後，他們當中的很多人就跑到巴勒斯坦地區，一小塊一小塊的購買土地，逐漸就能連成一片，形成了大量的猶太定居點。由此，猶太人和當地的很多阿拉伯人就開始發生了很多衝突，包括土地、水和其他經濟資源，不可避免地出現了大量矛盾。

　　一九二三年，聯合國的前身「國聯」頒布了一個委任統治令，讓英國對巴勒斯坦地區進行委任統治。英國一度想在這個地區建立一個國家，建立一個和睦的多民族國家，就像我們現在的偉大祖國一樣，你中有我、我中有你，使猶太人離不開阿拉伯人，阿拉伯人也離不開猶太人，這就是所謂的「一國方案」。結果雙方依然摩擦衝突不斷，同時，猶太人的土地越來越多，人口也越來越多，阿拉伯人的怒火也隨之上漲。二戰以後，全世界各地的民族國家獨立浪潮風起雲湧，英國人剛剛經歷了這樣慘烈的戰爭，在這樣此起彼伏的民族運動之下四處滅火似乎也有些力不從心，於是也在不斷地進行戰略收縮。那麼巴

勒斯坦地區眼看就要變成一個包袱了。於是英國人把它交給了聯合國，就不管了，委任統治也正式結束了。由於先前的「一國方案」事實無效，聯合國就提出了一個兩國方案，設想在這片土地上建兩個國家，一個猶太人的國家，一個阿拉伯人的國家。

聯合國派調查組在當地做調查的時候，猶太人非常聰明，他們更熟悉所謂國際規則、遊戲準則是如何設置的，所以積極地配合聯合國調查，海量地訴苦，曉之以理、動之以情，甚至有傳聞稱，有人給調查員塞錢行賄。可想而知，聯合國主導的兩國方案出臺後是什麼情形：當時猶太人占當地人口約三分之一，原來他們擁有的土地更是只有百分之七，但聯合國做出的一八一號決議案中，把巴勒斯坦總面積的百分之五十七劃給了猶太人，阿拉伯人只有百分之四十三。也就是說，阿拉伯人以三分之二的人口只得到了百分之四十三的土地。他們能滿意嗎？肯定不會，他們表示拒絕接受。但另一面，猶太人當然很高興地接受了。

一九四八年七月，以色列宣布建國。以色列宣布建國之日，也就是我們今天看到的延續不斷的中東衝突開啟之時。以色列剛剛宣布建國，以埃及為首的十幾個阿拉伯國家立即宣戰，想要把以色列直接消滅，要像原來的羅馬帝國一樣，把他們的國家滅掉，把猶太人完全驅逐出去。這也就是歷史上的第一次中東戰爭。以色列措手不及，國力也相當有限，只好立即發動了所有的外交資源去斡旋，找美國、找聯合國。美國給以色列人提供了很多武器裝備。阿拉伯國家一方則得到了蘇聯的支援。在美國和聯合國的斡旋下，阿拉伯國家同意暫時停戰。以色列利用了四十天左右的停戰時間，號召全球的猶太人進行捐助，從武器到金錢。此後重新開戰，以色列軍隊最終大獲全勝。以色

列不僅保衛了原來得到的百分之五十七的土地，實際上還占領了更多的土地。

從一九四八年到一九八〇年，中東戰爭一共打了五次。其中最有名的是一九六七年，也就是歷史上的「六日戰爭」。戰爭真正只打了六天。以色列空軍以迅雷不及掩耳之勢發動攻擊，埃及有一百八十多架飛機直接被炸毀在了跑道上。此後以色列對敘利亞等一系列國家的軍事行動都大獲全勝。最後統計的戰爭傷亡以色列是一千人左右，飛機損毀二十餘架，整個阿拉伯世界死亡人數超過二萬，飛機損毀四百架以上。從此，以色列在世界範圍內建立起了極高的軍事聲譽。在一九六七年之前，耶路撒冷地區實際分了四塊，其中以色列占領了西區，其他的東、北、南是阿拉伯人占領的，而戰後以色列控制了整個耶路撒冷。

五次戰爭以後，巴以的力量對比如何呢？這裡有巴以地區的地圖大家可以看一下。中間這塊淡色區是現在的以色列，右邊這塊黃色的地方是約旦河西岸，這也是國際上承認的、以阿拉法特聞名的巴解組織控制的區域。這一小塊地方就是傳說中的加沙，非常之小，只有三百五十平方公里的土地，但人口密度非常高，有一百五十萬人。以色列控制了大約二點六萬平方公里的土地，而巴勒斯坦的兩塊地區，即約旦河西岸和加沙加起來，一共有大約六千平方公里。我查了一下這個面積還不如武漢大，人口也不如武漢多。

以上是我能想到的最簡要的巴以地區歷史背景描述了。現在的巴以局勢大體如下：首先，加沙和約旦河西岸是兩塊分隔的土地。其次，兩邊由不同的巴勒斯坦的政治派別控制。約旦河西岸是由巴解組織控制，這也是國際承認度較高的巴勒斯坦政黨。加沙地區實際上由

哈馬斯控制，對於它的合法性，主流國際社會是不予以承認的。當然，採訪時加沙的領導人跟我們講，他們覺得巴解組織才是非法政黨。所以，在「兩國方案」以外，也有國際問題專家提出了「三國解決方案」，也就是說，能不能在以色列之外，在約旦河西岸成立一個巴勒斯坦國，在加沙地區乾脆成立一個加沙國？加沙地區在戰爭頻繁爆發以前，也就是二〇〇二年哈馬斯控制以前，加沙地區曾經有一種口號，要把自己建成「中東的新加坡」——他們有非常好的港口，非常漂亮的海岸線，景色優美，近期甚至還發現了天然氣儲藏。如果沒有戰爭，它其實是一塊很好的地方。但現在的實際情況怎麼樣，大家等一會看照片就知道了。哈馬斯控制加沙以後，以色列就把它封鎖起來了。加沙的兩面基本上由以色列控制，它的另一面是海岸線，而以色列有強大的海防軍隊，所以基本上也能從海岸線予以封鎖，僅有的一邊跟埃及是連著的。

六日戰爭後，以色列不但拿下了全部的耶路撒冷控制權，還攻佔了約旦河西岸以及加沙地區，甚至還占領了埃及的西奈半島。但畢竟猶太人的人口有限，控制不了這麼多地區，於是提出把加沙地區還給埃及管理。埃及卻不要這個地方，為什麼呢？因為這個地方一百五十多萬人口全部是難民，一個政府接手這個地方怎麼辦呢？於是加沙人民覺得感情受到了很大的傷害，埃及人也覺得不好意思。那怎麼在現實中補償呢？大家可以看到，在這個口岸，在這條短短的邊境線上，有上百條的地下通道。今年年初被以色列炸毀了一部分，剩下的還有幾十條。全部加沙地區基本的生活供給，小到可樂、火柴，大到摩托車的零部件，甚至汽油，全部靠走私。這個地區的全部生活用品，除了國際社會的援助，就是靠埃及走私東西過來，生活非常困難。而約

旦河西岸的這一邊，則居住著比較世俗的、政治溫和的阿拉伯人。

社科院的殷罡老師是國內著名的中東問題專家，在這次報導中我得到了他很多幫助，今天跟大家分享的很多背景知識都來自對他的採訪。在去中東以前我們聊天時，他叮囑我，一定要去約旦河西岸的首府拉馬拉，「你去那邊喝一杯咖啡，跟人家的知識分子聊聊天」，他指著我說，「沒準兒人家比你穿得好」。也就是說，約旦河西岸的巴勒斯坦政府是很現代的行政實體，跟加沙的情況完全不一樣。

這次接到選題的情況是這樣的。今年年初，大約是一月，我接到了編輯部的一個電話。編輯裝作語氣很輕鬆地跟我講說，你想不想出一趟差，去以色列玩一玩？我一聽很高興，立即說好啊，心想可以去耶路撒冷看一看，多開心的事呀。然後編輯說，完了順便去趟加沙吧。當時以色列的軍事行動都還沒結束，我一聽感覺不太對，說那我考慮一下好不好？他說你先別考慮了，你先打聽一下北京哪裡有賣防彈衣的，把防彈衣和頭盔都準備一下。

我硬著頭皮把這個選題接了下來，跟一個叫麥圈的攝影記者一起準備去加沙。麥圈當時給我打第一個電話就說：「兄弟，我們一定要完整的回來啊，我們都還沒有結婚！」辦理了簽證，準備了行前一些採訪工作，準備買保險的時候才發現，所有的保險公司，都有一條責任免除叫戰爭、自然災害、恐怖襲擊、武裝叛亂等，根本買不到加沙地區的保險。我和麥圈一怒之下，連普通的人身傷害險都沒有買就去了，回來想想還是挺後怕的。我們採訪回來以後做了兩期報導，這是第一期，《南方週末》的頭版。

接下來我跟大家分享一些當時的圖片，以及我們報導之外，採訪過程中的一些故事。

以色列對加沙地區全面封鎖，這個只有三百五十平方公里的狹長地帶，被以色列從海陸兩面封鎖，完全沒有出入的可能，埃及最多也只能走私物品。所有能進出加沙地帶的人，除了極少數的聯合國官員就是外交官和媒體人士，媒體人士要拿以色列的記者證。說來很可悲，想進巴勒斯坦地區需要以色列邊防的允許，需要以色列的簽證，在加沙地區使用以色列的貨幣，用以色列的電話信號。我們去了以後還想，從加沙寄一張明信片一定很酷，蓋一個加沙的郵戳！就問當地的人郵局在哪裡，當地人大笑，說我們哪裡有郵局？想都不要想，郵遞的東西是沒有出路可以走的。所有加沙的人想跟外界連繫，都只能通過電話線和網線來連繫。我們在加沙請過一個嚮導，他自己有一輛破賓士，開著車帶我們轉，嚮導、租車、翻譯，一天收費二百美元，非常貴，但這在當地是行價。加沙長期是全世界媒體淘金的新聞富礦。二〇〇八年，美聯社駐中國的文字記者有四個人，可能還有兩三個攝影記者。但美聯社在加沙當地的雇員超過了十二個人。加沙三百五十平方公里的土地，中國九百六十萬平方公里，這還是北京奧運會那一年的事。所以加沙當地人有一個職業，就是給世界各地的媒體做嚮導和翻譯，打仗的時候，他們還直接給各大通訊社供稿。我們找到了曾經給新華社供稿的人，二十多天的戰爭期間，你們知道他寫了多少稿嗎？他告訴我們那個月的收入超過了兩萬美元，純稿費，包括新華社和很多其他通訊社、電視臺。於是我們對嚮導說，你收入可比我們強多了，然後他很生氣地說，錢有什麼用？活動範圍就這麼大，「我剛剛出生的孩子生病了，老婆想把他帶去以色列地區看病，在口岸已經等了好幾天，以色列就是不給通行證」。

嚮導跟我說，如果從現在開始你不許回中國了，就待在加沙，玩

一個月，你是不是感覺挺開心的？我想想說還行吧。他說，我要是讓你住一年呢？我認真想了一下，感覺半年我可能就受不了了。他說：「你想想吧，這麼多年了，要是讓你多住上兩年，你也想往以色列發火箭彈！」

這是我們來到的加沙城，加沙地帶的首府。這裡是加沙城北邊的一個小城，叫賈巴里亞，當時被炸得很厲害。這個老人家裡變成了這樣，他跟我指地上的這坨廢鐵說，這是我的洗衣機。當時以色列的軍事行動已經結束了，他每天回到家裡就把剩的家具扒一扒。他今年六十五歲，一直生活在加沙地帶，從他出生到現在，房子已經被轟炸過三次了。他說這一片原來是葡萄園，他種了很多果樹和葡萄，非常漂亮。現在是這樣的一個景象。遠處有人在牧羊。

在進這個邊防站以前，我們在以色列控制的區域。綠樹如茵、安靜祥和，儘管他們經常講有巴勒斯坦的火箭彈炸過來，但我總感覺像是一個寧靜的歐式小鎮，人們生活都很好，基礎設施完備，土地平整。以色列這一側的邊防站設施都很新，很現代化。然後進到加沙這一側呢，就只有一根大木棍橫在那，這邊一壓就能翹起來，員警也沒有穿制服，穿了件破破爛爛的毛衣，臉上鬍子拉碴、髒兮兮的。我們朝他的房子瞅了一眼，像破舊學校傳達室的那種破房子，裡面只有一張桌子、一把椅子，什麼家具也沒有，桌子上扔了一把AK47，這就是我剛來加沙的感受。

從以色列的口岸到加沙的檢查站，中間可能有將近一千米的樣子，是以色列要求劃出的隔離帶，完全沒有一條像樣的路。據說當年以色列的坦克就是從這裡開進來的，這裡的房子全部都被推平了。

這是晴天我看到的一個場景，還是在賈巴里亞的時候。房子都是

這樣子的。編輯部的人用skype通話問我們當地的情形，我們想，該怎麼形容當地的情況呢？我們在汶川地震時去過四川，於是說，就像被地震震過一樣。編輯部的人急了，說地震的時候你們去四川，問你們啥樣，你們說就像被炸過一樣！現在到這個被炸的地方，又跟我們說像震過一樣，欺負我們到不了現場是吧？

入夜後，在小城裡面會有孩子們生火，生火燒一點水做飯。賈巴里亞基本上都被推平了，人們晚上住在帳篷裡，白天可能會回到自己原來住的地方，扒一點東西出來。

加沙城本身有些地方還是沒被炸的。幾個歌手給我們唱了一首他們自己寫的歌。他們自己寫的一首歌叫「二十三」。因為當時以色列在今年年初的軍事行動中，一共用了二十三天的時間。這次行動，加沙地區死亡一千兩百多人，傷五千多人，以色列一方的損失是個位數。他們跟我們怎麼講呢，說現在如果加沙的口岸開放加沙城可能就空了，「我們都想出國」。有人想去埃及，有人想去英國。加沙在戰前是很大的鮮花生產基地，大部分銷往歐洲，現在的產量不到戰前三分之一，但都賣不掉，因為口岸能夠運出的東西實在太有限了。非常漂亮的鮮花，賣不掉的只好拿來餵牛，沒有辦法。

這裡是哈馬斯的故事了。這個蹲著拿本寫字的人是我，後面這個戴白色圍巾的人是我們的嚮導，然後邊上這些人就是哈馬斯的武裝人員。當時我們拜託嚮導，說能不能找一兩個哈馬斯的人，我們跟他們聊聊？嚮導就很痛快地問邊上的司機，司機是他的一個遠方親戚。然後他跟我說沒問題，說這個親戚是哈馬斯的人，他會幫我們找。但他們後來說，聊天可以，但不能單獨聊，要在這個頭領的帶領之下才能談話。頭領就是這個包紅頭巾的人。

看一看這些年輕人。他們年齡都非常小，這些人最小的十七歲，最大的二十四歲。二十四歲的人「軍齡」已經有六年了。跟他們聊天很有意思，這些人都講阿拉伯語，我用英文問一個問題，翻譯用阿語問，這些年輕人用阿語答，但如果其中的一個人說的話讓頭領不滿意，頭領會立即打斷他，改成自己來敘述，最後同意了才能由翻譯翻成英語告訴我。我問的一個問題是，全世界很多人把你們視作恐怖分子，你們怎麼想？頭領義正詞嚴地說，以色列人拿坦克開進了我們的家園，拿F-16轟炸我們的房屋和田地，殺死我們的親人，誰是恐怖分子？

有趣的是，這些年輕人非常仇恨以色列、仇恨美國，但是不反感美國的文化，他們跟我們講，他們喜歡喝可口可樂，看好萊塢的電影，最喜歡的好萊塢明星是施瓦辛格和史泰龍。他們戴著這樣的面罩，拿著AK47，很恐怖對吧？但他們當中很多人還有其他職業，有的人是員警，有的人是工程師，這些年輕人如果不這麼打扮，估計跟我們在街上看到的，跟那些在咖啡館裡喝咖啡的，可能沒有太大的區別吧。採訪是在一片樹林裡，後來有一些小孩子跑過來在邊上看，我們臨走的時候，他們在旁邊嘰嘰喳喳地笑。不知道說了什麼，哈馬斯的人突然一抬槍，就往小孩子的跟前，往地上「嗙嗙嗙」打了一串子彈。小孩子掉頭就跑，然後過了十幾二十米，又笑嘻嘻地折返跑回來，並不害怕的樣子。採訪完後，我們在閒聊的時候，有一個傢伙好像是炫耀，突然朝空中打了幾槍，當時麥圈老師就在他的邊上，槍離他的耳朵不超過三十厘米，把他的耳朵吵得一直到晚上都有耳鳴。

這是我們回到約旦河西岸的時候，有一場遊行示威。以色列圈佔了一個村莊的土地修建隔離帶和隔離牆，然後這個村裡的人每週五中

午，從清真寺做完禮拜之後，全村男女老少就一起到隔離牆跟前遊行示威，抗議以色列人占據他們的土地，占據耶路撒冷。

以色列士兵就拿著槍在隔離牆後面冷冷地看著。但遊行過了一段時間之後，以色列士兵開始扔催淚彈過來，還用橡皮子彈開槍，場面突然變得有點失控。催淚彈的感覺就是，使你的口腔和鼻腔，甚至氣管很深入的一部分，都有火辣辣的感覺，然後止不住地想咳嗽，非常難受。一個瑞士的記者被熏成了這個樣子，淚流不止。

抗議的阿拉伯人會用一種自製的像橡皮筋一樣的東西拿石頭往對面以色列的軍人身上砸，他們扔的還有鞋子，阿拉伯人可能確實喜歡扔鞋子，還有把一些破鞋子點著火了扔過去。這樣的抗議幾乎每週都有，在媒體之外甚至吸引了一些遊客和反戰組織的運動人士，幾乎成了一個旅遊景點。一輛救護車就停在村口，已經準備好了把一些被橡皮子彈打傷的人拉走。但以色列的士兵為了讓遊行人群不能接近隔離牆，會使用大量的催淚彈，橡皮子彈也劈哩啪啦打在邊上，對和平世界來的人來說感覺確實很魔幻。

講講那些孩子們吧，他們都很漂亮，像小天使一樣，當然他們也在過著非常不一樣的生活。這是在加沙的一群孩子，後面是他們的帳篷，他們就住在那裡面。小孩子們見到我們就問了一個問題，「中國有猶太人嗎？」我說沒有，這個小孩子就很高興。我說為什麼？小孩子說，我們恨猶太人。仇恨的種子從小就被播種。在他們的學校裡，我們碰到一群正在做廣播操的小孩子，他們一邊做操一邊喊口號。我問我的嚮導他們在喊什麼？嚮導說，巴勒斯坦收復耶路撒冷！

加沙街頭畫了很多滴著血的匕首、冒著煙的槍以及蒙面的哈馬斯的士兵。不久前被炸死的內政部長薩義德也在招貼畫中面帶微笑，底

下寫了一串阿文，「我在天堂裡看著你們的勝利」。那些蒙著面的武裝人員會隨時往以色列發射土制的火箭彈，他們也隨時等待以色列人再次進攻。「以色列人可能隨時會開進來，我們隨時要準備戰鬥。」學校裡的小孩們也在談論戰爭，他們甚至驕傲地對我們說：「我們打贏了戰爭。」我說，你們的學校被炸了，你們的房子被炸了，你們的親戚死了，為什麼是你們打贏了戰爭？有個小女孩居然一本正經地跟我們說：「我們沒有失去信仰，失去信仰的戰爭才是真正失敗的戰爭。」

我當時覺得，這是很可悲，也很可怕的一件事。全世界有那麼多頂級優秀的大腦在想改變巴以的局勢，但沒有人能確信這種困局如何解開，這個火藥桶還會發生多少次戰爭，還會有多少人因此喪命。與此同時，仇恨的種子從小就在孩子們心裡種下了。這裡的未來會怎麼樣呢？

這是耶路撒冷的夜景，離我們住的地方不遠。很祥和，跟剛才那些火箭彈、廢墟什麼的完全不一樣，因為這是以色列控制的地方。但你不能想像，像那個小孩子說的，巴勒斯坦要收復耶路撒冷，那戰爭之下的這裡又會是什麼場景呢？

報導之外的故事就跟大家分享到這裡，謝謝大家。

2009年於華中科技大學演講
田小桐根據錄音整理

從亞洲觀點透視全球人才流動

馮達旋　臺灣成功大學執行副校長

　　我今天講的是從亞洲觀點透視全球人才流動。美國有一個很有名的作家賽珍珠，講過一句非常有意思的話：假如你要了解今天，你必須追尋昨天。也就是說你要想懂現在的情形，就必須要從歷史的觀點去想這個問題。因為如果對歷史不夠深入了解的話，往往會得到非常錯誤的答案。這是一個很重要的觀點。二十世紀是西方和東方都有非常大的改變的一個世紀。我在想怎麼用一張PowerPoint來代表這個改變，很多人可以用好幾個小時來討論這個問題。但是假如你給我一個挑戰，用一張圖來表示這個的話，我想了很久，後來很有幸地在諾貝爾文學獎獲得者中找到了可以代表這個改變的圖片。所以我想跟大家分享一下。第一個獲得諾貝爾文學獎的亞洲人是印度的泰戈爾，他在一九一三年獲得文學獎。在他（泰戈爾）得到這個獎的獲獎理由中，最後一句是「express the own English words depart the literature of west」。大家可以思考一下，他並沒有說泰戈爾是一個偉大的印度的文學家，他拿諾貝爾文學獎是因為他能夠用英文表達他西方的文學理念。用今天的觀點來看，這句話是一句赤裸裸的殖民主義的話。這就是說他並不是一個偉大的亞洲文學家，而是他剛好站在西方文學的隊伍裡面。很有趣的是到了二○○○年，剛好在二十世紀末的時候，又一個亞洲人得到了諾貝爾文學獎，這個人就是高行健，給他的這句話就和泰戈

爾的完全不一樣了，是「has open new parts for Chinese novel and drama」。這就清楚地反映了二十世紀初和二十世紀末西方對亞洲觀點的大改變。這也是為什麼我們二十世紀是一個這麼令人鼓舞的時代的原因。假如你問我二十世紀中國最偉大的人是誰，毫無疑問地，我認為是孫中山先生。

今年的十月一日我剛好在美國，我的鄰居是一個國內來的工程師。他有一個「小耳朵」，可以看到國內的電視。在十月一日的檢閱裡面我們可以看到都是中國的領導，大家也知道在天安門上面是毛主席的照片。站在天安門上是看不到毛主席的，他們看到的剛好是對面的孫中山的照片，所以等於說毛主席也在看孫中山。這裡就表明了這一百年來孫中山的重要性。我是新加坡的華僑，我們在新加坡也有孫中山南洋紀念館。新加坡的總理李光耀也說：孫中山是一個改變中國命運的人。大家知道在南京有中山陵，我準備了兩張與中山陵相關的照片，這兩張照片中，其一是我們一家人，另外一個是現在的中山陵。其中最有趣的是左下角的那棵小樹，這幾十年來從小樹變成大樹，這棵小樹見證了很多的改變。第一張照片還是蔣介石在大陸的時候，另一張是現在的中華人民共和國。中華人民共和國這六十年來的改變是令人感動的。駱副校長和我都是副校長，我們都代表各自的學校，所以讓我講幾句有關我們學校的話。成功大學有九個學院，有工學院、文學院、醫學院、理學院等。其中最有趣的是，我以為亞洲的大學和美國的大學在研究經費上是不能比的，但是我錯了，臺灣地區的四所大學，就是比較知名的：臺成清交，即臺大、成大、交大、清華。我們的規模比你們小得多，學校有二萬二千人。我們學生中有一半是研究生，有一千一百個外國學生，一千三百位老師，一百五十位

臨床醫學的教授。我們的研究經費是一億美元，在臺灣地區的幾所大學也基本上是這個數目。臺大多一點，因為他們是三萬多學生，這個經費跟美國的一些州立大學差不多了。在德州，也就只有兩所學校比我們的這個數目大，而且我們的一億美元和美國人的演算法也是不一樣的。美國人只有九個月的薪水，所以大多數的研究者的薪水是以九個月來算的。我們在臺灣地區和祖國大陸是一樣的，沒有研究生的錢，也沒有博士後的錢。所以用美國人的演算法來說，差不多是一點三億～一點四億。我覺得這個也是對亞洲科技發展的一個貢獻。書記是祖國大陸的大學所特有的，其他地方都是沒有的。我覺得校長是一所大學的窗戶，大學的領導有沒有勇氣來面對學術和行政革新的風險，這是對大學校長和書記的一個挑戰。這個也是我跟貴校的李培根校長常談的問題。我非常佩服李校長的觀點，他很有勇氣來面對革新帶來的風險。因為我不是在臺灣地區長大的，所以沒有在臺灣地區生活的經驗。他讓我來幫他，這需要很大的勇氣。

我最近一直在思考一個問題：二十世紀亞洲的大學的崛起，什麼事情是重要的？最近在浙大有一個經營管理研討會，本來讓我去參加，我說經營管理研討會多的是人，也不需要我去。但是這是兩岸以中華文化為中心的經營管理研討會，有了中華文化這四個字之後我就願意去。為什麼呢？這兩年我發現亞洲的很多大學就想成為密西根，希望能夠變成michigan，但是我們不會變成它們。我們必須用中華文化來建設一流大學，這才是真正的大學，不然的話我們永遠都是跟在別人的後面走。有兩位很重要的中國人，相信大家都知道，就是李政道和楊振寧，他們獲得了諾貝爾獎。他們做的是很偉大的物理學工作，他們把第三世界的思想帶到了第一世界中，使得亞洲人信心大

增。所以我很高興地去參加了李先生八十歲的生日會。我在想在很多年後，當李政道被定義為中國歷史中的偉人的時候，有沒有可能將李政道的母校浙江大學改名為政道大學呢？後來我想我們成功大學已經做到這一點了。為什麼呢？因為成功大學是唯一一個以華人的名字「鄭成功」為校名的大學，全世界只有成功大學是以鄭成功為名的。我剛到臺灣地區的時候聽到成功大學的名字的時候還在想，成功的英文是successful，這個successful university聽起來好像有點奇怪。為什麼呢？大學用形容詞來做名字好像是不太合適的。比如說，你不會用好這個字來做我的名字。人家問你的大學叫什麼名字，你回答說叫好大學，這是一個很奇怪的說法。後來才發現這並不是一個形容詞，因為我發現所有的大學的命名方式要麼以地方名為主，要麼以人名為主，沒有用形容詞來做大學名字的。曾經有人還理直氣壯地告訴我說，蔣介石為了反對大陸，在臺中和臺南建立了中興和成功兩所大學，這都是不合邏輯的，所以我特意和幾位老師做了一個研究，我們發現一本書叫《世紀回望》，是臺大的一位校長在二〇〇一年編的一本書。這本書介紹了我們學校改名的原因和過程：省立工學院辦了十年的無名學校，一直到了一九五六年升格為綜合大學的時候才正式成為省立成功大學。成功兩個字，自然就是紀念鄭成功而命名的。毫無疑義，這是我們非常重要的歷史。在三個月前，我做了一件我以為我從來做不到的事情。我坐船從金門到廈門，到了廈門之後，看到廈門旁邊的小島——鼓浪嶼。在鼓浪嶼上我看到了非常威武的鄭成功的塑像，大概有二十米高，站在三十米的大石上面。而且我們也知道一個塑像重要的不僅是它本身，它的位置也很重要。它剛好在進入廈門的那個海口，就像是在指揮進入廈門的船隻，這就讓我馬上聯想到了美國的自

由神。大家可以想像一下，如果美國的自由神是放在德州的話，那麼nobody cares。但就是因為她站在一個非常重要的地方——在紐約大港口的門口。所以我現在把這張鄭成功塑像的照片放在我辦公室裡，因為我發現雖然我們學校是以鄭成功為名，但是全校沒有一個鄭成功的塑像。所以我現在也很希望我們學校能夠有一個鄭成功的塑像，你們來訪問的時候我們能夠一起合照。我們的大學有什麼挑戰？我有一個很好的朋友，是新加坡南洋理工大學高等研究所的所長，叫潘國駒。我們從小學一年級到六年級是同學。他最近講的一句話我覺得是非常重要的：新加坡雖然吸引了一大批人才與學生，但是科教政策仍然偏於西方。如果我們永遠只是在西方後面模仿，將永遠無法超越西方。因此有必要建立和中國等亞洲國家的合作，建設世界一流的國家。我們不能去抄別人，我們必須用自己的文化去超越別人。

那麼成大面臨的挑戰是什麼？我來了大陸才知道，大學的排名很重要。大學排名的挑戰是一個很嚴重的問題。比如說現在有兩個很重要的排名，一個是上海交大的排名，另一個是《倫敦時報》的排名。我手裡的這個資料是很久之前的了，成大在上海交大的排名中是在二〇三到三〇四之間，在《倫敦時報》的排名是三十六。二〇〇五年我在上海交大開會的時候，我已經看到這個排名的危機了。在大陸有211工程、985工程，在臺灣地區有一百例。我們成功大學也在一百例以內。我不是反對投錢，但是我覺得我們必須要有很清晰的想法去理解大學的教育。所以我在想怎麼定義世界一流的大學，後來我就想到了這張圖。我們有三位很有名的校友：一位是朱金武、一位是龍應台、一位是鄭崇華。鄭崇華是一個非常有名的企業家。所以我說如果成功大學能夠在二十世紀連續地培養出對人類有影響的校友，那才可

以稱為一流大學。不然的話我們就只是跟在別人後面走。這是很高的門檻，怎麼樣做一流的大學必須從這個角度思考。

我今天很想跟大家分享一個有意義的故事。我曾經在華萊士參加了美國工程學院的一個會議。當時波音公司的總裁講了一句話，就說一九一六年比爾‧波音請了一個中國人王助作為航空工程師，這位工程師是麻省理工學院的畢業生，王助成了波音公司的第一個總工程師。他講完之後我就很好奇這樣的一個人物，因為我從來沒有聽說過這樣的人。當時研討會規模很大，好幾百人都圍著他，我沒有機會接近他。兩年前我到了成大，我們的機械系，有一位老師就請我去看機械系的歷史館。進去參觀的時候講解的小姐說了很多，裡面很多人的名字我也沒有聽過，所以也是左耳朵進右耳朵出。後來提到波音公司的第一個總工程師，當時我就想起十年前我在華盛頓聽過這個名字。王助一九五五年到一九六五年竟然在成功大學！這就引起我很大的興趣去了解。他到底是什麼人？為什麼有這麼大的成就？王助的生平很有趣，他生於一八九三年，當時還是清朝，一九〇九年他被清政府送到了英國，一九一五年念完了機械工程的學位，然後就到了麻省理工讀了航空工程系。一九一六年得到了麻省理工學院的碩士學位。一九一七年回到了中國，在福建建立了一個非常龐大的航空工程。到了一九四九年之後，跟著蔣介石就到了臺灣地區。看這些歷史就要問這些問題，首先他是學機械工程的。大家別忘了一九〇三年萊特兄弟才證明了人類可以用機器來飛行。一九一五年，麻省理工學院已經有了一個全套的航空工程系，這中間也不過是十二年的事情。那時候飛機能不能變成一個真正的事業還不知道。為何麻省理工學院在這麼短的時間內可以建立這麼一個系？這個就是我認為麻省理工學院今天成

功的原因，因為它有學術的勇敢。學術的勇敢不是很容易做得到的。我常常想問我們今天亞洲的大學，能不能有這樣的人去想這樣的問題。第二個問題，為何王助會念航空工程，而不念他原來在念的機械工程。所以我覺得這就是一個非常有意思的事情了。關於王助還有一件很有意思的事情是，在一九三〇年的時候錢學森從上海交大畢業，錢學森畢業之後有一年跟著王助學習了航空工程世紀的學問。所以在錢學森老先生看來，王助就是他的老師。現在在國內的網站上都可以查得到，大家都稱他為波音之父。錢學森當然是中國火箭之父。麻省理工有學術的敏捷，王助有學術的勇敢。這個勇敢是怎麼來的，是個很有趣的問題。大家都知道在文藝復興之前，東亞的科技，特別是中國的科技是領先世界的。十四世紀的時候歐洲的大學才剛剛開始建立，但是那時候亞洲從文學方面，已經有了很大的發展。比如說儒學大師朱熹，已經到了嶺南一帶，建立了非常重要的儒學的研究。更重要的是在一〇五四年，大家如有學過天文學知識的就會知道，有一顆星叫蟹王星，蟹王星是一個超新星爆炸。這個爆炸是很有意思的，因為在白天可以連續地看到十四天，但是夜裡可以看到兩年。記載蟹王星的人只有中國的天文家和一個別的國家的天文家，在西方並沒有被記載。雖然當時西方也有大學，但是宗教壓力非常大，天體爆炸一般來說是不被允許講的。所以亞洲人在那個時候就有了一個非常科學的角度，就是在觀察的同時能夠寫下可以看到的東西，這是科學很重要的一步。另一個就是鄭和和哥倫布的比較，這兩個人都是差不多時候的，大家看看他們的船就知道不同了。大的船是鄭和的主船，小的船是哥倫布的船，這兩個船一比較就知道科技上的轉變，而且科技的領先是很明顯的。但是一到文藝復興之後，情形就大大地改變了。我們

小時候學習幾何的時候就是學習笛卡爾的座標，文藝復興的源頭也就在那時候出現了。哥白尼、萊昂納多·達·芬奇、法蘭西斯·培根、馬丁等人一連串地出現了。到了十九世紀有麥克斯韋、蕭邦這兩個人，為什麼我把這兩個人放在一起呢？因為第一他們兩個人的壽命都很短，第二他們兩個人做的都是驚人的工作。麥克斯韋，大家都知道他是麥克斯韋方程的創建人，他用四個方程式就把光的問題幾乎全部解決了，那是非常偉大的工作。同時蕭邦能夠寫出扣人心弦的音樂，所以我們常常把這兩個人放在一起。但是在牛頓出生的一六四三年，順治皇帝也開始了統治。這好像是老天爺給中國開的一個大玩笑，一方面是西方科學的開始，一方面是東方科學的下落。到了二十世紀初，東方大概落後於西方三百年。像王助這樣有雄心的學子，他一定急於參與世界領先的學術隊伍。所以我從這個角度來猜測為什麼他有學術的勇敢。所以我在問，今天的大學有當年MIT（麻省理工學院）的學術敏捷嗎？而且能夠培養像王助這樣有學術勇敢的學生嗎？現在各位處於這麼好的學術環境下，你們能夠從學術勇敢的角度來思考問題嗎？華中科技大學是這麼好的大學，能夠做到學術敏捷嗎？我不曉得成功大學能不能做到學術敏捷，但是我覺得我們必須從這方面去考慮這個問題。

　　談到亞洲的大學我們肯定就會談到日本。日本在一八六八到一九一二年進行了明治維新，用現代的話來說，明治維新的一個大方向就是發展知識經濟，發展東京大學、帝都大學等都比我們中國人要早。今天大家都承認日本是一個知識強國。一九四九年湯川秀樹就獲得了諾貝爾獎，一九六五年朝永振一郎獲得諾貝爾獎，他們都是從東京大學裡出來的。去年有四個人拿了諾貝爾獎。但是很不幸的是，日

本明治維新另一個大方向是發展強大的武裝力量。這個發展也在二十世紀給全世界帶來了災難。還有一個很有趣也很可悲的發展，那就是日本在模仿西方國家時，發現強大的西方國家都是有殖民地的國家。很多的國家，無論是英國還是荷蘭，甚至是比利時這樣的小國家都會有殖民地。所以在日本看來，明治維新的一個重要的方向就是必須要有殖民地。一旦決定要有殖民地，韓國跟臺灣地區就不保了。在發展這些的時候，日本政府有沒有責任指出來呢？我相信大家都是有判定的。

　　另一個很有意思的是，二戰後美國重建西歐，用了一個很龐大的計畫，叫作馬歇爾計畫。但是從美國和亞洲的關係來看也是很有連繫的，無論是巴黎和會、八國聯軍還是庚子賠款。我第一次到清華大學的時候，是一九八一年，我看到一個很大的建築物。我是美國中西部大學畢業的學生，我看了清華大學的那個建築物之後就說非常像美國中西部大學的建築物。我說這怎麼可能呢？怎麼可能在北京出現這樣的建築物。後來我才知道，這個建築是依照美國中西部大學的那個主樓來建的，是美國人用庚子賠款做清華學堂的時候依據這個建築物建起來的。後來我也提到了我和協和大學有關係，當第一天進協和大學的時候，看到了一個人像，我以為是一個中國人的人像，仔細看了一下，才發現是洛克菲勒。後來才知道是洛克菲勒在一九一六年創辦的北京協和醫學院。今天的北京大學是在當年的燕京大學校園內，今天的南京大學是在當年的金陵大學內，上海那時有聖約翰大學。二十世紀千千萬萬的亞洲學子，包括我，不管是動用國家的經費還是私人的經費，都要到美國留學。我們在臺灣地區有一個很大的公司，叫作德州儀器公司。德州儀器公司的總裁叫張忠謀，他的PHD（博士學位）

是在斯坦福讀的。從一九五一年到一九六一年，普渡大學得到美國三百萬元的資助，當時的三百萬相當於今天的三千萬到一點二億左右。在十年之內，它說明了一個在臺灣地區的小小的工學院（臺南工學院）變成了一個有可能性的研究型大學。這都告訴我們美國對亞洲的影響是很深遠的，這是美國對亞洲的一個貢獻。所以美國對東亞的援助，直到今天都有無數的人前往那邊學習，這就是一個超級的馬歇爾計畫。假如美國政府在二十一世紀說我們不讓任何東亞的人來美國念書，不讓他們來美國發展，那麼我相信今天亞洲的樣子肯定不是現在這個樣子，這也是我們需要常常記住的一點。亞洲大學好像有很多當時普渡大學的樣子了。一個是聲名赫赫的大學，一個是不出名的大學，但是這些人願意用精力花時間慢慢地將這個學校扶持起來。今天我們達到這個程度之後我們應不應該幫助比我們不幸運的地方來發展大學呢？我覺得這也是大學的一個責任。在一九七七年我很幸運地在丹麥見到了楊福家校長，他告訴我「四人幫」剛倒臺，大陸現在要科技興國。我認為科技興國也是一個很重要的事情。而且大家看到，很多大學都以科技作為大學的名字。三年前我曾受邀參加祖國大陸的一個很重大的工程的演講。我對那些工程的事情不是很懂，所以花了一個夏天去研究那些問題，都是一些技術問題。我講完了之後自我感覺良好，前面聽的人也是頻頻點頭，但是有一位很年輕的工程師在後面舉手，講了一句令我非常震撼的話。他說：你所講的這些問題，我們在改革開放之後都有探尋過，我們都是很好的工程師，我們也能解決這些問題，但我們不能解決的是公共政策問題。我當時在想他到底在講什麼東西，後來我才知道這個問題的重要性。舉個例子，美國在二十世紀的時候，有一個不是很著名的人，叫範內瓦・布希，他在二

戰期間負責曼哈頓工程，在二戰結束之後，他就知道了要想讓美國的大學真正有所進步的話，就是要做用好奇心驅動去做的研究，而不是政府規定你要去做什麼研究。所以他很重要的一個公共政策就是讓政府在一九五〇年或一九五一年成立了國家科學基金會（NSF）。我想像不到如果美國沒有NSF會變成什麼樣。而且這個政策的重要性甚至超過了科學的發現，因為它奠定了未來科學發展的方向。祖國大陸也有自然科學基金委員會，臺灣地區的國科會，這些基本上都是NSF的模式。我們今天辦大學，只是推動科技，忘記公共政策的話，會不會顛倒了？我們是不是應該讓學生對公共政策有真正的了解？因為他們將來做領導工作的時候，不能只是為了做科技而做科技，也必須有公共政策的觀念。很高興亞洲的大學也漸漸萌生了一些這樣的理念。在新加坡國立大學中，李光耀和李嘉誠都有贊助科技的發展。我相信這些會慢慢地越來越多的。

我到了臺灣地區之後，好像是空降一樣，就像是小孩子到了玩具店，什麼都覺得很新奇。我現在想給你們舉一些例子。尼克森和甘迺迪的第三次辯論在一九六〇年十月十三日，這個辯論很有趣。整個辯論就是談要不要留下金門、馬祖。現在從金門坐船到廈門只要半個小時。一九五三年八月二十三日，也叫作「八二三炮戰」，那個時候打得非常激烈，所以金門、馬祖一下子就變得世界有名了。我是廣東人，在新加坡長大。新加坡很多的華僑都是金門人。金門現在只有六萬人，新加坡華僑十六萬人是金門人。所以金門對我來說一點也不陌生。我到了臺灣地區之後就感覺很奇怪，感覺大家好像都忘了金門，對金門很陌生。所以我就花了點時間去了解金門的歷史。金門共有四個時期。第一個時期是儒學大師朱熹的時期。剛好那時和牛津大學、

劍橋大學差不多是同時期。朱熹將那裡變成了儒學的研究中心。第二個是鄭成功時期，是300—400年間。鄭成功的勢力範圍大家也可以看見，是臺灣地區的南部、福建，鄭成功把金門、嶺南、臺南連成了一片。第三個時期是清末時期，民不聊生，所以大批的嶺南人就到了南洋。今天南洋的華僑就是當時那些人的後代。最有名的一個華僑在新加坡，叫陳嘉庚，他興家辦學，把廈門大學辦了起來。第四個時期是國共關係微妙的二十世紀六〇年代，從對抗到和平。所以金門是很重要的。假如臺灣地區和廈門沒有金門的話，臺灣地區和廈門就完全和南洋沒有關係了。因為只有金門才和華僑有血的關係，所以金門就變成了一個三腳板凳。三個腳，一個是南洋、一個是臺灣地區、一個是大陸。金門的地位就變得非常重要了。而且潮州人的語系和廈門人的語系是一模一樣的，海南話和閩南話也有很多相像的地方，所以在金門、臺灣、大陸、海南這個大生活圈大致有六千萬人。潮州話和嶺南話有很多相像的地方，但為什麼在唐朝要把潮州放在廣東，而閩南放在福建？答案是在中國不能以語言作為劃分省份的依據。假如以語言作為省份的話，廣東就會變成國家了，福建也會變成國家了，中國就會變得和歐洲一樣了。金門技術學院希望在明年就變成金門大學，所以廈門大學、東海大學、成功大學已經在開始討論怎麼在金門發展這樣的合作。有一個口號：積極保護生態環境，積極推進文化藝術發展，積極保持戰略優勢，積極強化兩岸節點，積極強化海洋意識，等等。這都是大學能夠去做的事情，而且只有大學能做，沒有公司和組織會做這些事情。我的美國朋友常常問我，臺灣地區和大陸將來會變成什麼樣？我說要薪水比我高的人才能回答這個問題。但是我們的一個校友，叫白先勇，最近帶了一個崑曲團到臺南。大家都知道崑曲是

蘇州的一種民風表現，這個跟臺灣地區的民風是沒有關係的，但是它在臺灣地區的受歡迎程度是非常高的。後來我想到了，這是因為它們都是中華文化，所以我想如果將中華文化發展為大學之間合作的基石，將我們五千年的文化作為我們合作的目標，我相信這對建設有中國文化特色的大學會有很大的啟發。而且我看到在臺灣地區的行政院有一個規劃，要建一個從金門到大陸的橋。我們知道二十世紀有一個金門大橋在美國，而規劃中的這個則是二十一世紀的金門大橋。這也表明了二十一世紀我們東亞的發展：二十世紀是北美洲的，二十一世紀是東亞的。狄更斯在他的《雙城記》裡提到：這是最好的時代，也是最壞的時代；這是智慧的年代，也是愚蠢的年代；這是信仰的時期，也是懷疑的時期；這是光明的季節，也是黑暗的季節；這是希望的春天，也是失望的冬天。狄更斯先生，謝謝您，如此恰當地描述了我們現在的世紀！

2009年於華中科技大學的演講
陳玉蓉根據錄音整理

中國現代語境中的馬克思和孔夫子

張曙光　北京師範大學哲學與社會學學院教授

　　同學們好，一過來就看到了很大的孔子的塑像，給我們華中科技大學這個以工科為主的學校平添了幾分人文的色彩。在這樣一個科技的時代，真正的人文能夠發揮作用，並且能夠形成一種學術上的傳承不容易。不說學術上的傳承，在文化上形成真正具有中國特色的而又是現代的這樣一種文化傳承，這樣一種文化秩序，我們仍然在努力之中。為什麼要講馬克思和孔夫子呢？一方面馬克思主義不僅是黨的指導思想，而且是寫進了憲法的，在一定程度上，從馬克思出發的學術和思想，我個人認為這也形成了一種傳統。另一方面，孔夫子不僅成為我們中國文化的象徵，而且成為我們中國文化漂洋過海傳播到西方去的一張名片，在很大程度上，西方人是通過孔夫子來認識中國的。過來的途中我看新聞，美國參院剛剛通過一個決議，以紀念孔夫子的誕辰。所以這兩個人顯然不僅是中國知名度最高的，而且是最具代表性的。所以我特別強調，這是在中國現代語境下來講馬克思和孔夫子。如果沒有這個語境的話，同學們可能會想：第一，為什麼把馬克思放在前面？第二，為什麼不把蘇格拉底和孔夫子比較一番？

　　顯然，它是在中國現代的語境下，我們才把它作為主題來講他們之間的關係。我個人認為這個話題是繞不過的，這樣一個話題好像是非常稀鬆平常的一個話題，但是這個在國內是一個非常敏感的話題。

前一段時間，中國社會科學院的院報變成了中國社會科學報，他們跟我約了一篇稿子，我就說我最近會跟同學做一個演講，講馬克思和孔夫子，能不能就給你們提供這樣一個稿件。然後他們馬上告訴我，這篇稿子即便我通過，總編肯定也要槍斃。現在中國有一個很怪的現象，就是有一些現象已經司空見慣了，並且國家已經有政策了，但是在理論上的研究還是舉步維艱，馬克思和孔夫子的關係是如此，意識形態和宗教的關係也是如此。宗教這幾年的發展勢頭很猛，信眾很多，並且我們國家從政策上來說對宗教非常重視，一方面限制，另一方面又要承認這個現實，使之儘量地為社會主義服務，但是在理論研究方面非常薄弱。所以中國一方面要創新，不僅我們的自然科學，人文社會科學也要走向世界，也要創新，但是這樣的一種政策，這樣的一種氛圍，就決定了在中國人文社會科學的創新之難。有時候大家開玩笑，就引用馮友蘭先生的話說，如果我們寫的東西不能夠登出來的話，那就「吾其為王船山矣」。今天這樣的情況我們人文社會科學方面很難出思想，很難出思想家。我下面講的馬克思和孔夫子，是想從馬克思和孔夫子這兩個人在現代社會的、在中國的相遇來談一下中國近代以來思想文化界發生了什麼樣的變化，思想界是一種什麼樣的形式，這裡邊有什麼樣的問題，我們如何來反思這些問題，所以這個問題僅僅是一個開端，希望引起同學們的一些思考。

我大體上要講四個方面的問題。第一，近幾年來我國思想界的形勢。第二，西學東漸與馬克思主義傳入中國。第三，孔孟儒家由顯到隱的變化。第四，馬克思與孔夫子在今天的意義。

第一個問題，近幾年來我國思想界的形勢。為什麼把馬克思和孔夫子放在一塊來談？如果單純把這兩個思想家放在一塊比較，難度太

大。馬克思生於一八一八年，逝世於一八八三年，這個時代是歐洲資本主義大發展的時代，特別是馬克思到了英國之後。馬克思到了英國之後的時代稱之為「維多利亞女王時代」，英國資本主義迅速發展，很多社會矛盾得到化解，資本主義的文明在英國顯示出正面的、積極的方面。馬克思從德國流亡到布魯塞爾，從布魯塞爾到法國，從法國到英國，他是一個要推翻資本主義制度的人，英國政府能夠容忍這樣一個人在那兒生存，這本身就說明了英國資本主義在當時相當開明。儘管馬克思在英國生活的情況不是特別好，但是應該還是過得去的，從側面上反映了當時英國資本主義的發展、文明以及它的自信。馬克思主義傳入中國之後，加上一個列寧主義，在馬列主義的指導下，中國人建立了新中國。馬克思列寧主義作為指導思想寫入憲法裡面了，它在很長時間裡充當了打倒孔孟之道的武器。就馬克思本人以及他在中國和孔子的關係，我們做了三點的概括。下面看一下孔夫子，孔子生於西元前五五二年，逝世於西元前四七九年，這屬於中國春秋晚期。春秋戰國的分界線是西元前四七六年，春秋無義戰，雖然沒有像戰國那麼亂，但是已經是禮崩樂壞的狀態了。近代以來，孔子及其儒學從中心走向邊緣，並且被打倒在地。隨著帝制的瓦解，作為制度化的儒學、經學化的儒學，可以說也土崩瓦解了，不僅從中心走向邊緣，而且從五四運動之後基本是被打翻在地了。現在，我們同樣打著馬克思主義的旗幟，為孔子及其儒學恢復了名譽，並給予了很高的地位。正是這樣一種比較，讓我們對馬克思和孔子之間的關係產生了興趣，僅僅是第一條的話，他們之間離得太遠了，這個比較未必有意義，主要是後面，孔夫子在近代的遭遇以及馬克思主義在進入中國之後所起的作用，使我們對馬克思和孔夫子之間的關係產生了濃厚的興

趣。

　　既然我們的比較是在中國現代語境下比較馬克思和孔夫子，我們不是簡單地比較兩個人，不是簡單地比較兩個思想家及其著作，而是比較兩種思想體系，甚至是兩種文化，所以我的標題就是「馬克思主義與儒學關係的當代性質」。那麼就馬克思主義與儒學關係的當代性質這個問題我就簡單說一說當前它們的情況，至於說在「文革」之前以及近代以來，我們後面要回溯。「文革」結束以後，馮友蘭先生曾經轉述張載的四句話：「有象斯有對，對必反其為。有反斯有仇，仇必和而解。」馮友蘭先生說了，估計馬克思主義對張載前面的三句話是贊同的，強調對立，強調鬥爭，但是最後一句話，大概馬克思主義是反對的，並且毛澤東思想也是反對的，因為它們都是主張革命的。張載主張「仇必和而解」，馬克思主義的辯證法是主張「仇必仇到底」。對於這兩個命題，馮友蘭先生總結近代以來中國政治思想運動，並且思考了今天世界發展的形勢，他個人認為「仇必仇到底」有它的合理性，而它的合理性又僅僅在於它能夠充當「仇必和而解」的中間環節。他說即便搞革命的這些人，他們主張革命，主張「仇必仇到底」，但他們一旦推翻了舊制度，建立了新制度，他們成了統治者，他們仍然要講「仇必和而解」，仍然要講「和」，並且從今天世界發展的大局勢來看，仍然要向著「仇必和而解」這個方向發展。我個人認為馮友蘭先生的這番談話，用心良苦，並且是他的經驗之談，或者說是他總結中國近現代歷史的一些感想。但是這在當時引起了很大的爭論，並且很多人批評他曲解了馬克思的辯證法，對世界的發展也只是看到了和的方面，而沒有看到鬥爭的方面。

　　我個人認為，這樣的一場爭論，很大程度上還是糾纏於意識形

態，沒有理解馮老先生的苦心，因為他是總結中國近現代以來的經驗教訓，應該說在這方面我們的教訓遠遠大於我們的經驗。如果從純粹學理的角度來看，馮友蘭引述張載先生的這四句話究竟應該怎麼理解，和馬克思辯證法是什麼關係？作為一個學術問題當然是可以討論的，但是從當時的爭論來看是意識形態大於學術的爭論。我們知道，黨的十五大之後，特別是十六大，就明確提出了要建立和諧社會。我個人體會，從中央來看這有兩個方面的用意：第一個方面是現實的政治的用意，因為隨著市場經濟的發展，隨著社會分化的加劇，貧富懸殊的問題越來越嚴重，那麼這就有一個如何化解社會矛盾使社會達到一種和諧，政治上的穩定（的問題），這樣一種目的，政治上的目的。另一方面，「和」的思想，是中國古老的思想，源遠流長，在今天它對於解決這種社會矛盾仍舊能夠發揮正面作用，並且在很大程度上能夠為我們中國人近代以來結束「花果飄零，中國人成為無根之人」的狀態，重新尋找到精神家園，能夠起到很大的作用，能夠提供很多的資源。所以我想對於中國提出的建立和諧社會應該從兩個方面來理解，一個是從政治層面來理解，再一個是從文化的思想的甚至人的精神家園的重建。特別是後者，我們從儒家的典籍裡找到很多的資源，像有子講的「禮之用和為貴」顯然是總結孔子的思想，以及大家都知道的「和而不同」、「小人同而不合，君子和而不同」，這些「和」的思想，顯然是我們現在建立和諧社會的重要資源。在這樣一種背景下，也就是像二十世紀八〇年代末期、九〇年代初期對馮友蘭先生的那種批判沒有了，現在是一片和諧，關於講鬥爭的、講矛盾的、講衝突的學術觀點，甚至都見不到了。翻開學術雜誌，都是如何如何和諧，那麼這樣就不叫學術了，這叫意識形態。是不是大家都講和諧，

社會的矛盾問題就沒有了？我們講的貧富懸殊這樣一些對立性的現象已經化解了？顯然不是，我們知道這個問題存在，還很嚴重。是不是不管原來對孔夫子持一種什麼態度，不管原來馮友蘭先生持一種什麼態度的，現在都完全認可了「和為貴」的思想了？也不是如此，我個人認為這個矛盾鬥爭還相當嚴重，並且牽扯到人的情感。舉個例子，比如這幾年我參加一些學術會議，有一次學術會議特別有意思，深圳的一個中西馬的對話會，在這個會議上大概有兩位學者是搞馬克思哲學出身的，就說馬克思是我們的祖宗，現在有人要把馬克思丟到一邊，這是不應該的，他的話還沒有說完，另外一個學者就站起來，激憤的情緒溢於言表，說：「中國人的祖宗是孔夫子，怎麼馬克思成了我們的祖宗了？」其實我想，馬克思不是我們的祖宗，但孔夫子是不是我們的祖宗？至少孔夫子之前還有黃帝，黃帝是不是我們的祖宗？黃帝之外還有炎帝，炎帝之外還有蚩尤，其實我們的祖宗是很多的，如果說有祖宗的話，就還有一個看待祖宗關係的問題，一方面我們要承繼傳統，我們要認祖歸宗。如果把馬克思和孔夫子完全對立起來，我想這裡面大概情感的因素可能超過了我們的理性。所以說我們應該如何認識這個問題，我們後面的論述裡在一定程度上可能包含著對這個問題的解答。自十七世紀以來，從西方人的觀念中，孔夫子不僅是中國的聖人，而且很大程度上是中國人的代稱。馬克思進入中國之前和孔夫子有沒有關係？我專門查了資料，發現他有兩個地方提到了孔夫子，一個是一八四二年他在《萊茵報》寫的一篇文章裡寫到中國人，注釋中說這個地方所說的「中國人」是孔夫子，是作為《易經》的撰述者。另一個是一八四五年，他在《德意志意識形態》這本書裡轉述法國空想社會主義者卡貝的話，卡貝論述古代的共產主義思想的

時候專門說到孔夫子，並且說到孔夫子和西方的某個人一樣，也是主張財產公有的。說明馬克思對孔夫子的了解不是太多，大概也不太準確。馬克思對中國人了解得比較多的人是皇帝，因為他給他的女兒起綽號為「中國皇帝」、「中國公主」，他知道在中國皇帝和公主都是高高在上的、自由自在的。

現在我們來看一下當前我國思想界的四種傾向。剛才我已經說了，在馬克思和孔夫子的關係問題上，既有理性地看待問題，同時也糾纏著我們的情感。糾纏著我們的情感意味著隨著我們中國經濟的發展，民族文化的復興，我們民族認同的情結越來越重，要尋找精神家園，就是要找一個安身立命之地，但是從現實的角度來思考很大程度上跟我們今天民族認同的情感這樣的因素是密切相關的。由於學界對馬克思、孔夫子他們各自的思想以及相互關係的認識和他們的社會作用的看法的差異，我大體上歸納了四種傾向：第一，中國的馬克思主義和孔子的儒學聯合起來共同抵禦西方的自由主義。這個我認為是中國官方的一種基本態度，也是和中國官方比較接近的知識分子的態度。官方態度自然是有變化的，包括這些知識分子，他們最初在二十世紀八〇年代中期對於當時有些人在中國推崇儒家是警惕性非常高的，是持反對態度的，他們怕儒家的復興影響了馬克思主義的指導地位，所以在二十世紀八〇年代中期、後期，包括圍繞馮友蘭引用張載的四句詩的爭論，反映了當時學界一部分人的思想認識，他們怕把孔夫子抬得太高。有些人公開亮底牌，主張中國要麼重新把孔教立為國教，要麼乾脆聲稱我們搞的是儒家的馬克思主義，搞的是儒家的社會主義，這引起了官方的警覺以及官方知識分子的反對和批判。後來他們發現儒學的復興是很難加以阻止的，並且對於自己來說未必不是件

好事。於是中國的馬克思主義（官方的馬克思主義）與孔子聯合起來，共同抵禦西方的自由主義。第二，自由主義，或者是在中國持有自由主義立場的學者，或者是對中國的馬克思主義、對儒學持一種批判態度，又或者讓自由主義與馬克思主義結合起來，繼續批判儒家的維權意識和家族傳統。我個人認為，比如武大的鄧曉芒教授，復旦大學的張汝倫教授，北大的趙敦華教授，他們自由主義的傾向比較鮮明，而且都認為可以和馬克思結合起來，目標是批判儒家的維權意識和家族傳統，認為儒家的這方面的思想內容仍然是影響我們中國現代社會發展的負面的東西。第三，自由主義與中國的儒家文化直接溝通，讓馬克思主義靠邊站。持這種觀點的既有治中國哲學的學者，也有治西方哲學、西方思想的學者，認為自由主義和儒家直接對話就行了，何必中間插一個馬克思主義，況且馬克思是德國人，其思想傳統是經蘇格拉底、盧梭傳下來的，那麼就可以放到西方文化傳統、譜系裡面，因此在講西方的時候裡面就當然地包含了馬克思主義，沒有必要把馬克思主義作為對話者來看待。前幾年，武漢大學的吳根友老師，還在試圖在儒家裡找自由主義的根源。這當然是兩種意見，有人認為儒家裡有自由主義的基因，而有人認為沒有。第四種觀點，中國主題，世界眼光。我們在吸取各種思想資源的基礎之上要創造出屬於中國人的，有中國色彩的，同時又具有世界意義的理論。前面的這四種傾向大體上構成了我國思想界的一個基本形式，我認為這幾種傾向的出現是一個很大的進步，在「文革」之前，不可能出現這種狀況，不可能出現後面這種所謂的「道術已為天下裂」的狀況，並且這幾種情況表面上看起來它的對立大於它的統一，但是在梳理了這四種傾向之後，我突然想到了《世界經濟體系》的作者，也是具有「左」傾傾

向的，現在在世界上名氣非常大的沃勒斯坦，他說自由主義、保守主義、社會主義都是現代性的產物，並且它們之間的一致性要大於它們之間的對立。所以這幾種傾向我們既要看到它對立的方面，同時我們也要看到它在某些問題上接近的方面。後面我就要把剛才談到的四種傾向背後的東西，通過近代史的梳理做一個解答。這是第一個大問題，主要是給同學們解釋我們今天為什麼要研究馬克思主義與孔夫子，馬克思主義與孔夫子作為兩種體系或者兩種文化，它在我們今天國內的思想界是什麼樣的關係，或者說學者們、知識分子認為它是一種什麼樣的關係，當然也包括官方。

下面第二個大問題我們就要回溯一下近代史。回溯西學東漸與馬克思主義傳入中國，馬克思主義大規模地傳入中國是在一九一九年的五四運動時期。在這之前，馬克思主義已經被介紹到了中國，但是不管是一九一九年之後的大規模傳入中國，還是一九一九年之前的馬克思主義傳入中國，很大程度上都被納入到了進化論的思想邏輯裡面。所以我們首先要講西學東漸與進化論思想，大家知道鴉片戰爭之後特別是甲午海戰之後，清廷苦心經營了三十年的洋務運動的最大的成果的北洋水師灰飛煙滅，北洋水師灰飛煙滅在很大程度上證偽了僅僅在器物上現代化是不行的，甚至在一定程度上證偽了中體西用是不行的，西學大量進入中國，主要是現代西方的科學政治、經濟、文化、宗教、哲學、軍事理論等，而這些理論體現的基本的理念是自由、平等、民主、人權，表面上看起來西方各種各樣的思想、各種各樣的言論都進入中國了，但是進入中國之後有一個我們對它的選擇、我們對它的重視程度的差異，從這方面我們發現原來對我們中國人影響最大的是達爾文的進化論。大家知道翻譯達爾文進化論功績最大的是嚴復

先生，嚴復先生翻譯的是赫胥黎的《天演論》，赫胥黎是非常擁護達爾文進化論的，嚴復先生翻譯赫胥黎的《天演論》其實是在闡發自己對近現代世界歷史的理解，所以有人說《天演論》與其說是翻譯性的著作，不如說是嚴復先生的著述，突出的是「物競天擇，適者生存」，這個法則被認為普遍適用於生物界和社會界的法則，這種理論對中國人影響最大，它能夠非常到位地解釋中國近代以來的落後挨打。出路何在？很明顯，由弱變強。「強」這樣一個帶有濃厚的功利主義、實用主義色彩的字眼在當時大量地出現，以至於我們今天也仍然往往在一種無批判的意義上認可這個「強」字。比如在新中國成立六十周年的遊行時，特別是閱兵，大漲了我們中國人的志氣，在很大程度上是因為我們軍事力量的強大，但是我們知道同時也引起了世界上對我們中國崛起將來會對世界帶來什麼樣的影響帶來很多的猜疑。嚴復先生文章中有幾句話，是在翻譯赫胥黎的《天演論》之前的一篇文章，文章的名字就叫《原強》，這個地方把「強」在一定程度上提升到了「原道」的程度了，「原」是本，「蓋生民之大要三，而強弱存亡莫不視此：一曰血氣體力之強，二曰聰明智慮之強，三曰德行仁義之強」。第一點身體之強我們認同，第二點就有點勉強了，特別是第三點，嚴復先生也把德行納入到「強」裡面，這是要突出原強，我們在德智體各方面都是最強的。「是以西洋觀化言治之家，莫不以民力、民智、民德三者斷民種之高下，未有三者備而民生不優，亦未有三者備而國威不奮者也。」所以我們從嚴復先生翻譯赫胥黎的《天演論》在當時中國的風行，以及他在《原強》裡所突出的民力、民智、民德，並且把它們都歸結為一個字「強」，就能夠意識到當時進化論的思想是統領整個西方傳入到中國的各種理論的。在五四運動之前除

了嚴復先生，處於思想界領袖地位的，像康有為，他的《孔子改制考》、《大同書》，特別是《孔子改制考》，可以說第一次在康有為的著作裡很鮮明地表達了社會進化的思想，因為他借公羊學裡的「三世」、「三統」來說明社會進化的道理。另外兩位，梁啟超一九○二年到一九○六年在日本流亡期間發表在《新民通刊》上的《新民說》，這個「新民」也涉及方方面面，但是也可以一言以蔽之曰「要在力、智、德三方面都要是強的」。孫中山先生於一九○三到一九○七年間提出的革命的主張和三民主義的學說，也體現了關於進化和社會進步的思想。為什麼要加一個時間段呢？因為梁啟超在一九○六年之後思想又有了一些變化，孫中山在一九○七年之後的思想也有了一定的變化。下面看馬克思主義的傳入，從十九世紀末到一九一九年五四運動，馬、恩的社會主義和唯物史觀開始傳入中國，在這方面有大量的文獻是經過日本人和日本留日學生翻譯的，馬克思主義傳入中國主要是兩個管道，一個是日本，再一個是一九一八年十月革命通過俄國（傳入），我們現在已經把它看成是中國非常熟悉的社會科學的概念，大概百分之七十來自日本，或者說是日本人借助中文製造出來的概念。比如「社會」、「科學」、「資本主義」、「社會主義」、「共產主義」等，這些都是日本人借助中文製造出來的概念。關於這方面大家可以看看武漢大學馮天瑜教授的《新語探源——中西日文化互動與近代漢字術語生成》一書，馮天瑜先生為了做這個方面的研究特地在日本做了這方面的研究，並且他幾乎把近代以來我們常用的哲學、社會科學的術語做了梳理。

陳獨秀創立了《新青年》，《新青年》的創刊號上發表了兩篇文章，一篇是《敬告青年》，裡面提出了「自主的而非奴隸的」、「世界

的而非鎖國的」等六大原則；另外同期發表了他的《法蘭西人與近代文明》，在這篇文章中陳獨秀說近代文明是借助三大理論支撐起來的，並且借助這三大理論走向世界的。第一，人權的理論。以法國人的《人權宣言》作為標誌。第二，《進化論》。陳獨秀先生認為法蘭西人對近代化的作用超過任何一個民族，在說了達爾文的《進化論》之後他特別提到達爾文受到法國人生物學家拉馬克的影響，拉馬克在他之前提出了「用進廢退」的進化觀點。第三，社會主義。在論述社會主義這一部分，陳獨秀先生論述到了馬克思，關於這個方面我給大家讀一點資料：「社會主義講的是超越政治革命的社會革命，因為生存競爭的緣故，因為資本的緣故，導致了新的不平等，這是近代文明的缺點。」總體上陳獨秀先生是推崇近代文明的，但是社會主義又發現了近代文明內部的問題，從而對近代文明有所批判，從而使近代文明得以革新。「這是近代文明的缺點，所以社會主義謀社會革命。」這也是讀過一點馬克思著作的同學所熟知的，馬克思也認為資產階級革命解決的是政治方面的問題，而社會主義革命是解決經濟方面的問題。陳獨秀先生也認為政治革命是屬於資產階級的，而社會主義是要搞社會革命的。這是反對近世文明之歐羅巴的最近文明，他說社會主義的提出是歐羅巴的最近的文明，歐羅巴的最近的文明是反對近世文明的。據說，這個學說始於法蘭西革命時的巴貝夫，「主張廢棄所有權，行財產公有制，並未為當世所重。十九世紀之初，此主義復盛行於法蘭西，聖西門‧傅立葉，其最著稱者也，彼等所主張者，以國家或社會為財產所有主，個人從其才能以事事，個人從其勞力以獲得報酬，排斥違背人道之私有權而建設以新社會也。其後數十年，德意志之拉薩爾及馬克思，承法國人之說，發揮而廣大之，資本與勞力之愈

烈，社會革命之聲愈高，歐洲社會岌岌不可終日。財產私有，雖不可因之俱廢，然各國之執政及富豪，恍然於貧富之度過差，絕非社會之福，於是謀資本勞力之調和，保護工人，限制兼併，所謂社會政策是也」。這是法蘭西人與近代文明裡，陳獨秀先生對近代文明的三大理論所做的介紹。應該說他對當時社會主流的主張把握得相當準確。這是陳獨秀當時最早對社會主義和馬克思主義的介紹。《共產黨宣言》中的一些觀點，最早見於一八九九年上海的《萬國公報》，而在一八九九年《萬國公報》上發表的這樣一篇文章，是翻譯英國的思想家吉德的《社會進化》，在《社會進化》這一本書裡提到了馬克思。馬克思當時即便在西方，在很大程度上也被納入到進化論或者社會進步或者進步主義的邏輯裡面，而在中國，除了日本人的翻譯，包括日本留學生發揮了很大的作用，在日本、法國、德國都待過的馬君武先生在譯介馬克思主義和社會主義方面發揮了很大的作用，他翻譯的有關的著作時間幾乎和日本人的時間相差無幾，都是在一九〇七年之前。並且馬君武還論述了社會主義和進化論的關係，因為當時有人認為進化論是低於社會主義的，社會主義是高於進化論的，而也有人反過來認為進化論是講競爭的，社會主義是講合作的，所以這兩者之間並不是一碼事，甚至是對立的。而馬君武先生認為社會主義和進化論相輔相成，他認為進化論是講人和自然之間的競爭，物競天擇，人這個物種如何才能跟自然界有效地競爭和對抗呢？那麼人類內部就有了競爭和合作的關係，並且通過競爭我們最終達到了合作，合作起來共同來對付自然界的挑戰，所以馬君武先生認為社會主義和進化論雖然有很大的差異，但是它們是一種相輔相成的關係，並且從某種意義上來說內在相通。馬君武先生的貢獻在國內幾乎沒人提，或者提得很

少，所以我特地把他點出來。另外就是同學們所熟知的陳望道一九二〇年依據英文和日文全文翻譯的《共產黨宣言》，所以從一九一九年之後馬克思主義才大範圍大幅度地傳入中國。之前主要是通過日本，一九一九年之後主要是借助俄國的影響力大規模地宣傳。

　　下面我們看一看五四運動與馬克思主義。五四運動爆發的直接原因是一戰結束以後在法國巴黎和會上本來中國是戰勝國，德國是戰敗國，德國原來所占領的中國的土地，應該歸還中國，結果卻給了日本。巴黎和會大大地激怒了中國人，我們本來是戰勝國，結果我們仍然被列強所蹂躪，這個事件使我們對西方的文明產生了很大的懷疑。第一次世界大戰暴露了資本主義世界的矛盾和問題，使人感覺到西方文化的沒落。西方文化的沒落最早是西方人提出來的，斯賓格勒的名著《西方的沒落》，加之中國作為戰勝國卻仍然受列強的欺凌，中國人對西方文化的看法發生了一個很大的變化，這是五四運動爆發的一個國際背景。這個國際背景不僅僅是巴黎和會。第二個重大的國際背景是蘇俄爆發了布爾什維克領導的十月革命，使原來作為列強之一的俄國成為蘇維埃社會主義國家，而蘇維埃社會主義國家一成立就宣布廢除沙俄與中國簽訂的不平等的條約。這點對中國人影響很大，近代以來我們一直受到列強的欺凌，現在有這樣一個國家，並且是我們的近鄰，因為它崇尚馬克思主義，因為它以社會主義作為自己的宗旨，但它甫一成立便馬上廢除和殖民地半殖民地國家的不平等的條約，使我們中國人看到了希望，看到了公理，看到了世界上確實有孫中山先生所期待的平等待我之民族。所以五四運動的爆發以及後來馬克思主義在中國的流行，最大的兩個原因就是剛才講的兩個國際背景，尤其是後者。因此走俄國人的道路一直成為中國革命者的共識，關於這

點，我給大家再提供一點材料，孫中山先生從俄國的十月革命裡受到很大的鼓舞，他在一九一八年致列寧和蘇維埃政府的信中說，中國革命黨對貴國革命黨所進行的艱苦鬥爭表示十分的欽佩，並願中俄兩黨團結，共同鬥爭。此外還有一個細節，在《新青年》上，陳獨秀先生一九一九年寫的幾篇文章裡提出中國未來的目標就是建立英國、美國那樣的共和國。十月革命以後孫中山先生的觀念就改變了，更不要說陳獨秀了。孫中山明確地表示：「法國、美國共和國皆舊式的，而今日唯俄國為新式的，吾人今日造成以最新式的共和國。」從中山先生這句話裡我們能意識到走俄國的道路，不僅是當時共產黨人的認識，而且是所有的革命者的共識。這是馬列主義進入中國的情況。

我們接著探討一下孔夫子在中國的命運。《新青年》從第一卷第六號起，大量刊登了批判孔孟之道的文章，這是以易白沙在新青年第一卷第六號、第二卷第一號發表《孔子評議》這篇文章為開始的，此後《新青年》大量登載了批判孔孟之道的文章。陳獨秀、李大釗以馬克思唯物史觀作為武器，對孔子給予歷史分析，但是堅決反對孔子的禮教。唯物史觀和孔夫子是不是完全對立的？客觀地說，如果我們真正理解馬克思的唯物史觀的話，那麼對孔夫子是會有歷史的分析的。這方面我們看一下陳獨秀是怎麼講的，陳獨秀發表在《新青年》的一篇文章中這樣說：「孔子不言神怪，是近乎科學的；孔子的禮教，是反民主的。人們把不言神怪的孔子打入冷宮，把建立禮教的孔子尊為萬世師表。中國人活該倒楣。」這個評議很有力度、很有深度。一方面孔子接近科學，實事求是，不言怪力亂神；另一方面，他也主張君君臣臣父父子子，講禮教。後面是反民主的，前面是近於科學的。又說，「孔子的禮教不廢，人權民主自然不能不是犯上作亂的邪說。人

權民主運動不高漲，束手束足，意氣消沉，安分守己的奴才哪會有萬眾一心，反抗強鄰的決心」。當時的陳獨秀也好，李大釗也好，接受馬克思觀點的這些人，應該說能夠對孔子採用歷史觀點的態度的，也就是平常所講的一分為二地看問題。中共創始人之一張申府，又是北京中共支部的創始人，並且到了法國之後他又是周恩來和朱德的入黨介紹人。張申府後來提出「打倒孔家店，救出孔夫子」，這句話不是在五四運動期間提出的。五四運動期間，有人專門作了歷史的考證，發現沒有出現「打倒孔家店」這樣的口號，包括在《新青年》上。張申府提出的「打倒孔家店，救出孔夫子」也是在後來講的，大概是在二十世紀的三〇年代。而最早提出「打倒孔家店」的可能是胡適之先生，胡適之是在為吳玉老先生的文存所寫的序中，稱吳玉是「隻手打孔家店的老英雄」。因為吳玉自己家庭的關係，也因為他對中國傳統社會黑暗的認識等各方面的原因，在五四運動之前他就開始批判孔子，被後來胡適之先生稱為「隻手打孔家店的老英雄」。即便在五四時期有人提出了這樣的主張，這種主張在當時的形勢下也是很難實現的。

下面看一下五四運動的三位領袖人物：陳獨秀、蔡元培、胡適之。陳獨秀先生政治上「左」翼，推崇馬克思的唯物史觀；與之相對的是胡適之先生，政治上的「右」翼，推崇杜威的實驗主義。政治上一「左」一「右」，這個「左右」是以當時的最激進的革命者已經轉向了馬克思主義作為標準來看的。在文化上，陳獨秀和胡適之的文化觀根本上是一致的，都是推崇新的文化運動，引進「德先生」、「賽先生」，並且對傳統持一種批判的態度，特別是對歷代帝王所裝扮起來的孔子持批判的態度。而蔡元培先生持中間立場，蔡元培在政治上

文化上的立場我沒有專門加限定詞，因為蔡元培也是國民黨的元老之一，當時受到蔣介石的高度信任，他對蔣介石的清黨運動是堅決支持的。蔡元培先生被認為是中統唯一的一位教育家，中國文化有一個「為尊者諱」的傳統，所以共產黨就不提這事了，但是其實他是主張清黨的。

　　上面我們已經簡單地分析了近代以來馬克思是在什麼樣的語境下進入中國的，對它跟孔夫子之間發生了什麼樣的關係做了大體的梳理。郭沫若先生一九二五年發表了一篇戲說。所謂這個戲說，這不是二十世紀八〇年代香港人的發明，也不是臺灣人的發明，也不是二十世紀八〇年代之後的大陸人的發明，這個發明權如果追溯到二十世紀二〇年代的話是郭沫若的發明。郭沫若先生一九二五年寫的《馬克思進文廟》中馬克思和孔夫子有一段對話，對話之後馬克思發出感嘆：「我不想在兩千年前，在遙遠的東方，已經有了你這樣的一個老同仁。」郭沫若先生的演繹，我給大家說一下：

　　說的是在孔廟前有四位學者，抬著一個轎子，轎子上坐著一個滿臉絡腮鬍子的洋人，進入文廟。馬克思的名字，近來因為呼聲大高，早就傳到孔子耳朵裡了。「——啊啊，有朋自遠方來，不亦樂乎呀！馬克思先生，你來得真難得，真難得！你到敝廟裡來，有什麼見教呢？」馬克思說：「我是特為領教而來。我們的主義已經傳到你們中國，我希望在你們中國能夠實現。但是近來有些人說，我的主義和你的思想不同，所以在你的思想普遍著的中國，我的主義是沒有實現的可能性。因此我便來直接領教你：究竟你的思想是怎麼樣？和我的主義怎樣不同？而且不同到怎樣的地步？這些問題，我深望你能詳細地指示。」孔子聽了馬克思的話，連連點頭表示贊意，接著才回答道：

「我的思想是沒有什麼系統的，因為你是知道的，我在生的時候還沒有科學，我是不懂邏輯的人。假如先把我的思想拉雜地說起來，我自己找不出一個頭緒，恐怕也要把你的厚意辜負了。所以我想，還是不如請你先說你的主義。」馬克思就說：「我的思想的出發點不同於宗教家把世界看成虛無，我對人生抱著現實的肯定態度，關心人生的最高幸福。我的理想世界是每個人都自由平等發展他們的才能，就是各盡所能，各取所需的共產社會。」馬克思講完之後，孔子拍手叫絕，說你和我的大同世界竟是不謀而合啊！接著就把《禮記‧禮樂》中關於大同的話背誦了一遍。但是馬克思的科學社會主義是靠批判空想社會主義起家的，馬克思一聽味道不對，這有點像空想的社會主義。於是兩人就此分辨了一番，在分辨的時候孔子把自己的「庶矣富之富矣教之」、「倉廩實而知禮節，衣食足而知榮辱」等關於物質的觀點一一陳述，然後特別強調那個時候是出於科學沒有發明的時代，在有限的生產力的範圍內也只能主張節用。大家連飯也還不夠吃的時候，總不應該容許少數人吃海參魚翅的。——「啊，是的！馬克思到此才感嘆起來：我不想在兩千年前，在遠遠的東方，已經有了你這樣的一個老同仁！你我的見解完全是一致的，怎麼有人曾說我的思想和你的不合，和你們中國的國情不合，不能施行於中國呢？」

這就是當年郭沫若戲說的馬克思和孔夫子，雖然是戲說，但是就讓我們想到當年的寓言，也是戲說，所謂的「以謬悠之說，荒唐之言，無端崖之辭」，這恰恰是在一個社會的秩序顛倒的時代闡發真理的一種方式，啟發人思考的一種方式。從這種戲說裡我們也可以引出很多的思考，至少有一點，即有一些人用馬克思的思想批判孔子的時候，而我們中國人反過來用孔子的大同思想，用中國傳了兩千年的平

均主義來理解馬克思，包括當時的孫中山。這樣一種理解一直持續到改革開放，所以為什麼小平同仁說「究竟什麼是社會主義」，其實我們並不是太理解。我們要在一個傳統的農業社會中來理解基於工業社會的社會主義和共產主義，這裡面充滿了誤讀。我們讀西方的書，裡面肯定夾雜了很多的誤讀，這些誤讀可能會給我們帶來很多的問題，也可能會給我們帶來一些戲劇性的效果。

下面我們講第三個大問題，講一下孔孟儒學由顯到隱及其轉換。孔子的學說在春秋戰國時期已經是顯學了，儒家和墨家，並稱顯學。但是我這個地方所講的顯不是學術上的「顯」，而是在整個社會地位、在文化中的「顯」，這是在漢武帝之後。直到現當代，儒學經歷了由顯到隱，又由隱到顯的變化。而五四以來，這個變化與馬克思主義中國化的歷程密切相關，特別與中共領袖毛澤東的思想變化和性格直接相關。所以如果我們講馬克思和孔夫子的相遇，有兩個人是繞不開的，一個是列寧，我們是通過對列寧的接受來理解馬克思的，在很大程度上，在改革開放之前，我們與其說是遵循馬克思的教導，不如說是遵循列寧的教導。再一個是毛澤東，毛澤東在新中國成立前和新中國成立後對孔子的態度的變化。新中國成立前，毛澤東在一九一九年之前基本上遵循傳統，我們還不能說他是尊孔派的，因為那個時候毛澤東的思想顯然已經被歷史、已經被我們的文化傳統所先期占有了，這是無可奈何的事情。我們每個人都生活在一定的文化傳統裡，當時認孔子為聖人，那麼毛澤東把孔子看為聖人也是毫無疑問的。毛澤東真正對孔子形成自己的看法，是在一九二〇年接受馬克思主義之後。我選了兩個事例來說明，一九四二年毛澤東與匡亞明在延安談話時說：「孔子是兩千年前的偉大人物，思想中有積極的東西，也有消

極的東西，要批判地繼承發揚。」這樣的觀點和他的新民主主義論的思想是完全一致的。但是就當時的革命運動來說，毛澤東說：「對孔子的批判繼承是第二位的事情。第一位的用以指導革命運動的，是馬克思主義理論。特別是當時重慶方面大搞什麼『尊孔讀經』。」接下來這句話毛澤東直接把孔夫子和馬克思連在一起了，「他們靠孔夫子，我們靠馬克思。要劃清界限，旗幟鮮明」。毛澤東又認為：當時對孔夫子，最好是暫時沉默，既不大搞批判，也不大搞讚揚。因為在全國範圍內，特別是在和國民黨共同抗日的情況下，國民黨的文化顯然是主導性、主流性的意識形態，而「尊孔讀經」在群眾中是非常有土壤、有基礎的，所以毛澤東說最好暫時保持沉默，但是在內部又要堅決抗拒。在當時的邊區內部，毛澤東明確地提倡孔夫子的「父慈子孝」，並且在國共合作時他也跟蔣介石講「和為貴」，這種來自孔夫子的強調「和」的思想之源也並沒有被毛澤東所拋棄。毛澤東在延安的一個節日上，他發表了這樣一番講話：「我們還是要提倡父慈子孝，過去為了這件事，我還和我的父親吵了一架，他說我不孝，我說他不慈，我說應該父慈第一，子孝第二，這是雙方面的。如果父親把兒子打得一塌糊塗，兒子怎麼樣能夠孝呢？這是孔夫子的辯證法。今年慶祝三八婦女節，提出建立模範家庭，這是共產黨的一大進步。我們主張家庭和睦，父慈子孝，兄愛弟敬，雙方互相靠攏，和和氣氣過光景。」所以「和」的思想並沒有被毛澤東所拋棄，這是新中國成立前毛澤東對孔子的態度。

再看新中國成立後毛澤東對孔子的態度，我舉三個例子說明。一是一九五三年全國政協會議上毛澤東與梁漱溟就中國工人農民的地位和待遇問題發生了爭執，這個爭執來自梁漱溟對當時的農民做的一個

農村的調查，他認為當時共產黨的政策對工人有利，對農民不利。他提出了「九天九地」說，認為工人在九天之上，農民在九地之下。這樣的說法後來被毛澤東知道了，毛澤東就在會議上對他做了批判，梁漱溟聽了以後要走上臺辯解，於是兩個人發生了爭論。毛澤東說：「孔夫子這個人有個大缺點，就是不民主，沒有自我批評的精神，有點像梁先生。然後『吾自得子路而惡聲不入於耳』、『三盈三虛』、『三月而誅少正卯』，很有些惡霸作風，法西斯氣味。我願朋友們，尤其是梁先生，不要學孔夫子這一套，則幸甚。」這是當時毛澤東對梁漱溟的一番批評，這個批評是相當厲害的。當然孔子殺少正卯這個事情在歷史上也是個公案，公之者說無，辯之者說有。從毛澤東的講話來看顯然這時候他已經把孔子作為最大的反面的例子了，然後把梁漱溟納入到孔子體系之中，因此梁漱溟先生的地位就被剝奪掉了。再一個是一九五八年，中共八大二次會議上，毛澤東對秦始皇的評價：「秦始皇是個厚今薄古的專家」，林彪插話「秦始皇焚書坑儒」，毛澤東接著說，「他只坑了四百六十個儒，我們坑了四萬六千個儒。我們鎮反，還沒有殺掉一些反革命的知識分子嗎？我與民主人士辯論過，你罵我們秦始皇，不對，我們超過秦始皇一百倍。罵我們是秦始皇，是獨裁者，我們一貫承認；可惜的是，你們說得不夠，往往要我們加以補充（大笑）。」一方面，毛澤東是在八大二次會議上講的，在這次會議上一方面大家的見解、意見是相當一致的，另一方面，在這樣的會議上，毛澤東更容易吐露心聲。一九五八年之後，毛澤東對秦始皇的態度都是給予肯定的。郭沫若是尊儒的，和毛澤東的意見是相反的，毛澤東還曾寫過一首詩給郭沫若，其中說「百代都行秦政法，十批不是好文章」。毛澤東對郭沫若還是很欣賞的，當時還是「保護」

了他。毛澤東對秦始皇的態度，也能讓我們了解他對儒家的態度，特別是「文革」以及之後的「批林批孔」，等等。「林彪事件」出現之後，林彪的《五七一工程紀要》裡有孔夫子的話，另外林彪的床頭有一個條幅，上面就是「克己復禮」。毛澤東知道之後就說：「凡是政治上反動的，都是崇儒家反法家的；反過來，凡是崇儒反法的，都是政治上反動的。」這時候的毛澤東顯然對中國的歷史、中國的文化完全是用政治的尺度來作為標準的，並且這個「政治」很大程度上是他的政治觀點、他的政治見解以及當時的政治形勢。通過新中國成立後毛澤東對孔夫子的認識，我們發現這不是簡單的學術的問題，而是隨著毛澤東自己的「左」的思想愈演愈烈，他用政治作為衡量一切是非曲直的標準，所以他才對孔夫子越來越討厭，越來越反感了。

新中國成立之後，孔子被打倒在地了，特別是到了「文革」時期，這是不是意味著孔子及其他的儒家思想沒有在新中國成立之後的歷史上發揮作用？或者沒有在毛澤東思想裡發揮作用？不是這麼簡單。下面我從四個方面說明儒家文化的隱性作用。第一個作用，近代以來的革命者，同時都是「仁道」的踐行者。他們踐行的很大程度上可以說是儒家的「仁道」，「仁人志士」已經成為我們對革命者的稱呼了。李大釗的話「鐵肩擔道義，妙手著文章」中出現了「道義」，出現了「文章」，而我們知道，「道德文章」從來是中國士人的自我期許，這也被我們中國共產黨的創始人李大釗先生接受下來了。這其中的隱性作用是轉化了的，一方面我們批判儒家，甚至把儒家的仁義道德——就像當年魯迅先生說看中國的歷史，每一頁都寫著仁義道德，其實看了半天，就只有「吃人」兩個字——完全否定了。其實仁義道德中「仁道」的思想還是被我們的革命者一代又一代地傳承下來

了，經過范仲淹、文天祥等歷代的文人志士，它已經內化為中國士人、中國知識分子的一種基因了，這是最明顯的。第二個方面，德治傳統被傳承下來，以德治國，本來是依法治國，因為我們感覺中國傳統的道德資源如此之豐厚，我們不得不加以利用，當然我們是從正面的概念理解以德治國，以德治國起的是鋪墊的作用，而不是作為一種綱領。傳統的中國是以德治國的，而這個德治的傳統被繼承下來，不管是國民黨還是共產黨，它們都將政治道德化，反過來將道德政治化，這個在改革開放之前的中國是非常明顯的，如果一個人在政治上出問題了，在道德上也要加以考證，如果政治上正確了，那麼他的道德也沒問題，如果有問題，那麼屬於枝節問題，屬於小節。而對政治的理解，裡面又滲透了道德。第三個方面的作用，論語跟儒家經典已經深入人心，其格言及其觀念支配著多數中國人的思維，包括在毛澤東的著作裡面，他在說明一個問題，在講述一個道理的時候，往往引證孔子，往往引述《論語》。《論語》、《孟子》、《大學》、《中庸》，我做了一個統計，仍然活在我們口頭裡的詞語不下一百多條，還不包括它們轉述《尚書》和《詩經》的。有時候毛澤東專門提出這是孔子的話，他說你們要學學孔子，孔子「進太廟，每事問」。他教育幹部，就是要多聽聽不同的意見。他有時候不說這是孔子的（話），但其實這些格言是來自孔子的。他給他的兩個女兒取的名字，李敏和李訥，即「訥於言而敏於行」，把兒媳婦的名字改成劉思齊，「見賢思齊」。所以中國的傳統我們想擺脫，絕不像我們扔掉一件衣服那麼簡單。裡面有很多講的是做事做人的最基本的道理，而這些道理應該是薪火相傳的，而不應該由於暫時的政黨之爭而把它妖魔化。第四，孔子代表的「狂」的傳統與法家的富國強兵的結合，還有一個隱性的作

用，近代以來中國為什麼越來越走向激進，為什麼會出現郭沫若先生、郁達夫先生當時積極參加的狂飆突進運動，我認為很大程度上來自中國儒家以孟子為代表的「狂」的思想。孔子說與哪些人交朋友，認為「鳥獸不可與同群」，要交「中行之人」，尋之不得，那麼「不得中行而與之，必也狂狷乎，狂者進取，狷者有所不為也」。其實這都不符合他老人家的「過猶不及」，「過」和「不及」都不好，他本來希望與「中行之人」交友。先秦三大儒裡最狂的就是孟子，「如欲平治天下，當今之世，舍我其誰也」、「五百年必有王者興」，沒有比他再狂的了。然後把楊朱罵得狗血淋頭，楊朱主張「為我」，這是無君，墨子主張「兼愛」，這是無父，「無父無君，是禽獸也」。孟子的狂，在儒家裡，是難能可貴的，因為儒家是講中庸的，孔子是講克己的，這一套理論嚴重束縛了中國人的思想，特別是敢於反抗的思想，孟子是個異數。孟子的思想在儒家的傳統裡真正被繼承下來的學者，並且是政治家的，我認為不多。既是學者又是政治家的，能夠真正把孟子思想繼承下來的，大概就是王安石。因為王安石實行變法的決心大到敢說「祖宗不足法，天命不足畏，人言不足恤」，這跟孔子的「三畏」正好是對立的。所以為什麼王安石能夠被列寧同仁稱為中國十一世紀的改革家，說明這樣的人在中國也是幾百年不出一個。當然我們可以說還有其他的，像朱熹、二程、王陽明，也有一股什麼什麼氣，但是真正敢於跟孔子的言論針鋒相對的非常少。但是這種狂者終於在中國近代特殊的氣候下成了大氣候，借助西方文化對中國的衝擊，借助中國要徹底地改造傳統，要建立新的文化，建立新的國家，所以才有了後來的所謂的激進思潮。所以激進思潮一方面是反傳統的，另一方面我認為激進思潮的反傳統在我們的傳統裡又包含了這樣

的一個因數。

儒家文化在新的時期由隱到顯，從梁漱溟的例子，從他的畫像能看出這個老頭倔到什麼程度了。雖然梁漱溟跟毛澤東公開叫板，就是要看看共產黨有沒有雅量，看看毛澤東這個主席有沒有雅量。毛澤東就讓梁漱溟講，梁漱溟講了十分鐘仍意猶未盡，而臺下已噓聲一片。陳銘樞當時主持會議，看到場面不好收拾，毛澤東和梁漱溟好像有點較上勁了，為了給雙方臺階下，陳銘樞當時就說「主席，梁漱溟的發言究竟屬於什麼問題，如果是屬於政治問題，那麼我們就沒有必要在這裡跟他糾纏了，直接把他關進監獄，訴諸法律就行了。如果說是屬於思想認識問題，這不是一下子能解決的，我們慢慢地給他解決」。毛澤東當時聽出味道了，就說讓他繼續講。結果梁漱溟不通世故，上去又是一片喋喋不休，臺下的噓聲更強烈了，然後就把他趕下去了。也正因為他跟毛澤東之間有一個辯論，因禍得福，一九五七年沒有被打成「右」派，因為他閉門思過去了。一九七八年由政協委員升為政協常委，一九八四年政府決定成立孔子基金會，同年成立中國文化書院，梁漱溟被推薦為校務委員會主席。西方也有人把他稱為「中國最後的儒家」。梁漱溟進北大的時候沒有學歷，也沒有留洋的背景，問他是來做什麼的，他就說我是給胡適之等留洋的人來唱對臺戲的，我是要給孔夫子討一個說法的。

孔子現在的地位已經很高了，儒家的地位已經很高了，前面無論是從正面還是從隱性也講了儒家很多的正面的、今天可以加以繼承的東西，是不是意味著孔子就沒有爭議了？大家可以看看李零在《喪家狗──我讀論語》這本書裡是怎麼說的。《喪家狗──我讀論語》出版以後馬上有人批判說李零竟然把孔子說成喪家狗，其實他（批評

者）沒有看這本書。孔子是「一個出身卑賤，卻以古代貴族（真君子）為立身標準的人；一個好古敏求，學而不厭、誨人不倦，傳遞古代文化，教人閱讀經典的人；一個有道德學問，卻無權無勢，敢於批評當世權貴的人；一個四處遊說，替統治者操心，拼命勸他們改邪歸正的人；一個古道熱腸，夢想恢復周公之治，安定天下百姓的人。他很悽惶，也很無奈，唇焦口燥，顛沛流離，像條無家可歸的流浪狗」。李零說他是流浪狗，其實是給他戴高帽，對他充分的肯定，認為他是一個理想主義。所以他說「任何懷抱理想，在現實世界找不到精神家園的人，都是喪家狗。」這顯然是我們作為學者、作為知識分子願意承認的結果，我們願意把孔夫子看成這樣的一個人。雖然他在中國紅了兩千年，但是正如郭沫若所調侃的，他是吃了兩千年的冷豬頭肉，做了兩千年的傀儡。魯迅先生也講過，我們現在的孔子已經不是當時的真孔子了，而是被歷代統治者塗脂抹粉打扮出來的孔夫子。

那麼應該怎麼來看待孔夫子？比如剛才提到的公案，孔子殺少正卯，我倒寧信其有。理由何在？不要以為有學問的人就是寬容的人，越是有信仰的學者當了政，可能越不寬容。如李零所說：「知識分子心明眼亮，比誰都專制，如果手中有刀，首先喪命的就是他的同類。」這話有點絕對，我卻認為相當可信。知識分子最了解知識分子，最知道知識分子的弱點。大家知道秦始皇看了韓非子的書是非常推崇的，說如果我能夠與這樣的人交朋友的話，也死而無憾了。於是就攻打韓國，為的就是要它把韓非子叫出來。秦始皇是非常欣賞韓非子的，但是韓非子恰恰死在李斯手裡。近代的政治家大部分都是知識分子轉化過來的。這個問題也不能絕對化，這與文化傳統和制度有著很大的關係，在不同的文化傳統、不同的制度下，知識分子的治國包

括對知識分子的態度肯定是不一樣的。

最後對第四個問題做一點總結，馬克思與孔子在今天的意義。第一，如何看待今天的文化熱，包括國學熱？我們首先應該把它放在大的時代背景，就是我們講的所謂的語境裡來看。傳統文化熱是在中國現代化有了很大的發展，政治、經濟、文化相對區分的條件下興起的，這已經不同於二十世紀二、三〇年代的袁世凱的、蔣介石的尊孔。這裡面的尊孔區別要劃清，不是在我們的現代化建設沒有開展的時候，也不是在我們的現代化遇到重重阻力的時候。二十世紀袁世凱、蔣介石尊孔的時候恰恰是在我們認為傳統應該借道新文化，讓新文化充分發展的時期。而今天現代化已經有了很大的發展，並且政治、經濟、文化相對區分，雖然在我來看該分化的還沒有充分分化，不該分化的過於分化，比如貧富懸殊，但是畢竟今天有了相對的區分。那麼這種背景下興起的文化熱，在一定意義上也說明現代的政治、現代的經濟並不能夠代替文化，它各有自己的領域，並且各自對應人類生活的一個方面，我們可以說現代政治和現代的經濟有它的問題，比如不能給人的精神帶來滿足。肚子的問題解決了，大腦的問題越來越突出了，這個問題現代市場經濟顯然不能有效地解決，因為市場經濟裡文化變成了文化產業，變成了商業。這是根據唯物史觀來考察文化熱的現象在性質上給出的界定。第二，我個人認為當代中國需要馬克思，需要孔夫子，還需要批判地吸收自由主義。中國文化、西方文化、馬克思主義三種資源我們都需要，而宗教的資源我們也不能忽略，因為宗教最容易受到普通百姓的認可。剛才我講了在當前思想界總的形勢下的四種傾向裡，我傾向於認定第四種，即以我為主，相容並蓄。然後看看能不能釀造出我們中國人真正需要的，對世界，對

現代性所謂的困境有一定幫助的思想。這個話說起來容易，而真正做起來不容易，因為中國文化、西方文化、馬克思主義各有自己理論的根據，各有自己的理念，想把它統一在一個東西裡，大概也是不可能的。正像儒釋道三家，實際上在中國歷史上，在宋明之後，雖然理學在很大程度上吸收了佛教的東西，但是佛教很大程度上仍然有自己存在的根據和土壤。最後，偉人之所以看起來偉大，是因為我們跪著。我們今天無論是把馬克思作為指導思想也好，還是把孔夫子作為思想的源頭也好，我們都不應該成為它們的傀儡，不應該成為它們思想的俘虜。我們應該繼承它們，沒有傳統我們的文化就會成為無根之談，但是有這樣一種傳統，我們要加以繼承而絕不是匍匐在它們的腳下。我們可以假設如果馬克思和孔夫子活到今天，他們會如何看待現代社會的矛盾和問題，反過來，他們會如何看待他們在兩千年前說的話，在一個半世紀前說的話。比如宋朝的王安石說的那三句話，當時就有兩派人對王安石的話持截然相反的態度，司馬光這樣的大文豪不僅對王安石實行的新政完全否定，而且認為王安石完全背叛了祖宗。而另外有一些人恰恰對王安石做出了完全正面的評價，認為他才是真儒。在先秦的時候儒分為兩種，一種叫君子儒，一種叫小人儒。他們認為王安石就是君子儒。這就有一個什麼叫傳統的問題，究竟王安石這樣的人恰恰是跟孔子唱反調的人繼承了孔孟的真精神呢？還是默守著孔子的幾句話的人繼承了孔子的傳統呢？這恰恰是我們值得思考的問題。那麼在今天，究竟是那些在重複馬克思言論的人，打著馬克思旗號的人，當然也掌握著很大權力的人，真正繼承了馬克思，還是那些對馬克思有所批判者是真正繼承馬克思的？這都是值得我們思考的問題。這裡面就有一個如何看待社會的矛盾和問題，我們要繼承傳統和

形成新的傳統，怎麼能夠繼承的問題，在傳統和現代之間，我們應該怎麼思考？在今天做的這個演講，目的是把一個問題展開，而要把這個問題展開，我就必須對這個問題的由來給大家做一個交代。因此我並沒有給同學們一個什麼樣的結論，而是把我們何以要正視馬克思和孔夫子相遇，並且將我們現在存在的既堅持馬克思主義指導思想又把孔子奉為文化的聖人這個現象提供給大家，供大家思考。

2009年於華中科技大學演講

馬瑩根據錄音整理

中華文化思想叢書・當代中華文化思想叢刊　A0103007

中國大學人文啟思錄　第八卷（上冊）

顧　　問　楊叔子

主　　編　歐陽康

副 主 編　劉金仿、余東升

責任編輯　陳胤慧

發 行 人　陳滿銘

總 經 理　梁錦興

總 編 輯　陳滿銘

副總編輯　張晏瑞

編 輯 所　萬卷樓圖書股份有限公司

排　　版　菩薩蠻數位文化有限公司

印　　刷　百通科技股份有限公司

封面設計　菩薩蠻數位文化有限公司

出　　版　昌明文化有限公司

桃園市龜山區中原街 32 號

電話 (02)23216565

發　　行　萬卷樓圖書股份有限公司

臺北市羅斯福路二段 41 號 6 樓之 3

電話 (02)23216565　傳真 (02)23218698

電郵 SERVICE@WANJUAN.COM.TW

大陸經銷　廈門外圖臺灣書店有限公司

　　電郵 JKB188@188.COM

ISBN 978-986-496-421-5

2019 年 3 月初版

定價：新臺幣 520 元

如何購買本書：

1. 轉帳購書，請透過以下帳戶

　　合作金庫銀行　古亭分行

　　戶名：萬卷樓圖書股份有限公司

　　帳號：0877717092596

2. 網路購書，請透過萬卷樓網站

　　網址 WWW.WANJUAN.COM.TW

大量購書，請直接聯繫我們，將有專人為您

服務。客服：(02)23216565　分機 610

如有缺頁、破損或裝訂錯誤，請寄回更換

國家圖書館出版品預行編目資料

中國大學人文啟思錄　第八卷 / 歐陽康主編.
-- 初版. -- 桃園市：昌明文化出版；臺北
市：萬卷樓發行, 2019.03
　冊；　公分
ISBN 978-986-496-421-5(上冊：平裝). --

1.人文學　2.文集

119.07　　　　　　　　　　　108003025

本著作物經廈門墨客知識產權代理有限公司代理，由華中科技大學出版社授權萬卷樓圖書股
份有限公司（臺灣）、大龍樹（廈門）文化傳媒有限公司出版、發行中文繁體字版版權。
本書為真理大學產學合作成果。　　　　　　校對：喬　情／真理大學臺灣文學系四年級